愛宕　元　訳注

［宋］張礼　撰

遊城南記／訪古遊記

［明］趙崡　撰

京都大学学術出版会

本書は、京都大学教育研究振興財団の助成（平成一六年度）を受けて刊行された。

遊城南記・訪古遊記

目　次

遊《ゆう》城《じょう》南《なん》記《き》

宋・張礼《ちょうれい》撰
愛宕元訳注

元祐改元季春戊申、明微・茂中同出京兆之東南門。

張注曰、唐皇城之安上門也。至徳二載、改為先天門、尋復旧。粛宗以禄山国讎、悪聞其姓、京兆坊里有安字者、率易之。

続注曰、志総序云、唐開元元年、改雍州為京兆府、以京城為西京。天祐元年、昭宗東遷、降為佑国軍。梁開平元年、改府曰大安。越二年、改軍曰永平。後唐同光元年、復為西京。晋天福元年、改軍曰晋昌。漢乾祐元年、改軍曰永興、其府名皆仍旧。有宋因之。故其南北相値之街、亦曰安上。

元祐元年（一〇八六）の季春戊申の日に、陳明微と張茂中はつれだって京兆府の東南門から出発した。(1)

張注に曰く、唐長安城皇城の安上門である。至徳二年（七五七）に先天門と改称したが、まもなく旧名に戻された。粛宗は国仇安禄山の姓を聞くのも忌わしいとして、都城の坊里名に安の字が付くものをほぼ全て改称させたのである。(2)

続注に曰く、志総序に云う、(3)唐の開元元年（七一三）、雍州を京兆府と改称し、京城を西京とした。(4)天祐元年（九〇四）、昭宗が東の洛陽に遷ると、佑国軍に降格された。後梁の開平元年（九〇七）、京兆府を大安府と改称した。次いで二年には佑国軍を永平軍に改称した。後唐の同光元年（九二三）、西京の呼称を復活した。後晋の天福元年（九三六）、軍号を晋昌軍と改称した。後漢の乾祐元年（九四八）、軍号を永興軍と改称し、府名は従前通りとした。宋では後漢の呼称を踏襲している。そのために安上門に通じる城内の南北街も安上門街と言う。

旅は唐滅亡から一八〇年後の一〇八六年閏二月二〇日から二六日の七日間

（1）張礼（字は茂中）が友人陳明微を伴って、唐代都城である旧長安城の南郊外の遺跡をめぐる旅に出たのは、唐滅亡から一八〇年後の北宋の哲宗元祐元年閏二月戊申（二〇日）から甲寅（二六日）の七日間のことである。繁栄を誇った唐長安城は唐末に徹底的な破壊を被り、唐末五代初期にかけて旧皇城部分だけを修復して旧城域のわずか一六分の一の城域に過ぎない新城とされた。旧皇城の南面三門も中央の朱雀門は封閉され、西の含光門と東の安上門の二門が開かれるだけとなった。宋代の京兆府城の東南門とは、張注に言うように安上門のことである。安上門址は一九五七〜六二年にボーリング調査で現存する西安の明城南壁下で確認された。門址北側の安上門街は路幅が九四メートル、両側に幅三メートルの側溝も確認されている。『考古』一九六三－一一、国家文物局主編『中国文物地図集　陝西分冊』（西安地図出版社　一九九八、以下、『文地』と略称）参照（図1－1〜図1－2）。

（2）『唐会要』巻八六城郭条「至徳二載正月二十七日、改丹鳳門為明鳳門、安化門為達礼門、安上門為先天門。及坊名有安者、悉改之、尋並却如故」。安禄山反乱軍によって長安が占拠されるのが七五六年六月、唐朝官軍が奪回するのが翌五七年九月、粛宗が還京するのが同年一一月のことである。

（3）宋敏求『長安志』巻一総叙を節略したものである。『長安志』は熙寧九年（一〇七六）の序があるからその直後の刊行であり、張礼はそのわずか一〇年後にこの長安南郊を探訪している。『長安志』が刊行されそれを目にしたことが、張礼の今回の踏査旅行の一つの大きな契機となったことはまず間違いなかろう。

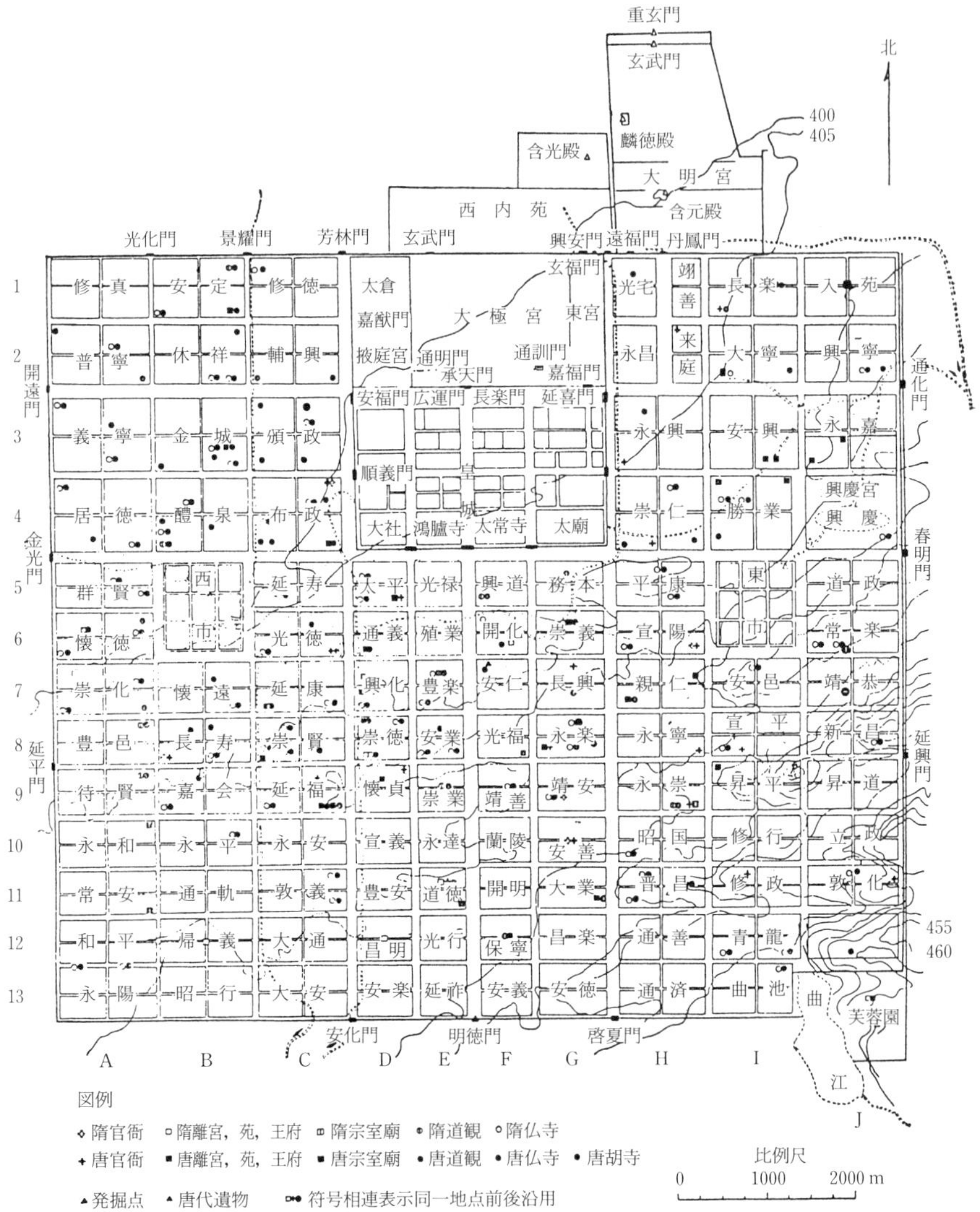

図1-1　唐長安外郭城復元図

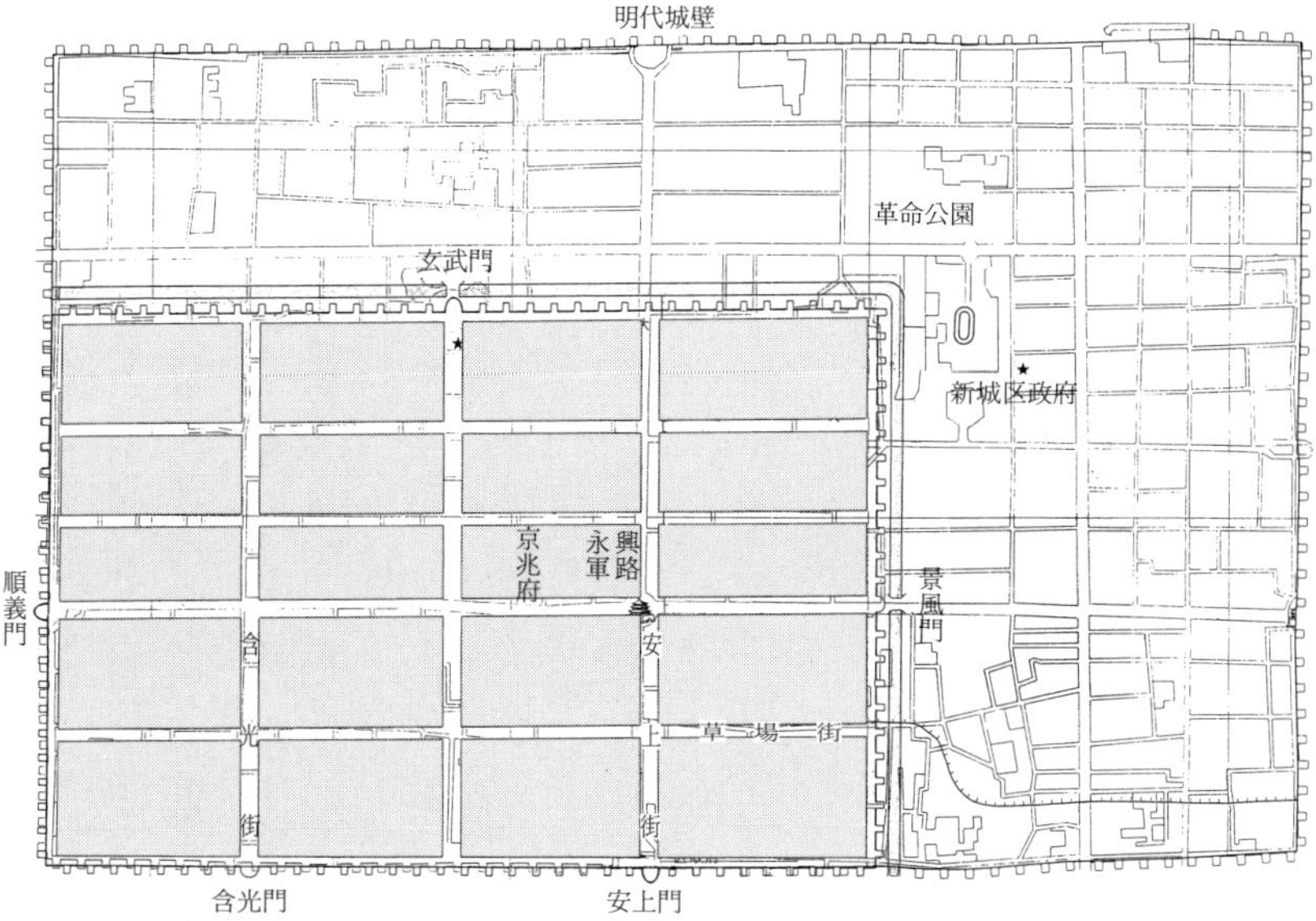

図 1-2　宋京兆府城図

（4）中国における地方行政区分は、秦始皇帝の統一以来、郡県制という全国直轄統治体制が定着した。その後南北朝期の郡数の増加を隋代に整理統合して郡を州に改め、中国内地では概数で三〇〇州、一五〇〇県という州県体制となった。唐代には首都圏や特に重要な州は一ランク格上げして府とされた。雍州を京兆府、洛州を河南府、并州を太原府としたのがその例である。

中国における地方行政区分の変遷

歴興道・務本二坊。

張注曰、興道坊在安上門街之西。景龍三年、改瑤林坊。務本坊在安上門街之東、与興道坊相対。景龍二年、改玉楼坊。景雲元年、並復旧。二坊之地、今為京兆東西門外之草市、余為民田。

興道・務本二坊を通った。

張注に曰く、興道坊は安上門街の西に在る。景龍三年（七〇九）、瑤林坊と改称した。務本坊は安上門街の東に在り、興道坊と相対している。景龍二年（三年の誤り）、玉楼坊と改称し、景雲元年（七一〇）、いずれも旧名に戻された[1]。二坊の地は現在では京兆府東西門外の草市となり、その他の地は農田と化している[2]。

（1）興道坊から瑤林坊への改称は武則天の娘である太平公主の婿武攸曁の父名（不詳）を

皇帝や権貴な人物の名を避けて別字に改める避諱

避けたもの、務本坊から玉楼坊への改称は中宗の娘である長寧公主の婿楊慎交の父嘉本を避けたものである。『長安志』巻七興道坊・務本坊条、清徐松『唐両京城坊考』巻二同条参照。皇帝の名を避けて別字に改める避諱は、この事例のように時には権貴な人物にも適用されることがあった。七〇五年正月に武則天がクーデターで退位して中宗が復位するが、武氏一族は中宗の韋皇后と結託して権勢を保持し続けた。七一〇年六月には韋皇后は夫である中宗を毒殺し、第二の女帝への野望を遂げようとしたが、臨淄王（のちの玄宗）らによるさらなるクーデターで韋皇后及び武氏一族は粛清され、七一〇年七月に睿宗が復位した。睿宗復位時の改元年号が景雲である。関係者の系譜は次の通りである。

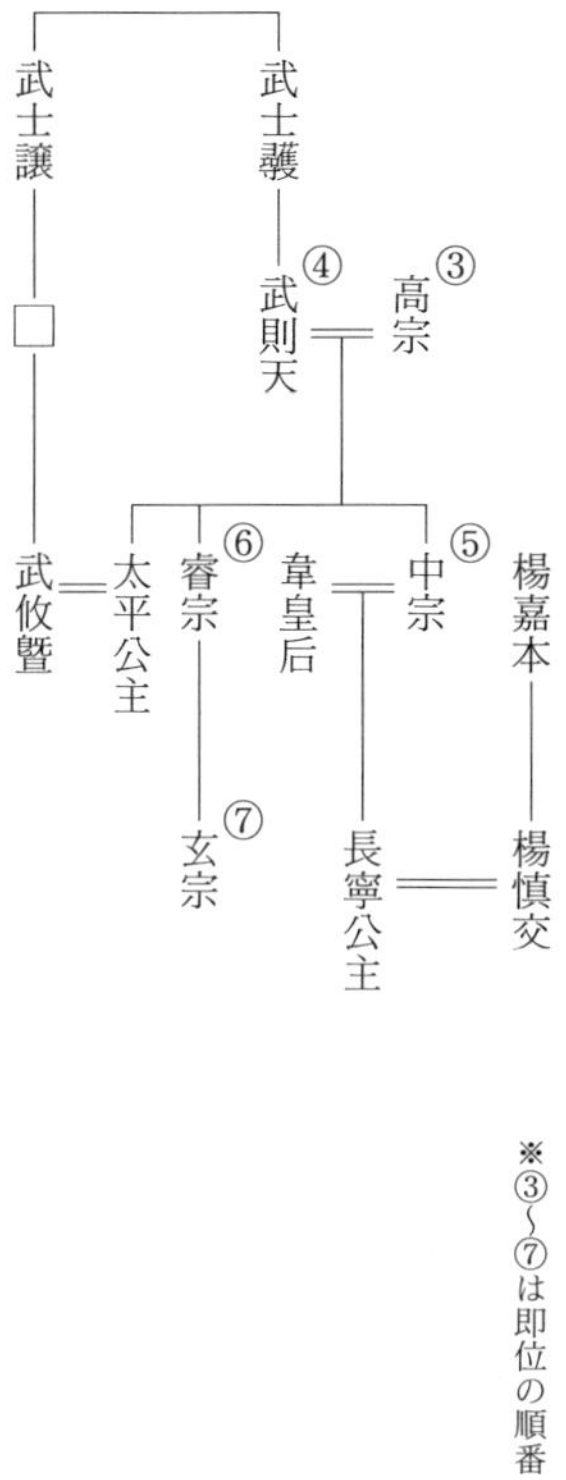

（2）唐代律令体制下では商業活動や商行為は都市城内の定められた一画「市」でのみ許容

されるのが建前であった。唐代後半以降、流通経済が活性化するなかで、城外農村区の主要な街道筋などで定期市等が続々と開かれるようになり、やがて常設店舗群の置かれた田舎町が形成されるようになる。これを草市と言う。ここでは城外南郊至近の地であるが、旧城の羅城部分が農田と化しているとともに、京兆府城それ自体が宋代には田舎町に衰亡している様子が判る。

草市の形成

由務本西門入聖容院、観薦福寺塔。

張注曰、聖容院、蓋唐薦福寺之院也。今為二寺。寺之浮図、今正謂之薦福寺塔、尚存焉。其寺文明元年立、謂之大献仏寺。天授元年、改為薦福寺。景龍中、宮人率出銭起塔十五層。

続注曰、貞祐乙亥歳、塔之纏腰尚存。辛卯遷徙、廃蕩殆尽、惟磚塔在焉。


務本坊の西門(1)から聖容院に入り、薦福寺の塔を観た。

張注に曰く、聖容院は恐らく唐代の薦福寺の一院なのであろう。現在では二つの寺に分かれている。この寺の仏塔は正しく薦福寺塔と呼ばれており、依然として存在している。(2)この寺は文明元年(六八四)に創建され、大献仏(福の誤り)寺と言った。天授元年(六九〇)に薦福寺と改称された。景龍年間(七〇七～一〇)に後宮の女性たちが銭を出し合って一五層の塔を建てた。(3)

続注に曰く、貞祐乙亥の歳（三年、一二一五）には塔の纏腰はなお存していた。辛卯（一二三一）の遷徙によって寺はほとんど廃毀され磚塔のみが残った。(4)

（1）唐代には城内の各坊は坊墻と呼ばれる土塀で四周を囲まれ、東西二ヶ所ないし東西南北四ヶ所に開かれた坊門からだけ出入りできた。務本坊は東西二門があり、その西の坊門から坊内区に入ったのである。ということは、この辺りはすでに城外の農田と化しているにもかかわらず、坊墻址がかなりの高さをもって残っていることを物語る。但し、ここの記事にはやや混乱がある。薦福寺の本院は務本坊に西南隣する開化坊内南半にあり、その磚塔、つまり有名な小雁塔は開化坊に南隣する安仁坊内西北隅にあった（『長安志』巻七）。したがって旧務本坊の地から南西の小雁塔を望見したことか。

薦福寺小雁塔の位置から類推すると——

（2）『長安志』巻一一万年県条に「薦福寺聖容院塔院在県南三里」とあり、宋代の万年県治の南三里（約一六六〇メートル）に位置したとする。

（3）薦福寺の創建と沿革は『長安志』巻七開化坊大薦福寺条に拠ったもの。

（4）纏腰は各層の庇《ひさし》の部分。金はモンゴルの軍事圧力に耐えかねて、一二一四年に都城中都（現北京）を放棄して黄河以南の南都開封府（北宋の東京、現開封）に避難した。その後もモンゴルの圧力は強まる一方で、哀宗正大八年辛卯の歳（一二三一）にはモンゴル軍が京兆府の西至近の鳳翔府を攻陥したため、金は京兆府をも放棄しその居民を全て開封府に移さざるを得なくなった（『金史』巻一七哀宗本紀上）。続注の記す「辛卯遷徙」とは

辛卯遷徙（一二三一年）

小雁塔のその後

このことを指す。小雁塔は明代の一五五六年の大地震で上部二層が崩壊し、塔身内部にも亀裂が生じた。したがって現存するのは一三層で高さ四四メートルである。一九六〇年代に補修され、九〇年代半ばには内部の階段も補修され、露出した一三層部分には鉄囲子が取り付けられて頂上部まで登ることができるようになった（写真1-1）。

南行至永楽坊。

張注曰、即横岡之第五爻也。今謂之草場坡、古塚存焉。隋宇文愷城大興、以城中有六大岡、東西横亘、象乾之六爻。故于九二置宮室、以当帝王之居。九三置百司、以応君子之数。九五貴位、不欲常人居之、故置玄都観・大興善寺以鎮之。玄都観在崇業坊、大興善寺在靖善坊。其岡与永楽坊東西相直。長安志云、坊東有裴度宅。度欲入朝、有張権輿上疏云、度名応図讖、宅拠岡原。蓋嘗有人与度作讖云、非衣小児坦其腹、天上有口被駆逐。言度曽討淮西、平呉元済。宅拠岡原、与興善・玄都相連故也。

南行して永楽坊に至った[1]。

張注に曰く、即ち横岡の第五爻である。現在ではここを草場坡と呼んでいる[2]。古墓が残る。隋の宇文愷が大興城を築城する際に、城中に東西に横たわる六筋の丘陵があることから、易の乾の六爻（陽爻六本）を象徴するものと見なした。そこで九二の位置に宮殿を配置して皇帝の居所とした。九三には百司官衙を配置して官

写真 I-I　薦福寺小雁塔
1995 年 3 月撮影

人の居るべき所とした。九五は高貴な位置であるから一般庶民が居住するのは好ましくないので、道観の玄都観と仏寺の大興善寺を配置してここに鎮座させることにした。玄都観は崇業坊、大興善寺は靖善坊に置かれ、それらの地に横たわる丘陵は永楽坊と東西相対している。(3)『長安志』に次のようにある。「永楽坊内の東側に裴度の邸宅がある。裴度が上京して入朝しようとしたところ、張権輿なるものが上疏して、裴度の名は予言を含むものだ、彼の邸宅が丘陵に拠っているからだと言った。そもそも以前にある人が裴度の予言をして次のように言っている。すなわち「非衣の小児は其の腹を坦い、天上に口有りて駆逐を被る」と。意味するところは、裴度は先に淮西の呉元済の乱を平定した。その邸宅は丘陵に拠り、興善寺・玄都観と地続きになっているからである(4)」。

(1) 旧務本坊の地から真っ直ぐに約一・七キロ南行すると旧永楽坊の地に至る。前掲図1-1「唐長安外郭城復元図」参照。

(2) 言うまでもなく宋代の地名である。坡は丘陵の傾斜地のことで、先の草市の一部である。元の駱天驤『類編長安志』巻七坡坂条に「在朱雀門外、乃旧之草市、有坡、故号為草市坡」とある。

(3) 隋文帝の命をうけ、宇文愷が漢長安城東南の地に新都大興城（唐代に長安城と改称）を造営するに際して、地形を見定めて立案した有名な都城プラン。隋唐長安城の立地は東南に高く西北に低い緩傾斜の地形となっており、この地形を陽爻六本からなる『易経』

宇文愷の都城プランと『易経』乾の卦

乾の卦になぞらえて城内の宮殿、官衙、その他の配置を定めたというものである。周知のように、『易経』では乾卦䷀、坤卦䷁以下、陽爻⚊と陰爻⚋の組合せ六四種から成る。爻の呼称は陽爻が九、陰爻が六で、六本の下から初、二、三、四、五、そして最上が上である。したがって乾卦では下から初九、九二、九三、九四、九五、上九となる。各位置の爻にはそれぞれ固有の意味付けがなされ、その上で爻全体の意味が総合的に付与される。

「天子南面」の大原則

さて、陽爻六本から構成される乾卦をこの地に南向き（中国の伝統的な地形の図示方法は「天子南面」の大原則に基づき、南が上方となるから、乾卦を上下逆転させる）に当てはめると、中軸線である朱雀大街沿いに、九二に皇帝の居処である宮城が、九三に三省六部以下の官衙区である皇城が相当する。九五は「飛龍、天にあり、大人を見るに利あり」、つまり聖人が天子の位に昇る貴位に当たるから、官人や庶民を含めて臣下の者が居住すべからざる地ということで、崇業坊に玄都観、朱雀大街を隔てて東対する靖善坊に大興善寺が置かれたとされる。

玄都観と大興善寺

大興善寺と玄都観は、隋文帝が北周武帝の廃仏の後をうけて、仏・道二教をともに重視する立場から新都城の羅城ほぼ中心地に置かれ、都城プラン上からも対称の位置にある。玄都観は北周武帝が廃仏時に仏教を道教に吸収する形で旧長安城内に建立した通道観を隋文帝が新都城内に観名を改称して移築したもの、大興善寺は靖善坊全域を寺域とする長安新城内で最大の仏寺である。ちなみに靖善坊の広さは東西・南北ともに三五〇歩（約五一五メートル）の正方形で、その面積は二六万五〇〇〇平方メートルにも達する。宇文愷が乾卦の六爻に見合う地に新たな都城を造営したとすることに最初に言及する文献は九世紀前半の唐代後半期に編纂された地理書『元和郡県図志』巻一京兆府条の原注で、『長安志』以下の宋代の諸書もまたふれている。さらに地理的に長安城と乾卦六爻を図示した最初のものは、南宋の程大昌『雍録』巻三「隋唐都城龍首山分六坡図」である（図1－3）。そして近年のより詳細な歴史地理的研究によって、宇文愷の都城プランが乾卦六爻説に立脚したものであることが実証せられたかのように思われた（馬正林「唐長安城総体布局的地理的特徴」『歴史地理』第三輯　一九八三）。確かに馬氏の示意図（図1－4）では東北から西南に走る四〇〇メートルの等高線（九二）に宮城、四一〇メートル（九三）に皇城、そして四二〇メートルに興善寺と玄都観が重なりはするが、厳密には微妙に等高線とはずれている。それ以上に問題なのは、これほどまでに見事な左右対称性をもつ都城プランであれば、都市計画の最初になされねばならないのは南北中軸線、すなわち朱雀大街の設定である。そして中軸線を引くための基点が定められなければならない。この基点は地形上での目立った特異点であったはずで、城内の地形を云々する以前により広い地理的景観を視野に入れた基点の設定こそが都市計画案策定の第一歩でなければならない。すなわち、乾卦六爻説は長安城の完成後に城内配置と地形がたまたま合致するように見える、後付けの説に過ぎない。この点について詳しくは、愛宕元「隋唐長安城の都市計画上での中軸線に関する一試論」（『唐代史研究』第三号　二〇〇〇）参照。

乾卦六爻説は後付けの説

（4）『長安志』巻七永楽坊条の節略引用である。裴度の邸宅は永楽坊にあり、正確には靖善坊の東北である。ここに言う図讖（予言）は裴度の政敵が彼を失脚させるために意図的に流布させた流言で、非と衣を組み合わせると裴の字となり、天の上に口を加えると

裴度の政敵が流布させた流言とは――

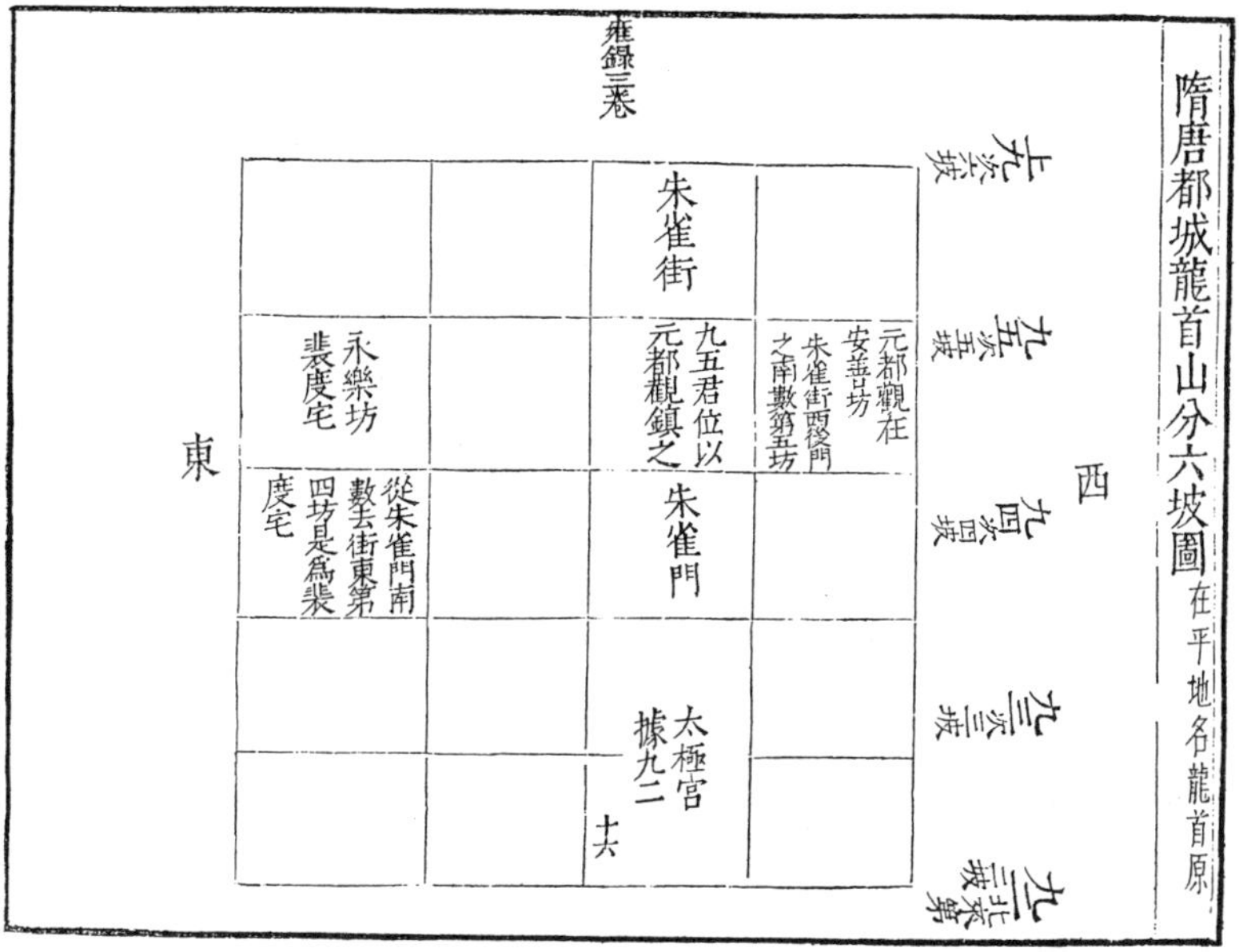

図 1-3　隋唐都城龍首山分六坡図

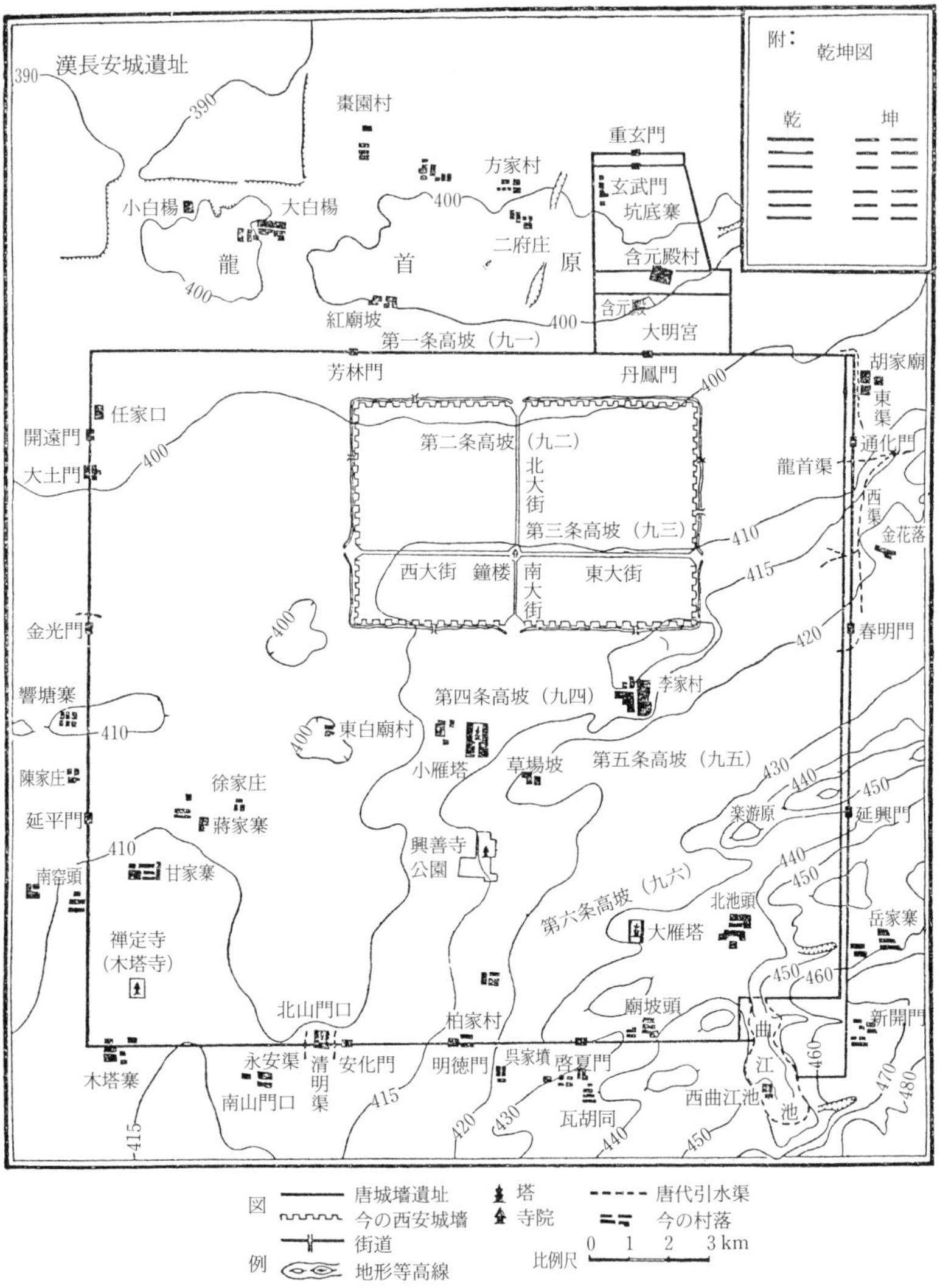

図 1-4　唐長安六坡地形示意図

呉の字となる。いわゆる離合という漢字独特の謎解きであり、淮西節度使呉元済の反乱を平定した裴度がその功を誇り、かつ靖善・崇業両坊に連なる永楽坊に居しているからには、九二の貴位に昇るであろう、つまりは帝位を簒奪しようとしているとの図讖を捏造したものである。

東南至慈恩寺、少遅登塔、観唐人留題。

張注曰、寺本隋無漏寺。貞観二十一年、高宗在春宮、為文徳皇后立為慈恩寺。永徽三年、沙門玄奘起塔、初惟五層、磚表土心、效西域窣堵波。即袁宏漢記所謂浮図祠也。長安中摧倒。天后及王公施銭、重加営建至十層。其云鴈者、天竺記、達嚫国有迦葉仏伽藍、穿石山作塔五層、最下一層作鴈形。謂之鴈塔、蓋此意也。嘉話録謂、張莒及進士第、間行慈恩寺、因書同年姓名于塔壁、後以為故事。按唐登科記、有張台、無張莒。台于大中十三年崔鉶下及第、馮氏引之、以為自台始。若以為張莒、則台詩已有題名之説焉。塔自兵火之余、止存七層。長興中、西京留守安重霸再修之、判官王仁裕為之記。長安士庶毎歳春時遊者、道路相属。熙寧中、富民康生遺火、経賓不滅、而遊人自此衰矣。塔既経焚、塗圬皆剝、而磚始露焉。唐人墨迹于是畢見、今孟郊・舒元輿之類尚存。至其他不聞于後世者、蓋不可勝数也。

続注曰、正大遷徙、寺宇廃毀殆尽、惟一塔儼然。塔之東西両龕、唐褚遂良所書聖教序及唐人題名記碑刻存焉。西南一里許、有西平郡王李公晟先廟碑、工部侍郎張彧撰、司業韓秀弼八分書、字画歴歴可読。

東南に行き慈恩寺に至った。少ししてから塔に登り、唐人が書き留めた題名を観た。

張注に曰く、寺はもと隋の無漏寺である。貞観二一年（二二年の誤り、六四八）、高宗が皇太子であった時に母である文徳皇后を供養するために慈恩寺とした。永徽三年（六五二）、沙門玄奘が塔を建てた。当初はただ五層だけで、磚造で土心であり、西域の窣堵波を模したものであった。[1]すなわち袁宏『後漢記（紀の誤り）』に浮図祠と見えているものである。[2]長安中（七〇一～〇四）に倒壊したので、武則天をはじめ王公たちが銭を布施し、一〇層の塔を再建した。[3]この塔を雁塔と呼ぶのは、『天竺記』[4]に「達嚫国に迦葉仏の寺院があり、石山を穿って五層の塔が作られており、最下の第一層は雁形を呈している。そのために雁塔と呼ばれる」とある。恐らくはこれに基づくのであろう。『嘉話録』[5]に「張莒が科挙の進士科に及第した際、一人で慈恩寺に出掛けて同年の及第者たちの名を塔壁に書き付けた。以後、これが故事となった」とある。『唐登科記』[6]を調べてみると、張台の名はあるが、張莒の名は見えない。張台は大中一三年（八五九）の崔鉶が状元（首席及第者）であった時の及第者である。馮氏はこれに基づいて雁塔への科挙及第者の題名は張台に始まったとしている。もし張莒が題名の最初であるのなら、張台の詩に題名についての言及があってしかるべきであろう。[7]塔は唐末の戦乱の余波を被り、今では七層があるだけとなっている。長興中（九三〇～三四）、西京留守の安重霸が再度塔を重修し、判官の王仁裕がその記録を石に刻して後世に伝えた。[8]唐代には長安城中の人々は身分を問わず、毎年春になるとこの地を遊覧するものが絶えなかった。宋の熙寧年間（一〇六八～七七）、富民康生が火の不始末をしでかし、一晩中焼え続けてしまい、雁塔を訪れる人はほとんどいなくなってしまった。雁塔は火焚によって壁面の漆喰が剝落して磚面が露出したので、唐人が書いた題名の墨跡が見られるようになった。現在では孟郊や舒元輿ら有名人の名が残り、それ以外は無名の人たちの題名が数え切れないほど残っている。(9)続注に曰く、正大年間（八年、一二三一）(10)の遷徙によって、寺院のほとんど全ては破壊されてしまったが、雁塔だけは高々と残っている。塔の東西両龕には唐の褚遂良が書した聖教序碑や唐人の題名が残っている。(11)西南一里ばかりに西平郡王李晟の先廟碑があり、この碑は工部侍郎張彧の撰、司業韓秀弼の八分《はっぷん》書で、文字ははっきりと読み取れる。(12)

慈恩寺で将来した経典の漢訳を行っていた玄奘は火災に強い塔を建て、経典などを安置

（1）慈恩寺の沿革は『長安志』巻八進昌坊の慈恩寺に関する記事に拠ったもの。春宮は東宮御所、ここでは皇太子の意味である。文徳皇后は太宗の皇后長孫氏で、高宗の生母である。玄奘（六〇〇～六四）が六五七部という膨大なサンスクリット経典を携えてインドから長安に帰着したのは六四五年正月で、漢訳のための訳場は何度か替わって慈恩寺に落ち着いたのは六四八年である。大雁塔が「磚表土心」とあるように、心柱を版築でつき固めた土柱とした磚造とされているのは、将来した多数の経典、仏像、仏舎利等を安置して火災から守るためであった。窣堵波はストゥーパ stūpa の音訳。

（2）晋の袁宏『後漢紀』巻一〇明皇帝紀永平一三年（七〇）条に「（楚王英）晩節喜黄老、修浮屠祠。（中略）詔曰、楚王誦黄老之微言、尚浮屠之仁祠。（中略）浮屠、仏也。西域天竺有仏道焉。仏者、漢言覚、将悟群生也」とあり、また『後漢書』伝巻三二楚王英伝にも

仏教が中国に伝来した最初期の記事

「晩節更喜黄老、学為浮屠斎戒祭祠。（中略）詔報曰、楚王誦黄老之微言、尚浮屠之仁祠。云々」と見える。この記事は仏教が中国に伝来した最初期のものとして有名で、仏教が道家風の黄老思想と同義に受容されていることを示す。浮屠は浮図とも音写されるが、Buddha の音訳で、後には仏寺の中心をなす仏塔の意味でもっぱら用いられるようになる。

（3）土心に含まれていた草木の種子が発芽して倒壊に瀕したので、長安年間に今回は中国建築様式で大規模な修理が加えられ、より高層となった。但し、本塔の層次については、本文に言う一〇層の他、六層（『長安志』巻八）、七層（『類編長安志』巻九）など異説がある。後述のように、現存する大雁塔は七層である。

（4）『天竺記』は不詳。達嚫国は Dakṣiṇa-Kośalā の音訳で、南インドのコーサラ国である。大雁塔の呼称の由来は、むしろ玄奘『大唐西域記』巻九摩掲陀国下「因陀羅勢羅訶山唐言帝釈窟也。東峰伽藍前有窣堵波、謂亘娑。唐言雁。（中略）言声未絶、一雁退飛、当其僧前、投身自殪。（中略）於是建窣堵波、式照遺烈、以彼死雁瘞其下焉」に基づくとするのが定説である。現在の大雁塔（薦福寺塔を小雁塔と呼ぶのに対する呼称）は七層で通高六四・五メートル、辺長四五・五～四八・五メートル、第一層の辺長二五・五メートルである（写真1-2）。

（5）張莒が雁塔題名の最初であるという記事は劉賓客『嘉話録』の現行テキストには見えない。

（6）登科記は科挙の進士科や明経科等の科目別合格者を年次毎に記した書である。『唐登

写真 I-2　慈恩寺大雁塔
2001 年 3 月撮影

科記』は現在では散佚して伝わらないが、少なくとも宋人張礼は見ていることは確実である。清の徐松が復元した唐代科挙合格者の年次別リスト『登科記考』では、大暦九年(七七四)の進士科合格者に張莒の名を挙げている。また大中一三年(八五九)の進士科合格者に『遊城南記』を引用して張台の名を挙げている。さらにその三年前の大中一〇年の進士科状元(首席合格者)として崔鉶の名を挙げており、本文に引く『唐登科記』が大中一三年の状元とするのと合致しない。

(7)この部分「台詩已有題名之説焉」は字句の誤りがあるようで、このままでは意味が十分には通じない。

(8)安重霸が西京留守・京兆尹として長安に鎮したのは後唐廃帝の清泰元年(九三四)のことで(『旧五代史』巻六一、『新五代史』巻四六本伝)、本文と数年のずれがある。王仁裕(八八〇〜九五六)は武人が跋扈した五代軍閥時代にあって文人官僚として名を成した数少ない人物の一人で多くの文章をものしたが、「雁塔重修記」は伝わらない。現存する彼の著作は唐玄宗期の逸話を集めた『開元天宝遺事』一巻のみである。

(9)宋の熙寧年間の失火で漆喰が剝落したために唐人の題名が再び露出したことについては、『類編長安志』巻九勝遊条により詳しく次のようにある。五代の時に荒廃した雁塔を蓮芳という僧が修理し、塔内外を漆喰で新たに塗り固めた結果、唐人の科挙合格記念の題名は全て見えなくなってしまった(本文張注に言う安重霸の修理は、この僧蓮芳が主持したものかと考えられる)。宋の元豊年間(一〇七八〜八五、本文張注では熙寧年間と作るが、いずれかが伝聞の誤りであろう)の火災で漆喰が剝落して再び見られるようになった。

再び日の目を見た科挙合格記念の唐人題名

そして北宋末の宣和二年（一一二〇）に陝西転運判官柳瑊（一〇七一～一一三六）がそれら墨書された唐人題名を逐一石に写し刻させ、「慈恩寺雁塔唐賢題名」十巻として雁塔西南隅に立碑した。但し、八四〇年代に科挙出身官僚を嫌悪した門閥貴族出身の宰相李徳裕によって進士題名は消去されてしまっていたので、新たに見出されたものは詩人や逸士らの題名だけであったという。以上から、張礼が元祐元年に見た唐人題名はその直前の熙寧ないし元豊年間の火災を経たために五代期の漆喰塗布が剝落して目にすることができたことがより明確に判る。ちなみに柳瑊の「慈恩寺雁塔唐賢題名」碑は、その後翻刻されて出版された。一は蜀の合州赤水県庁が出版したもので「彭州本」と呼ばれる。一は福建福清県の李氏によって出版されたが、いずれも現在は散逸して伝わらない。楊震方編『碑帖叙録』二〇六頁参照（上海古籍出版社　一九八二）。

（10）既述のように、金が正大八年に京兆府を放棄して居民を開封府に移住させた事件。

（11）慈恩寺で訳経事業を行っていた玄奘が太宗に懇請して撰述してもらったのが「三蔵聖教序」碑、ついで高宗に撰述してもらったのが「述聖記」碑で、ともに初唐三筆の一人褚遂良（五九六～六五八）の書を石に刻したもので、永徽四年（六五三）の立碑である。長安年間に雁塔が大改修された際、最下層南面の門の東西両側に小室を穿ち、東室に「三蔵聖教序」碑を、西室に「述聖記」碑を嵌め込んだ。現在もそのままの形であり保存状態も良好である。褚遂良晩年の楷書の傑作としてきわめて有名な碑である。

（12）李晟（七二七～九三）は安史の乱後における八世紀後半の河北藩鎮の反乱を平定した中心人物で、その功績により貞元四年（七八八）に五代までの先祖を祠る家廟を立てる

「三蔵聖教序」碑と「述聖記」碑は褚遂良晩年の楷書の傑作

ことを勅許された（『旧唐書』巻一三三、『新唐書』巻一五四本伝）。その家廟前に立碑されたのが本碑である。『類編長安志』巻十石刻条に「唐西平郡王李晟先廟碑」として「工部侍郎張彧撰、国子司業韓秀弼八分書、庫部員外郎李欽篆額。晟、官は太尉・中書令に至る。家廟を京師に勅立せらる。碑は貞元八年を以て立つ。現に雁塔西二里に在り」と見え、元代には存在していたことが判るが、清光緒一五年（一八八九）刊の毛鳳枝『関中金石文字存逸考』巻五では「逸」として所在不明とし、本文のこの部分を引用するのみである。李晟家廟の所在地は慈恩寺雁塔の西南一里ないし二里であるから、晋昌坊南隣の通善坊内、または西隣の大業坊内に比定できる。長安城内の南から三坊の地は人家はまばらで、家廟といった宗教的建造物や貴族高官の広大な庭園が点在する地であった。

倚塔下瞰曲江。宮殿・楽遊・燕喜之地、皆為野草、不覚有黍離・麦秀之感。

張注曰、江以水流屈曲、故謂之曲江。其深処下不見底。司馬相如賦曰、臨曲江之隑洲。蓋其地也。劇談（録）曰、曲江本秦隑洲。唐開元中、疏鑿為勝境。江故有泉、俗謂之漢武泉。又引黄渠之水以漲之。泉在江之西、旱而禱雨有応。今為浜江農家湮塞。然春秋積雨、池中猶有水焉。黄渠水出義谷、北上少陵原、西北流経三像寺鮑陂東北。今有亭子頭、故巡渠亭子也。北流入鮑陂。鮑陂隋改曰杜陂。以其近杜陵也。自鮑陂西北流、穿蓬萊山、注之曲江。由西北岸、直西流、経慈恩寺而西。欧陽詹曲江記、其略曰、茲地循原北峙、迴岡旁転、円環四匝、中成坎窞。窐窌港洞、生泉翕源。東西三里而遙、南北三里而近。崇山濬川、鈎結盤護。不南不北、湛然中停。蕩悪含和、厚生蠲疾。涵虚抱景、気象澄鮮。滌慮延歓、棲神育霊。観此可得其概矣。唐進士新及第者、往往汎舟宴於此。文宗時、曲江宮殿廃十之九。帝因誦杜甫哀江頭之詩、慨然有意復升平故事。太和九年、発左右神策軍三千人疏濬、修紫雲楼・彩霞亭。仍敕諸司、有力建亭館者、官給間地、任営造焉。今遺址尚多存者。江水雖涸、故道可因。若自甫張村引黄渠水、経鮑陂以注曲江、則江景可復其旧。不然疏其已塞之泉、渟瀦歳月亦可観矣。楽遊原亦曰園、在曲江之北。即秦宜春苑也。漢宣帝起楽遊廟、因以為名。在唐京城内、毎歳晦日・上巳・重九、士女咸此登賞祓禊。楽遊之南、曲江之北、新昌坊有青龍寺。北枕高原、前対南山、為登眺之絶勝。賈島所謂行坐見南山、是也。

大雁塔より曲江を見下ろすと、かつての宮殿・楽遊・宴喜の地は今や野草が生い茂っている。自然と黍離、麦秀の感慨を覚えた(1)。

張注に曰く、曲江池は水の流れが屈曲しているのでかく呼ばれる。その深い所は底が見えないほどである。司馬相如の賦(2)に「曲れる江《かわ》の隑《なが》き洲に臨む」とある、まさにその地である。『劇談録(3)』には「曲江はもと秦の隑洲である。開元中に浚泄して景勝地となった」と見える。曲江池には以前には漢武泉と俗称された泉があった。また黄渠から導水してここに満たした。泉は曲江池の西に在り、日照りの時に雨乞いをすると応験があった。今では曲江池沿いの農家によって埋め立てられてしまった。しかしながら春秋の長雨の際には、池中に今も水が溜る。黄渠水(4)は義谷に源を発して少陵原を北流し、西北に流路を変えて三像寺と鮑陂の東北を過ぎる。現在ここには亭子頭が残っている。かつて黄渠を巡回監視していた時の休息の亭である。北流して鮑陂に流入する。鮑陂は隋代に杜陂と改称されたのは、近くに杜陵があるからである。(5) 鮑陂からさらに西北流し、蓬萊山を切り開いて曲江池に流入する。曲江池の西北部からそのまま西流し、慈恩寺を経てさらに西流する。欧陽詹の「曲江記」(6)には概略次のようにある。「玆の地（池の誤り）は原に循い北峙し、岡を廻りて旁転す。四匝に円環し、中ごろ坎窞《かんたん》（土地の窪み）を成す。窐窌《こうろう》として港洞し、(7) 泉を生ぜし湇源《きゅう》。東西三里にして遙かに、南北三里にして近し。崇き山と濬《ふか》き川、鈎結すること盤護。南せず北せず、湛然と中停（渟の誤り）す。悪を蕩《なが》し和を含み、生を厚くし疾を蠲《のぞ》く。虚を涵《うるお》し景を抱き、気象は澄鮮たり。慮を滌《あら》い歓を延べ、神を棲わせ霊を育む」と。これによって曲江池の大概が知られる。唐代には進士の新及第者たちはしばしばここに舟を浮かべて遊宴した。文宗の時には曲江池周辺の宮殿等の建造物はその九割が廃屋化していた。文宗は杜甫の「江頭に哀れむ」詩を口ずさみ、玄宗朝の太平の世を復活させようとの強い思いを懐かれた。(8) 太和九年（八三五）、左右神策軍の兵士三千人を動員して曲江池を浚泄させ、紫雲楼や彩霞亭を建造した。そして関係官庁に敕令を下し、この地に亭や館を建てることを希望する者には空地を払い下げ、好きなように建造することを許した。現在、それらの遺構がかなり多く残っている。曲江池の水は涸れてしまったが、もと水のあった所はたどることができる。もし甫張村で黄渠の水を引き、鮑陂経由で曲江池の故地に注入すれば、曲江池の往年の景観は復活できる。そうはしなくとも、塞がれてしまった泉を掘穿すれば、その湧水が何年もかけて溜るようになって、やはり景観を復することができよう。楽遊原(9)は楽遊園とも称し、曲江池の北に在る。

秦代の宣春苑で、漢の宣帝が楽遊廟を造ったので、楽遊原と呼ばれるようになった。その地は唐長安城の城内に取り込まれ、毎年の晦日（正月みそか）、上巳（陰暦三月第一巳の日、即ち桃の節句）、重九（九月九日）の日には長安の人は男女を問わずこの地に登り、祓禊《みそぎばらい》をして景色を楽しむ。楽遊原の南、曲江池の北の新昌坊には青龍寺がある。(10) 北側は高原を背とし前面には終南山と相対する。すばらしい眺望の地である。賈島の詩に「行き坐して南山を見る」とあるのは、このことである。

黍離の嘆き
麦秀の嘆き

（1）黍離の嘆きは、周が滅び旧都の宮殿の地が黍麦の畑となってしまった嘆きの歌で、『詩経』王風・黍離に出ず。麦秀の嘆きは、昔年の殷の旧都が黍麦でおおわれてしまったことを嘆いた箕子の歌で、『史記』巻三八宋微子世家に出ず。

（2）漢武帝期の人である司馬相如が秦の旧離宮であった宣春宮の廃墟（漢の楽遊園の地）を見て、二世皇帝の失政と亡国を哀れんで作った賦で、『史記』巻一一七、『漢書』巻五七下本伝に見える。『史記』の注『集解』に『漢書音義』を引き「隑は長なり。苑中に曲江の象有り、泉中に長州有ればなり」とある。

（3）唐の康駢『劇談録』巻下「曲江池、もと秦世の隑洲なり。開元中、疏鑿し遂に勝境と為る。其の南に紫雲楼・芙蓉苑有り。其の北に杏園・慈恩寺有り。花卉環周し、煙水明媚たり。都人の遊翫は中和（陰暦二月一日）、上巳の節に盛んなり。綵幄翠幬、堤岸に匝《めぐ》り、鮮車健馬、肩を比べ轂を撃つ。上巳には即ち宴を臣僚に賜う。京兆府は大いに筵席を陳べ、長安・万年両県は雄盛を以て相い較ぶ。錦繡珍玩、施さざる所なく、百辟は山亭に会し、太常及び教坊の声楽を賜う。池中に綵舟数隻を備え、唯だ宰相・三使（御史台・中書省・門下省）・北省（尚書省）の官と翰林学士のみこれに登る。毎歳、皇州を傾動し以て盛観と為す。夏に入れば菰蒲蔥翠し、柳陰四合す。碧波紅蓮、湛然として愛す可し。好事者は芳辰を賞で清景を翫《よろこ》ぶ。騎を聯ね觴を携え、亹々として絶えず」。曲江池は現在では完全に干拓されて畑地と化している。一九五〇年代にこの地の厳密な等高線の走向とボーリングによる泥土の堆積が調査され、唐代曲江池のほぼ全体像が明らかとなった。陝西省文物管理委員会「唐長安城地基的初歩探測」（『考古学報』一九五八－三）参照（図1－5）。実際に現地に立ってみると、往年の池面であった地域が周辺部より明らかに低くなっていることが見て取れる。

ボーリング調査により唐代曲江池の全体像が明らかに

（4）黄渠は、渠とあるように人造の水路である。『長安志』巻一一万年県条に「黄渠は義谷口澗より分水して此の渠に入れ、北流一十里で両渠に分つ。一は東北流して庫谷（水）に入り、一は西流して樊川に入り、稲田を溉漑し、西流して坑河に入る」と見える。既述のように、長安城は海抜四六〇～四〇〇メートルの緩傾斜地に立地する。城南もきわめてゆるやかな緩斜地形が南に約二〇キロ広がり、そこで一気に一〇〇〇メートル以上の終南山（秦嶺山脈）の山並みが壁のように立ちはだかる。この終南山中からは無数の渓流が谷口を経て北流し、多くの中小河川となって長安城北の渭水に流入する。義谷水はそれら渓水の一つで、この流れを人工的に分流させて長安城の東南隅から城内に導水したのが黄渠である。張礼は黄渠について義谷を出てから少陵原、三像寺、鮑陂を経て曲江池に入り、さらに曲江池の西北部から城内晋昌坊の慈恩寺に至るまでのより詳しい

黄渠は終南山中から流れ出た渓流の一つを人工的に分流させて長安城内に導水した人造の水路

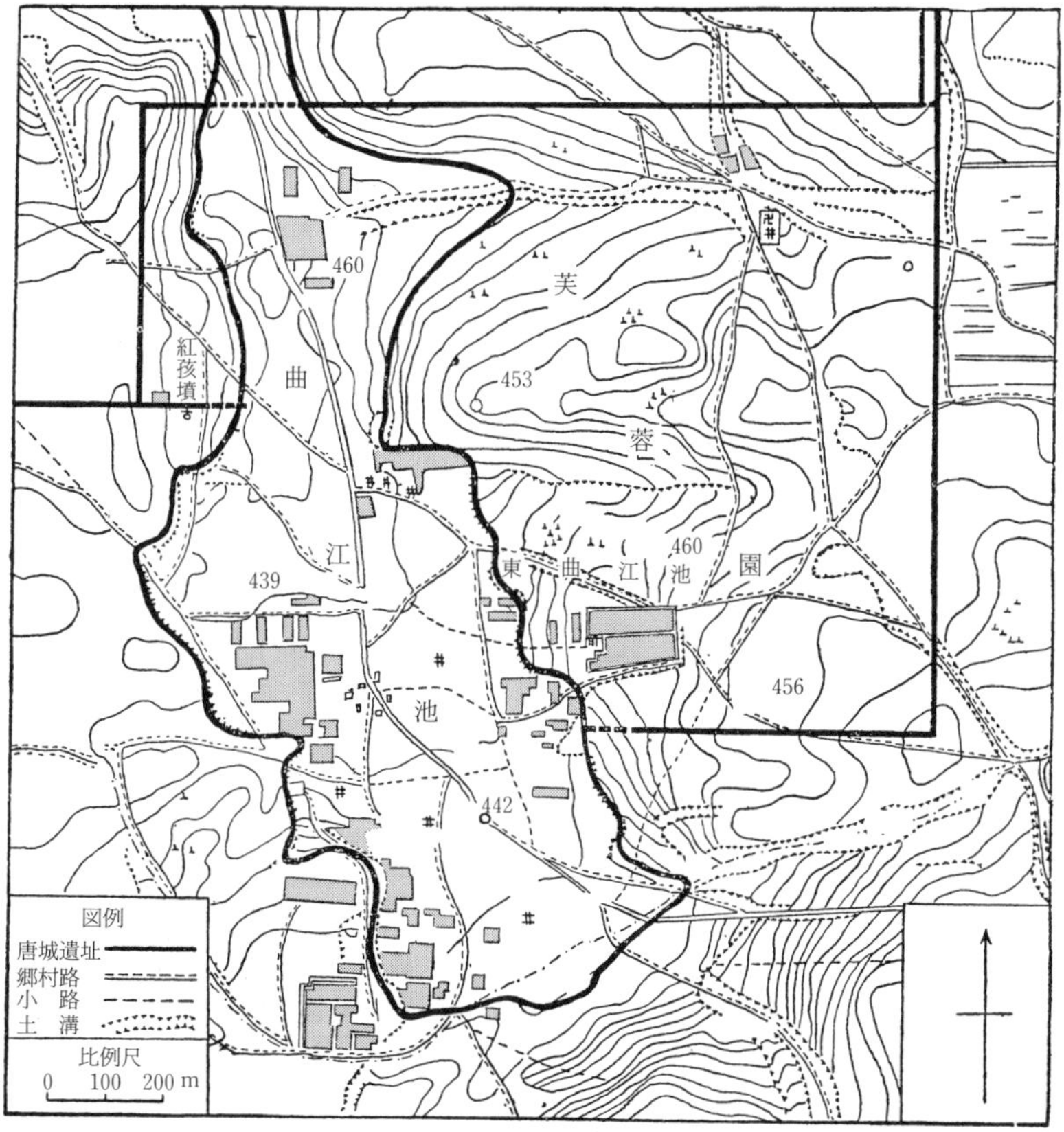
芙
蓉
園
曲
江
池
紅孩墳
東曲江池
460
453
439
460
456
442
図例
唐城遺址
郷村路
小　路
土　溝
比例尺
0　100　200 m

図 1-5　曲江池探測図

流路を記している（図1-6）。少陵原、三像寺、鮑陂は彼自身が踏査しているから、黄渠の流路は宋代においても明確に識別できたと考えられる。

（5）三像寺は韋兆郷梁家坡村北の三相寺遺址であろう。像と相はxiangと全くの同音である。山門と版築殿基が残る。『文地』一〇三頁参照。鮑陂は大鮑陂村という村落名としてなごりを留める。漢宣帝の杜陵は大鮑陂村の北一・六キロにある。

（6）欧陽詹「曲江池記」（『欧陽行周文集』巻五）を大幅に節略したもの。本記は貞元五年（七八九）の作。

（7）この難解な語句は後漢の馬融「長笛賦」（『文選』巻一八）に「庨窌巧老として、港洞せる坑谷あり（中は深々と空洞となって、いくつもの谷と通じあっている）」とあるのに基づく。

（8）安史の乱後、さびれてしまった曲江池を浚泄し楼閣を文宗が再建したのは太和九年（八三五）二月のことである。新たに編成された禁軍である神策軍（北衙禁軍）の兵士の動員数は三〇〇〇人ではなく、一五〇〇人である（『旧唐書』巻一七下文宗本紀同年月条、『資治通鑑』巻二四五同年月条）。再建の契機となった杜甫の「哀江頭」詩は「少陵野老呑声哭、春日潜行曲江曲。江頭宮殿鎖千門、細柳新蒲為誰緑。憶昔霓旌下南苑、苑中万物生顔色。昭陽殿裏第一人、同輦随君侍君側。輦前才人帯弓箭、白馬嚼齧黄金勒。翻身向天仰射雲、一箭正墜雙飛翼。明眸皓歯今何在、血汚遊魂帰不得。清渭東流剣閣深、去住彼此無消息。人生有情涙霑臆、江水江花豈終極。黄昏胡騎塵満城、欲往城南望南北」というもので、曲江池の景観を玄宗期の全盛の頃と安史の乱直後の凋落した様子とを対比し

杜甫は「哀江頭」詩で曲江池の全盛時代と安史の乱直後の凋落した様子を対比して歌った

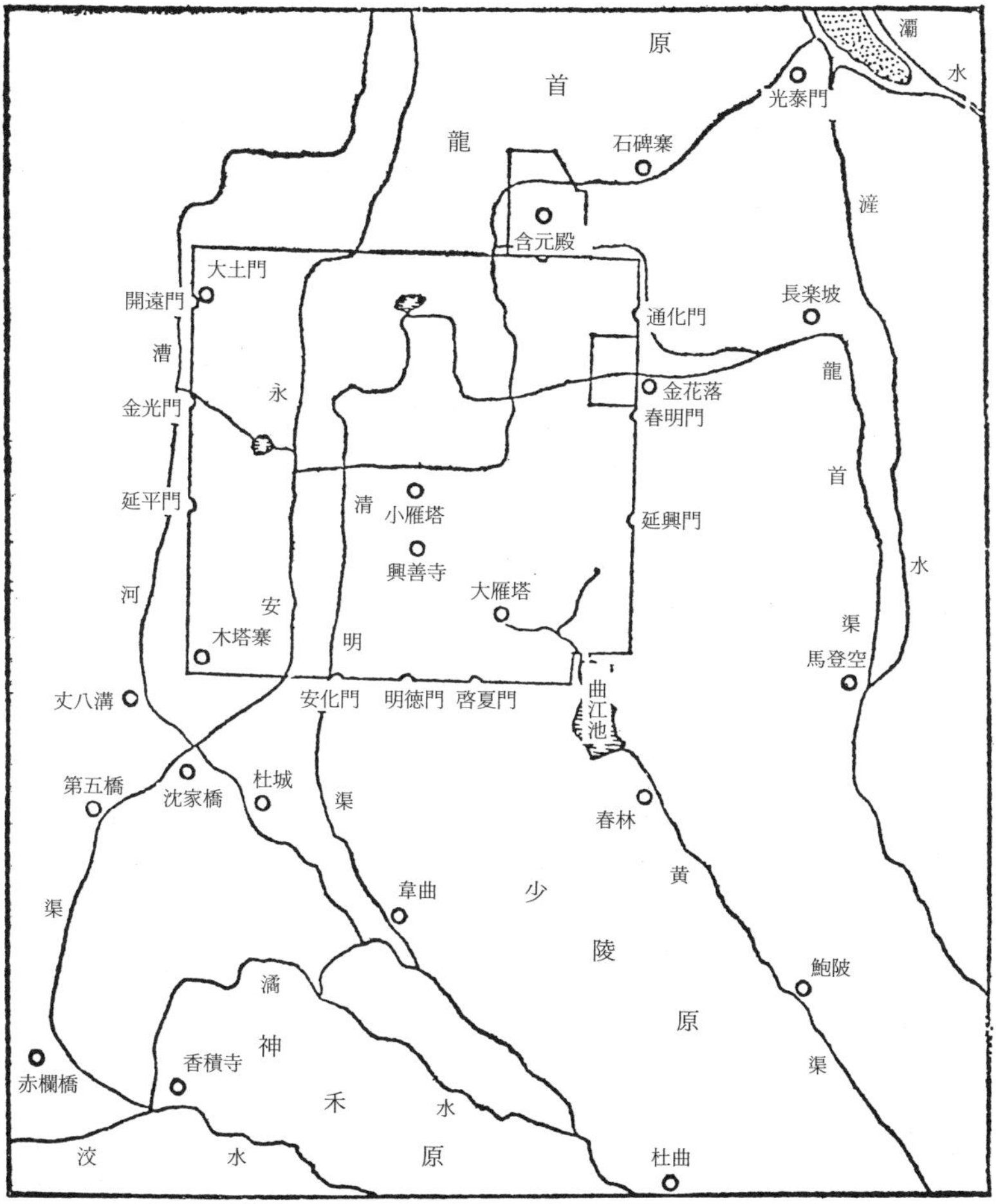

図 1-6　唐長安城付近渠道河流図

て歌ったものである。

（9）宣帝の神爵三年（前五九）に楽遊苑が造られ、のち廟が建てられた（『漢書』巻八宣帝紀）。もと秦の離宮宜春宮の置かれた地である。漢長安城の東南郊外にあったが、隋唐長安城内に取り込まれたのである。その結果、城内最高所となり、季節の節目に都城の人々がここに登りみそぎばらいをして身を清めるようになった。楽遊原の「原」は、少陵原、神禾原、細柳原などと同じく黄土地帯特有の垂直崖からなるテーブル状の台地である。

楽遊原は長安城内に取り込まれ、みそぎばらいの場所ともなった

（10）大興城（長安城）新造と同時に、隋の開皇二年（五八二）に創建された名刹。日本からの入唐僧空海が恵果阿闍梨から密教奥義を伝授された寺として有名。一九七三年以来、発掘調査が進められ、伽藍のほぼ全体配置が明らかになった（図1－7）。右街延康坊の西明寺とともに、唐代寺院の伽藍配置が判明した数少ない事例である。既出の薦福寺小雁塔や慈恩寺大雁塔は唐代の遺構ではあるが、伽藍配置は今のところ全く不明である。図1－7の等高線からも判るように、青龍寺の立地は楽遊園に次ぐ城内の高所にあり、現地に立つと本文に言う通りきわめて眺望がよい。

青龍寺は九世紀初頭、空海が密教奥義を伝授された寺としても有名

出寺、渉黄渠、上杏園、望芙蓉園。西行過杜祁公家廟。

張注曰、杏園与慈恩寺南北相直。唐新進士多遊宴於此。芙蓉園在曲江之西南、隋離宮也。与杏園皆秦宜春下苑之地。園内有池、謂之芙蓉池、唐之南苑也。杜祁公家廟、咸通八年建、石室尚存。俗曰杜相公読書堂、其

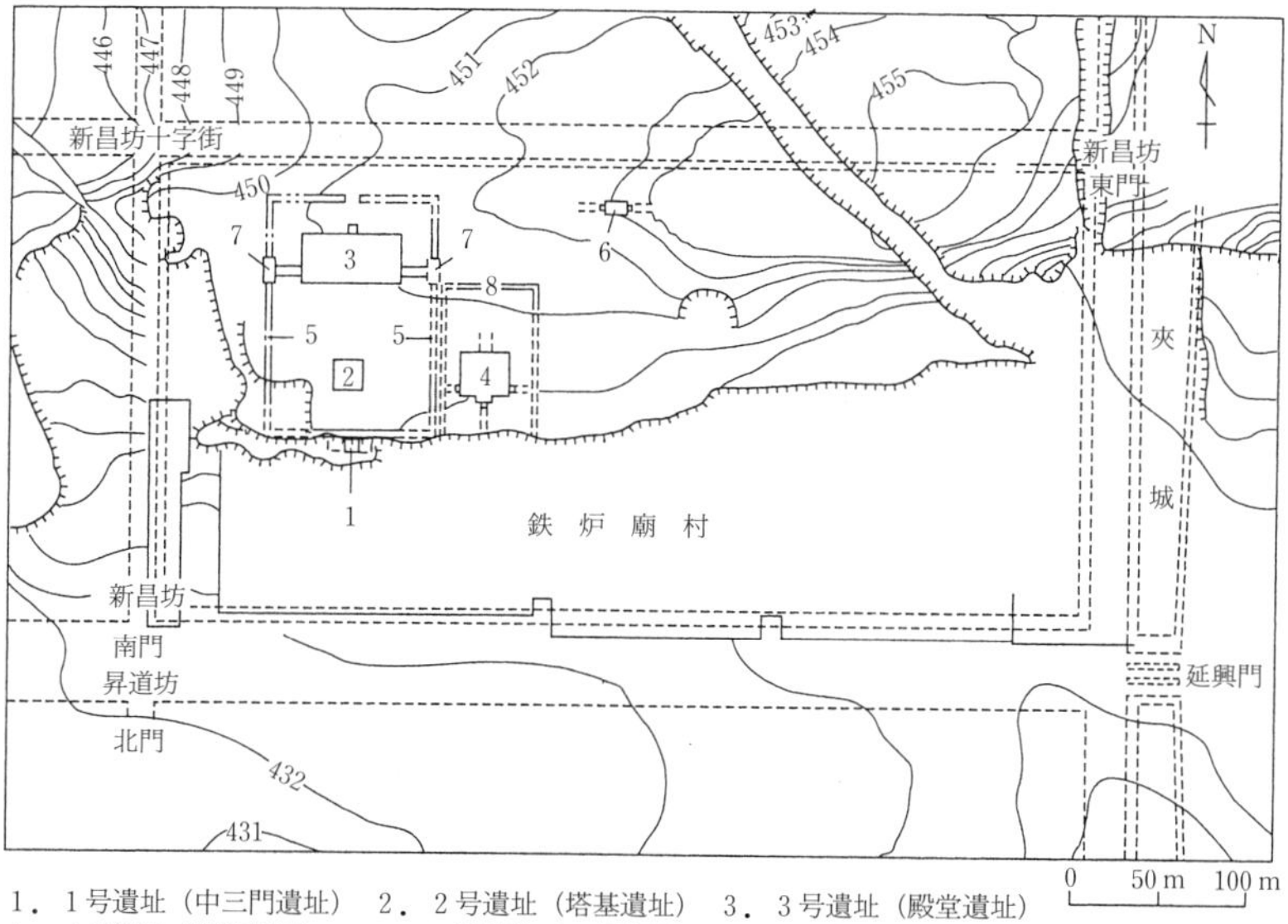

1．1号遺址（中三門遺址）　2．2号遺址（塔基遺址）　3．3号遺址（殿堂遺址）
4．4号遺址（東院殿址）　5．5号遺址（回廊遺址）　6．6号遺址（北門遺址）
7．7号遺址（配房遺址）　8．8号遺址（墻址）

図 I-7　青龍寺遺址発掘平面図

石室曰蔵書龕。

続注曰、石室奉安神主之室也。

慈恩寺を出て黄渠を渡り、杏園にのぼって芙蓉園を望んだ。西行して杜祁公の家廟を過った。

張注に曰く、杏園[1]は慈恩寺と南北相対している。唐代の新進士は多くがここで祝宴を催した。芙蓉園[2]は曲江池の西南にあり、隋の離宮の地であった。杏園と芙蓉園はいずれも秦の宜春宮の下苑のあった所である。芙蓉園内に芙蓉池という池があり、唐の南苑であった所である。杜祁公の家廟[3]は咸通八年（八六七）に建てられたもので、石室が今も残っている。俗に杜宰相の読書堂と呼ばれ、石室は蔵書龕と呼ばれている。

続注に曰く、石室は神主[4]を安置する所である。

（1）杏園は通善坊にあり、慈恩寺のある晋昌坊とは南北に相隣接していた。『類編長安志』巻九勝遊条に唐闕名撰『譚賓録』を引用して「杏園は慈恩寺と南北直る。唐の新進士の放榜（合格発表）、宴を此に錫《たま》う。唐人はもっとも進士の第を貴ぶ。開元・天宝に盛んと為る。新進士は泥金の帖子を以て家書中に付し、喜びを報ずるの信と為し、郷曲の親戚は声楽を以て相慶《いわ》う。大中元年（八四七）正月、進士を放つの榜、旧に依りて杏園に宴す」とある。宣宗の大中元年に杏園の宴が復活されるのは、先帝武宗が杏園を皇帝専用の遊行地として一般の立入りを禁じたからである（『唐会要』巻七六縁挙雑録）。進士に及第し

杏園の宴は唐代進士受験者の憧れ

て杏園の宴に与った喜びをうたったもの、あるいは落第して与れぬくやしさやうらめしさをうたった唐人の詩が多く伝わる。
（2）芙蓉園が曲江池の西南にあるとするのは張礼の誤解である。芙蓉園に西南隣して曲江池があり、両者は一体のものとして長安城東南隅の遊覧区であった。
（3）杜祁公は杜岐公の誤り。杜佑（七三五～八一二）が岐国公に封ぜられたのは元和元年（八〇六）のこと（『旧唐書』巻一四七本伝）。祁と岐はいずれも音は qi であることから、張礼の錯誤であろう。この家廟は曲江池西隣の曲江坊内にあり、やはり羅城南端の坊である。
（4）神主は先祖五代の位牌のこと。宋代にはこの家廟の石室が杜佑の読書堂や書庫と誤伝されているのを続注で正している。

出啓夏門、覧南郊・百神・霊星三壇。

張注曰、啓夏門、唐皇城之南門也。北当皇城之安上門少西。蓋京城之南凡三門。中曰明徳門、今謂之五門。西曰安化門、今謂之三門。此其東門也。三壇在門外西南二里、百神・霊星二壇頗毀、而円丘特完。南一里有蓮花村、未詳其所以名也。

続注曰、少西北有唐贈戸部尚書楊貞公瑒廟碑、晋公李林甫撰、王曽書、王敬従題額。次東南有唐相国令狐氏廟碑、太和三年、劉禹錫撰并書、陳錫篆額。楊氏苗裔、太和間尚盛。人呼為廟坡楊。辛卯遷移、後無聞焉。

啓夏門を出て、南郊・百神・霊星の三壇を見た。

張注に曰く、啓夏門は唐皇城（京城または羅城の誤り）の南門である。北行すれば皇城の安上門のやや西（東の誤り）に行き当たる。そもそも京城の南面には三門が開かれていた。中央を明徳門といったが、現在は五門と呼んでいる。西側を安化門といったが、現在は三門と呼んでいる。[1]啓夏門は東側の門である。三壇は啓夏門外の西南二里のところにある。百神壇と霊星壇はかなり崩れてしまっているが、円丘は完全な形で残っている。[2]南一里に蓮花村という村落があるが、なぜそのような村名なのかは解らない。

続注に曰く、やや西北に唐の贈戸部尚書楊瑒《ちよう》の家廟碑がある。この碑は晋公李林甫の撰、王曽の書、王敬従の題額である。[3]その東南に唐の宰相令狐楚の家廟碑がある。この碑は劉禹錫の撰並びに書、陳錫の篆書の碑額で、[4]太和三年（八二九）の建立である。楊氏の子孫は太和年間においても多数がおり、[5]廟坡の楊氏と呼ばれている。しかし辛卯（一二三一）の開封府への遷移以後は消息が知れない。

（1）長安城の城門は一九五〇年代の発掘調査で主なものはその構造が明らかとなった（図1-8）。すなわち羅城正南門の明徳門が五門洞をもつ以外は、いずれも三門洞であった。宋代には明徳門が五門、啓夏門と安化門が三門と呼ばれているのは、門址が地表になお明確に残存していたからである。張礼はここでようやく唐長安城の外に出たのである。

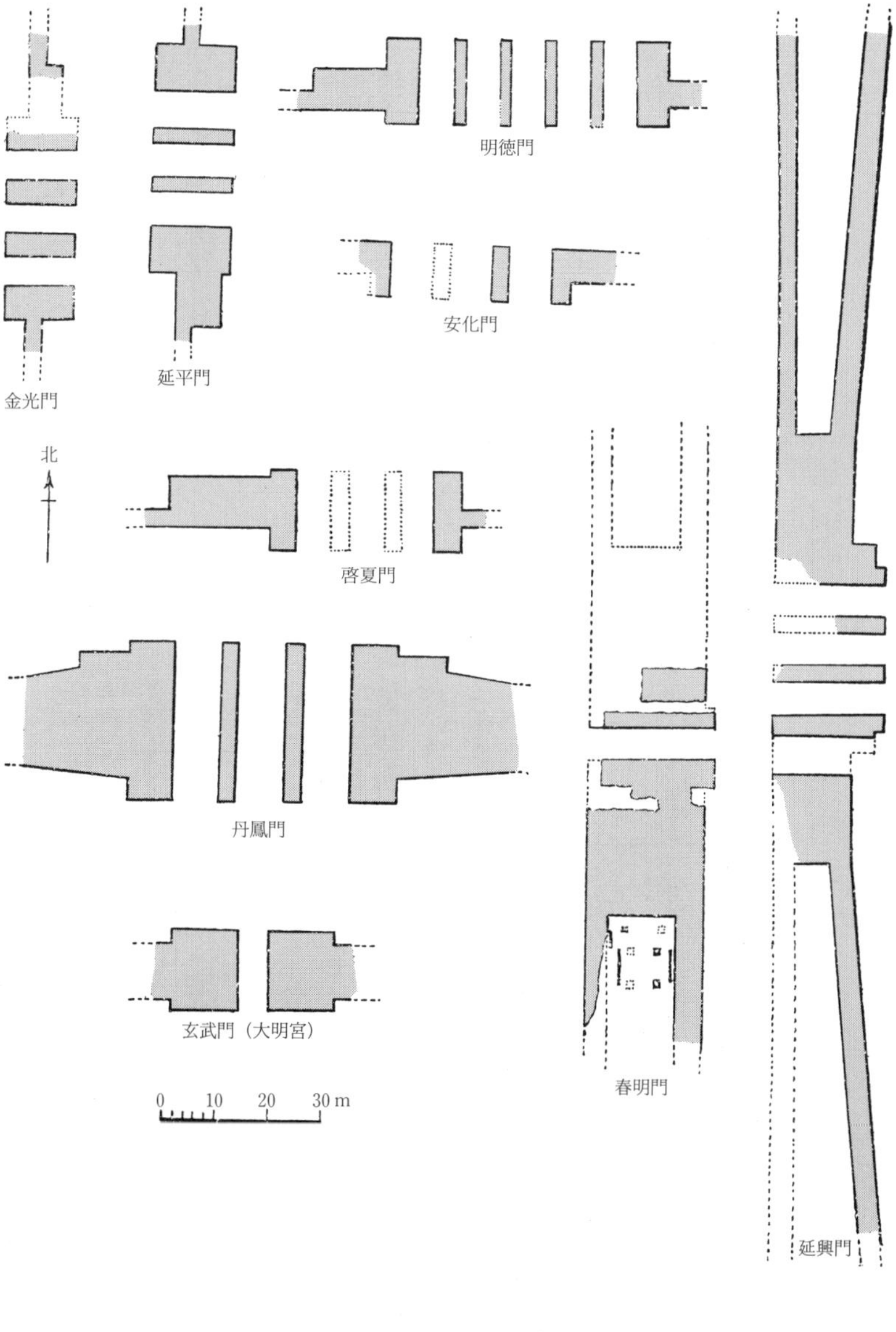

図 I-8　唐長安城各門探測平面図

（2）三壇はいずれも天地その他の神々を祭祀する礼制建造物で、最も重要なものが天を祭る天壇、すなわち円丘である。『類編長安志』巻三に拠れば、元代にも高さ一二〇尺（三六メートル）で三層、基層の周長三六〇歩（五五三メートル）という大きな土壇として残っていた。そして一九九九年に発掘調査がなされて全貌が明らかになった（図1－9、写真1－3）。中国社会科学院考古研究所西安唐城工作隊「陝西西安唐長安城円丘遺址的発掘」（『考古』二〇〇〇－七）参照。

（3）楊瑒の家廟碑は『類編長安志』巻一〇石刻条に「碑は開元二十六年（七三八）を以て立つ。廟坡に在り」とあるから、元代には存在していたと考えられるが、『関中金石文字存逸考』巻五では「逸」としているから一九世紀末には所在不明となっている。

（4）令狐楚の家廟は通済坊内にあり（『長安志』巻八通済坊条）、啓夏門の「やや西北」であるから、先の楊氏家廟とともにやはり羅城内の最南端の過疎地区である。碑は失われたが（『関中金石文字存逸考』巻五）、碑文の内容は撰者劉禹錫の文集『劉夢得文集』巻二八、『文苑英華』巻八八二、『唐文粋』巻六〇等に収められているので知ることができる。

（5）「楊氏苗裔、太和間尚盛」とあるのは続注の著者の見聞であるから、正大辛卯遷移の直前の金代泰和年号（一二〇一～〇八）の誤記であろう。啓夏門址の東北五〇〇メートルのところに現在も廟坡頭という村落が存在する。

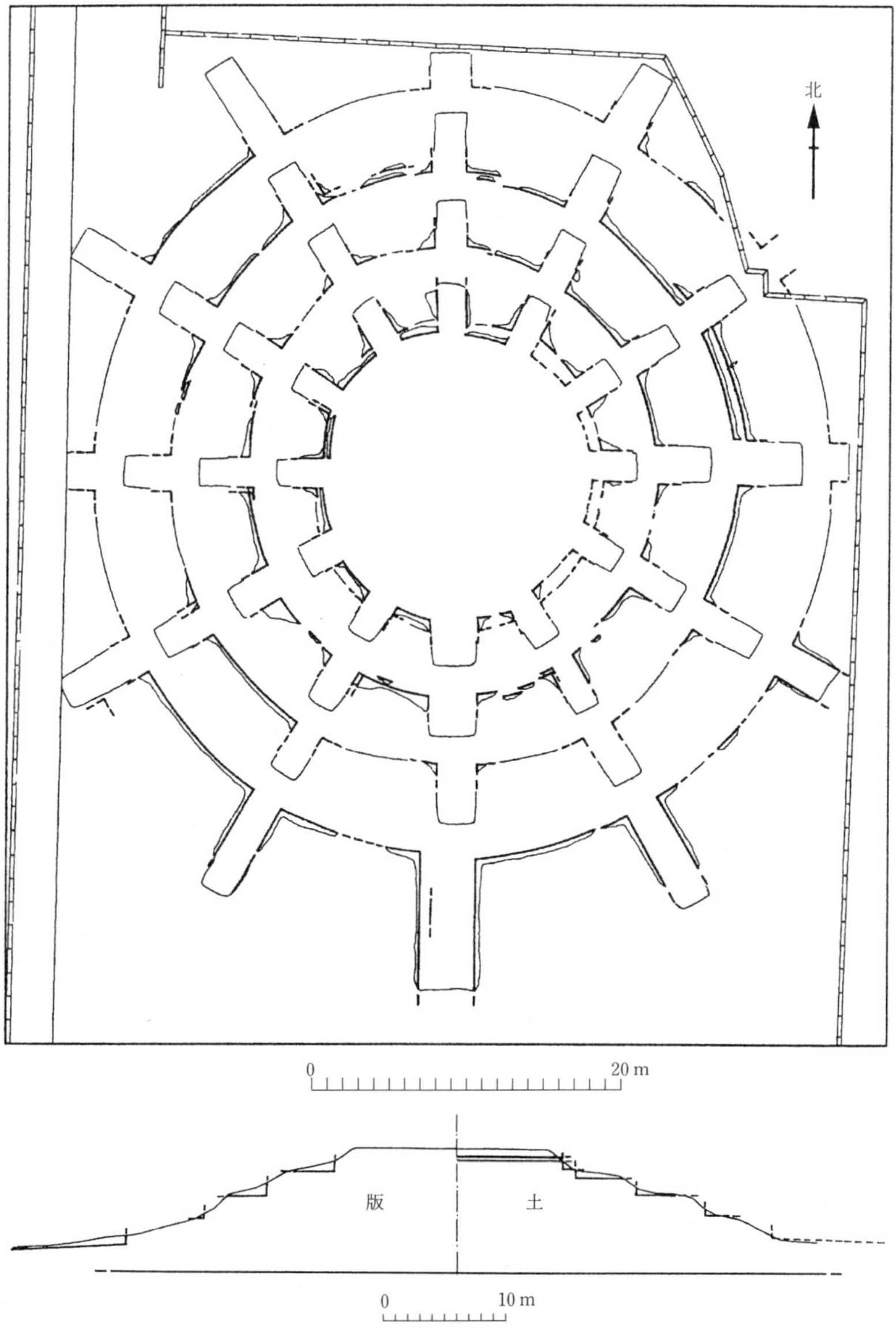

図 1-9　円丘遺址平面図（上）および断面図（下）

写真 1-3　円丘（天壇）
2001 年 3 月撮影

次杜光村。

張注曰、杜光村有義善寺、俗謂之杜光寺、貞観十九年建。蓋杜順禅師所生之地。順解華厳経、著法界観、居華厳寺、證円寂。今肉身在華厳寺。

杜光村に至った。

張注に曰く、杜光村に義善寺があり、俗に杜光寺と呼んでいる。貞観一九年（六四五）の建立。すなわち杜順禅師の生誕の地である。杜順禅師は華厳経に詳しく、法界観を著わした。華厳寺に住してこの寺で入寂した。遺骨は華厳寺にある。(1)

（1）杜順禅師の伝記は『仏祖統紀』巻二九（大正大蔵経49・292c～293a）にあり、華厳経に通暁し、著作に『法界観門』一巻、『妄尽還源観』一巻があり、貞観一四年一一月に長安南郊の義善寺で亡くなり、樊川北原に葬られたと見え、入寂寺に異同がある。大中六年（八五二）銘のある「大唐花厳寺杜順和尚行記」（『金石萃編』巻一一四）には「国（長安）の南門外の村里に生る」と見え、この生地が杜光村である。この碑は現在は西安碑林に蔵せられている。華厳寺については後出。

東南歴仇家荘。

張注曰、荘即唐宦官仇士良別業也。士良死、籍没其家。後晋賜晋昌軍節度使安彦威。安氏子孫世守之。士良墓碑俱存。其南為郭子儀墓。西南長孫無忌之墓。碑皆断仆。

続注曰、撫定後、府南趙牛里皓陽観主李可貞・喬志朴相過語余、観西北有二大碑、云是郭氏墓碑。他日往観、其一寿州刺史郭敬之神道碑。敬之字敬之、子儀父也。以子儀貴、贈太保・徐国公。碑額御題、韓国公苗晋卿撰序、蕭華書。其一郭氏所尚昇平公主墓碑、書撰姓名失伝。

東南に行き仇家荘を通った。

張注に曰く、この荘園は唐の宦官仇士良の別業であった。仇士良が死ぬと家産は官に没収された。(1) 五代後晋の時、晋昌軍節度使安彦威がこの荘を下賜され、安氏の子孫は代々これを守り続けてきた。(2) 仇士良の墓と墓碑は残っている。(3) その南に郭子儀の墓があり、(4) 西南には長孫無忌の墓があるが、(5) これら二墓の墓碑は断裂して倒れてしまっている。

続注に曰く、撫定後(6)に府の南の趙牛里にある皓陽観の観主である李可貞と喬志朴が私のもとを訪れ、皓陽観の西北に二つの大碑があり、郭氏の墓碑だと話してくれた。後日、行って見てみると、一は寿州刺史郭敬之の神道碑であった。郭敬之は字も敬之で、郭子儀の父である。郭子儀が栄達したので、太保・徐国公という高位の官爵を死後に追贈された。碑額は御題、韓国公苗晋卿の撰、蕭華の書である。(7) もう一つは郭氏が妻とした昇平公主の墓碑で(8)、書者と撰者の姓名は不明である。

(1) 仇士良(?〜八四三)は九世紀に専横を極めた宦官の大ボスで、二王、一妃、四宰相を殺すなどの権勢を恣にし、莫大な蓄財を行った。この城南一等地の荘園もその一部である。別業は別墅とも言い、別荘を伴った荘園のことである。彼は死後、武器を隠匿していたかどで告発され、官爵を剝奪されるとともに全財産を官に没収された(『新唐書』巻二〇七本伝)。

(2) 安彦威は五代後唐から後晋にかけての典型的武人で、晋昌軍節度使・西京留守としてこの地に鎮したのは後晋末の九四四〜四六年の間である(『旧五代史』巻九五、『新五代史』巻四七本伝)。約一五〇年後の張礼は安彦威の子孫が荘園をなお維持していることを確認している。これなどは張礼が単に踏査しただけでなく、聞き取り調査をも行っていることが判る貴重な記事である。

(3) 宋の陳思『宝刻叢編』巻八に「唐内侍監仇士良碑、唐鄭薫の撰、朱玘の行書、毛伯貞の篆額。大中五年(八五一)の立」と見える。本墓碑は失われてしまっているが、仇士良墓は底径二二メートル、高さ五メートルの円墳として現存する。『文地』一〇八頁参照。ここに墓碑というのは正確には神道碑と言い、墳丘墓の正面に立碑されるものである。墳丘の高さや神道碑の大きさは官位に応じた大小の規定があったが、権勢者はしばしば規定を無視して大規模なものを作った。神道碑の定型は、碑頭を螭首と言い盤龍のレ

神道碑の定型について

リーフが施され、中央に篆書で碑題が刻せられる。これを篆額または題額という。碑身には名文家によって撰せられた文章を名筆家が書し、それを石工が忠実に刻字する。碑座は亀趺といい、亀の形に彫刻された台座に碑身をはめ込む。神道碑の立派なものは五メートルを超えるものも珍しくはない。一方、地下の墓室内に蔵せられるのが墓誌銘で、誌石は方一メートル以上のものはまれである。高位高官者の墓誌銘では蓋で誌石を覆い、蓋上に篆書大字で「某府君之誌銘」等と題刻される。

題額とは

墓誌銘について

（4）郭子儀（六九七〜七八一）は安史の乱を鎮圧した最大の功労者である（『旧唐書』巻一二〇、『新唐書』巻一三七本伝）。

（5）長孫無忌（?〜六五九）は唐建国の元勲である二四功臣の一人で、太宗長孫皇后の兄でもある。三代高宗の時に武則天を皇后に冊立することに反対し失脚した（『旧唐書』巻六五、『新唐書』巻一〇五本伝）。

（6）「撫定後」とは、金正大八年のモンゴル軍による京兆府占領以後という意味である。この記事からも続注の著者が金末・元初の人であることが判る。但し、厳密にはクビライが元という国号を称するのは一二七一年である。府は京兆府のこと。一二七九年に元は京兆府を安西路総管府、一三一二年に奉元路と改称する。

（7）『宝刻叢編』巻八に「唐侍中苗晋卿の撰、中書侍郎平章事蕭華の書。敬之、字は敬之、華州鄭県の人。仕えて寿州刺史に至る。子の子儀（の貴き）を以て太保を追贈せらる。碑は粛宗元年（七五六）建寅月に立つ」と見え、『類編長安志』巻八山陵冢墓条にも「唐郭敬之墓、咸寧県郭荘に在り。敬之は子儀の父なり。碑はなお存す」とあって、元代にこの神道碑が残っていたことが知られるが、『関中金石文字存逸考』巻五では「逸」とするから、清末には所在不明となっている。「碑額御題」とは螭首の篆額が粛宗の宸筆であることを言う。
（8）郭子儀の第六子郭曖は父の功により代宗の第四女である昇平公主を妻に迎えた。この神道碑は郭曖と昇平公主の合葬墓の前に立てられていたものであろう。この夫婦の間に生まれた娘郭氏は藩王時代の憲宗の妃となり、その生子が穆宗である。『関中金石文字存逸考』巻五では本碑も「逸」としている。

過高望、西南行至蕭渃墓、読碑。
張注曰、渃、嵩之父也。碑乃明皇題額、張説為文、梁升卿書。嵩墓別葬張曲。

高望[1]を通り、西南に行って蕭渃の墓に至り碑文を読んだ。
張注に曰く、蕭渃は蕭嵩の父である。神道碑は明皇の題額、張説の撰文、梁昇卿の書である。[2]蕭嵩の墓はこことは別の張曲に葬られている。[3]

（1）『長安志』巻一一万年県条「高望堆、長安図に曰く、延興門の南八里に在りと。潘岳の西征の賦に曰く、高望の陽隈に憑ると」。延興門は羅城東壁の北から第三門。現在も高望堆の地名が残っている。西晋潘岳の「西征賦」は『文選』巻一〇所載。

（2）『類編長安志』巻一〇石刻条「唐贈吏部尚書蕭漼碑、尚書左丞相張説の撰、梁昇卿の八分の書、明皇の御題額、金字なお顕たり。碑は開元十八年（七三〇）を以て立つ。焦村の墓前に在り。中統年（一二六〇～六三）、村人が道者に売与せり。惜しいかな」。明皇は玄宗のこと。皇帝は没後に廟号と諡号の二種の称号を贈られる。玄宗は廟号、明皇帝は諡号である。刻字に金箔が塗り込められていたとあるから、非常に立派な神道碑である。但し題額部分のみであろう。元初に現地の農民が道士に売り払ったために所在不明という。碑文は『張説之文集』巻二五、『文苑英華』巻八九五等に著録されている。『類編』にいう焦 jiao 村は次に見える趙 zhao 村と同一村落であろう。現在は兆 zhao 村と呼ばれる。高望堆のすぐ東北に趙（焦）村がある。蕭漼、蕭嵩父子は南朝の梁武帝直系の子孫で、蘭陵蕭氏として唐代では南朝系貴族の最高の家格を誇る名門家系である。蕭嵩は玄宗期に宰相となり、その子蕭華は先の郭敬之神道碑の書者でもあり、粛宗期に宰相となっている（『新唐書』巻七一下宰相世系表一下）。書者梁昇卿は『新唐書』巻一一二に「昇卿は学に渉り書に工みなり。八分においてもっとも工みたり。広州都督を歴る。東封朝覲碑を書し、時の絶筆と為す」とある。彼の有名な八分の書「御史台精舎碑」が西安碑林に蔵せられている。

明皇は玄宗のこと

碑文は『張説之文集』所収

梁昇卿は八分の名手

（3）趙村の東五里に張曲がある。

由趙村訪章敬寺基、経撥川王論弓仁墓。

張注曰、五代周太子太師致仕皇甫玄荘在趙村。建隆二年置。墓在村東、碑在其荘内章敬寺。長安志曰、在通化門外、本魚朝恩荘也。後為章敬皇后立寺、故以為名。殿宇総四千一百三十間、分四十八院。以曲江亭館・華清宮観風楼・百司行廨、及将相没官宅舎給其用。今此基不甚侈、且与志所載地里不同。豈四十八院之一耶。論弓仁者、吐蕃普賛之族也。世相普賛。戎言謂宰相為論、因以為氏。聖暦三年、以所統吐渾七千帳降唐。累有戦功、死贈撥川王、葬趙村、張説為碑。今已毀仆、字無存者、独其題額在焉。


趙村から章敬寺の基址を訪ね、撥川王論弓仁の墓を経た。

張注に曰く、五代後周の太子太師致仕皇甫玄の荘園が趙村にある。建隆二年（九六一）に置かれた。彼の墓は趙村の東にあり、墓碑は荘園内の章敬寺にある。[1]『長安志』に「（章敬寺は）通化門外のもと魚朝恩の荘園であった地にある。後に章敬皇后を供養するために荘内に寺を建て、皇后の名を取って寺名とした。寺の建物は全部で四一三〇間もあり、四八院から成っていた。曲江池の亭や館、華清宮の観風楼、官庁の仮官舎、そして将軍や大臣経験者の罪によって没収された邸宅を解体移築して造られた」とある。現在残る基址はそれほど大規模ではなく、『長安志』に記す位置とも異なる。四八院中の一なのであろうか。[2]論弓仁は吐蕃の普賛（賛普の誤り）の一族で、代々普賛（同前）の大臣となる家系である。吐蕃語で宰相を論といい、それを姓氏とした。聖暦三年（二年の誤り、六九九）に統率下の吐蕃、吐谷渾七〇〇〇帳を伴って唐に投降した。その後しばしば戦功をあげ、没後に撥川王を追贈され、趙村に葬られた。墓碑は張説の撰である。現在では碑は断裂して倒れ、碑文も摩滅してしまっているが、題額の文字だけが読み取れる。(3)

(1) 皇甫玄は未詳。五代後唐、後晋、後漢期に同姓の皇甫立という人物がおり、同じく太子太師で致仕している。致仕とは退官のこと。玄と立は字形がよく似ており、張礼の錯誤かも知れない。但し、皇甫立は後周に先立つ後漢の乾祐二年（九四九）に没している（『旧五代史』巻一〇六皇甫立伝）。本文では皇甫玄は後周期に致仕し、旧章敬寺を含む地に荘園を置いたのは宋初としている。本文のこの部分は「建隆二年、墓を置き村東に在り」と読んで、建隆二年を彼の没年と見なすべきかも知れない。いずれにしても本文にいう皇甫玄と『旧五代史』に見える皇甫立が同一人物か否かは不詳である。

(2) 章敬寺に関する『長安志』の引用は巻一〇右街末からのものである。『唐会要』巻四八寺条にも「章敬寺、通化門外、大暦二年（七六七）七月十九日、内侍魚朝恩が請いて城東の荘を以て章敬皇后の為に立てて寺と為す。因りて哥舒翰の宅及び曲江の百司看屋、及び観風楼を柝して造る」と見えるから、章敬寺の位置は羅城東壁第一門の通化門外であることは間違いない。張礼は文献から知られる規模壮大なはずの章敬寺址があまりにも小規模なこと、さらに旧城内の位置ということから、四八別院中の一院かと首を傾げている。恐らく宋代には章敬寺の位置が当地で誤伝されていたのであろう。章敬皇后は粛宗の皇后呉氏で、代宗の生母である。開元二八年（七四〇）に一八才の若さで没した

章敬寺の位置は誤伝か

（『旧唐書』巻五二、『新唐書』巻七七后妃伝）。魚朝恩（七二二〜七〇）は安史の乱後に権勢を振った宦官で、代宗の恩寵を深める思惑からその生母のために自分の荘園を寄進して仏寺としたのである（『新唐書』巻二〇七本伝）。

（3）論弓仁が吐蕃と吐谷渾合わせて七千帳を率いて唐に投降したのは聖暦二年（六九九）である（『新唐書』巻一一〇本伝）。論弓仁の父の論欽陵は長らく吐蕃の国政を専断してきたが、六九五年の直後に賛普に粛清されるという大政変が生じ、身の危険を覚えた論弓仁は唐に亡命した。『新唐書』巻二一六上吐蕃伝上に「其の俗、彊雄を賛と曰い、丈夫を普と曰う。故に君長を号して賛普と曰う」と見えるように、吐蕃の王を賛普という。Btsan po の音訳である。本文で普賛とするのは張礼の錯誤である。また吐蕃の論姓については、唐の杜佑『通典』巻一九〇辺防六吐蕃条に「大論を置きて以て国事を統べしむ。（中略）大相の禄東賛が国事を摂知す。（中略）大論の欽陵、姓は薛氏。其の父の禄東賛、頗る兵術に暁るく、吐蕃の賛府（普と同音）、国事を以て之に委ね、よく節制有り。吐蕃の諸羌を并兼し、西土に雄覇たるは、東賛力有り。子五人有り。東賛の死するに及び、欽陵兄弟は復た其の国を専らにす」とある。張礼は題額以外は全く碑文が読めない碑の有様を記すが、『張説之文集』巻一七、『文苑英華』巻九二一等に著録されているので、その内容は知ることができる。それに拠ると、「（開元）十一年（七二三）四月五日、位に薨ず。享年六十。制し贈りて撥川王と為す。（中略）十二年四月、詔して京城の南に葬る」とある。撥川王という追贈の王号はチベット高原の河川ないし地名に因むものであろう。論弓仁墓は底径一五メートル、高さ七メートルの円墳として現存する。『文地』

論弓仁は吐蕃から唐に亡命

張礼が摩滅して読めないと記す碑文は——

一〇八頁参照。

下勲蔭坡、入牛頭寺、登長老文公禅堂。夜宿寺之南軒。

張注曰、勲蔭坡、今牛頭寺之坡也。寺即牛頭山第一祖遍照禅師之居也。貞元十一年建。内有徐士龍所撰碑。太平興国中、改寺曰福昌。元豊癸亥、長老道文自南方来、居於寺之北堂。其南軒為延客之所。今有朱公題壁。

勲蔭坡を下り、牛頭《ごず》寺に入り、長老文公の住した禅堂に登った。この夜は牛頭寺の南の宿房に宿泊した。

張注に曰く、勲蔭坡は牛頭寺へと至る坂道の現在の呼称である。牛頭寺は牛頭山第一祖である遍照禅師の住寺である。[1]貞元十一年（七九五）の建立。寺内に徐士龍が撰した碑がある。宋の太平興国年間（九七六〜八四）に寺名を福昌寺と改称した。元豊癸亥（六年、一〇八三）、長老の禅僧道文が南方から当地に来て、寺の北堂に住するようになった。そして南の建物を訪れる人の宿房とした。現在、朱公の屋壁に書した詩題が残っている。[2]

（1）禅宗史では牛頭禅の第一祖は法融（五九四〜六五七）である。ここに言う遍照禅師は牛頭禅の法統にも見えず不詳である。

（2）『長安志』巻一一長安県条に「牛頭寺は県の西南二十五里に在り。貞観六年（六三二）の建」と見え、異なる創建年次を伝える。県とは宋代の長安県衙である。『類編長安志』

巻九勝遊条では、牛頭寺について『遊城南記』のこの部分をそのまま引用した後に杜甫の詩を引き、次いで「(南)軒の東壁に朱公掞の題詩有りて曰く、節候偶当桐始華、遍尋蕭寺喜煙霞。勝遊今幸同三友、仁恵将推及万家。緑満田疇斉種麦、紅蔵村塢爛開花。愛民若副賢侯意、共入声詩与衆誇。掞は奉帥たりて闕食者を訪ねしめ、将に貸済を行わんとす」、同巻一〇石刻条に「唐牛頭山七《ママ》祖遍照禅師碑、徐士龍の撰、姜泳の正書。貞元十五年五月の立。樊川に在り」とある。これによって本文の「徐士龍所撰碑」が遍照禅師碑であり、「朱公題壁」が朱掞の題詩であることが判明する。この題詩を張礼が見ているのであるから、朱掞は元祐以前の北宋前半の人であろう。『関中金石文字存逸考』巻五に乾符六年（八七九）の牛頭寺陀羅尼経幢を挙げ、毛鳳枝の案語に「牛頭寺は西安府城南の韋曲に在り、城を距てること二十里。嘗て往遊して此の幢を見たり。字はなお完好たり。寺傍は杜子祠たり。風景極めて佳く、秦中の勝地なり」といい、牛頭寺の具体的な所在地を記してくれている。すなわち、清代西安府城の南二〇里の韋曲にあって、杜子祠に隣接する地である。韋曲は現在の韋曲鎮、そのすぐ西に杜甫祠が現存する。牛頭寺の現在の地址は申店郷双竹村で、清代重修の大雄宝殿と僧寮が残る。『文地』一一四頁参照。「長老文公禅堂」は道文が住した北堂のことであろう。道文については未詳。

朱掞の題詩

牛頭寺の所在地と現在の地址

巳酉、謁龍堂、循清明渠而西、至皇子陂、徘徊久之。

張注曰、龍堂在牛頭寺之西。寺故有龍泉塔院、此堂即其地也。泉北有塔、俗称龍堂坡。地甚平衍、中多植杏、謂之杏花坪、見杜詡勝遊録。清明渠、隋開皇初、引沇水西北流、屈而東流入城。当大安坊南街、又東流至安楽坊、入京城。今其渠自朱坡東南、分沇水、穿杜牧之九曲池、循坡而西、経牛頭寺下、穿韓符荘、西過韋曲、至渠北村、西北流入京城。皇子陂又在龍堂之西。秦葬皇子於坡底、起塚於坡北原上、因以名坡。隋文帝改永安坡、唐復旧。

巳酉（二日目）、龍堂を訪れた。清明渠に沿って皇子陂に至り、しばらくの間あたりを歩き回った。

張注に曰く、龍堂は牛頭寺の西にある。もと寺には龍泉と塔院があったが、龍堂がその地である。泉の北には塔があり、龍堂坡と俗称されている。地形は全くの平らで、杏の樹が多数植えられている。この地を杏花坪ということは、杜詡《とく》の『勝遊録』に見える[1]。清明渠は隋の開皇初年に沇水を分流して西北流させ、東向きに流路を変えて城内に導水したものである。すなわち大安坊の南街に突き当たって東流し安楽坊の所で京城内に入るのである[2]。現在ではこの渠水は朱坡の東南で沇水より分流し、杜牧の九曲池[3]に入り、朱坡沿いに西流し、牛頭寺の下を通り、韓符の荘園[4]内を貫流し、西流して韋曲を経て渠北村に至り、そこから西北流して京城内に入っている。皇子陂[5]は龍堂の西にある。秦代に皇子をこの坡麓に葬り、坡の北原上に墳丘を築いたので、この名がある。隋の文帝が永安坡と改称したが、唐代には旧名で呼ばれた。

（1）『類編長安志』巻九勝遊条に「龍堂は皇子坡の東北に在り。半坡に泉の九眼有り、下りて一潭と為り、内に五色魚有り。潭上に殿を起し、名づけて九龍堂泉と曰い、龍泉坡と号す。杏花平《ママ》は龍泉の東北の坡中に平地有り、数百本の杏花繁衍す。名づけて龍泉杏花平と曰う。潁川《えいせん》の杜詡撰『勝遊録』にまた此の坡を以て唐杏花坪と為す」と見える。河南潁川の人杜詡の『勝遊録』については未詳。『続資治通鑑長編』巻二二一熙寧四年（一〇七一）三月丁酉条に忠武節度（河南の許・申・蔡三州を管す）推官として同名の人物が見える。時代的には元祐の少し前であるから矛盾はしないが、同一人物か否か判らない。

（2）清明渠も先の黄渠と同じく終南山の溪水から導水して城内に引いた運河である。開皇初めとあるように、新都造営と同時に開削されて城内での種々の水利用を考慮したもので、周倒な都城プランがここにも伺える。大安坊南街とは、羅城南壁と大安坊の坊墻との間に東西に走る城内最南端の街路である。長安城に限らず、城郭都市では城壁の内側には必ず街路などの空隙地が設けられており、城壁に接して建物を造ることは厳禁であった。『長安志』巻一二長安県条に「清明渠、東南して万年県より流入し、西北流し、また屈して東北流して京城に入る」とある。城内と同じく、城外も朱雀大街の延長線の東側が万年県、西側が長安県の管轄であった。東南から西北への緩傾斜地形をうまく利用して、城南万年県域から西北流させて長安県に入り、羅城南壁近くで東北に流路を変えて城内に導水したのである。『類編長安志』巻六泉渠条では「清明渠、隋開皇年、潏水を引きて西北流せしめ城に入る。また東流して安楽坊の西南隅に至り、屈して宣義・太平等九坊の西を経て、東流して皇城の大社に入り、また東して含光門街に至り、屈し

清明渠も終南山の溪水を利用した運河。新都造営時の周倒な都城プランが伺える

て北流し、尚食（舎の誤り）局の東を経て東し、また北流して将作監・内侍省を経て、また北流して宮城に入る」と城内での流路を詳しく記すが、張礼の視点は以下に見えるように、もっぱら城外南郊の流路である。沈水は潏《きつ》水と同一河川であることは、『長安志』巻一一万年県条に「潏水、今は沈水と名づく。南山の皇子坡より西北流し、（万年）県界に入る。『字林』に潏水は杜陵県に出ずと曰う。許慎『説文』に潏は古穴の反、水名なり、京兆の杜陵に出ず」とあることから明らかで、『説文』の音注によって「キツ」音であることも判明する。

（3）杜牧の荘園内に造られた九曲池については、後に杜氏一族の荘園址に言及するところで詳しく注記する。

（4）韓愈の子の韓符の荘園については次条で言及されている。

（5）『長安志』巻一一長安県条に「永安坡は県の南二十五里に在り、周七里。『十道志』に曰く、秦は皇子を葬り、冢を坡の北原上に起す。因りて皇子坡と名づく。隋文帝が改む」とあり、清の畢沅が案語を付して「沅案ずるに、此は即ち秦の悼太子の冢たり。前人ともに未だ考えざるのみ。『史記』秦本紀に云う、昭襄王四十年、悼太子は魏に死し、芷陽に帰葬すと。徐広曰く、今の霸陵たりと。正義に曰く、『括地志』に云う、雍州藍田県の西に在りと。今（清代）の臨潼は咸寧・藍田と界を為すなり」という。これは『史記』巻五秦本紀昭襄王四〇年（前二六七）の記事とそこに付された注であるが、あくまでも畢沅の推測である。同じく『史記』巻六秦始皇本紀には二世皇帝胡亥が自らの地位を脅かすとして多くの皇子を杜の地（恐らくは城南の杜城）で殺害したことを記し、杜の地は

皇子坡の近くで皇子殺害の記事もある

皇子坡に至近の地であり、こちらの可能性もある。『十道志』は唐の李吉甫が撰した地理書であるが、ごく断片のみが伝わるだけである。

覧韓鄭郊居、至韋曲、扣尭夫門、上逍遙公読書台。尋所謂何将軍山林、而不可見。因思唐人之居城南者、往往旧蹟湮没、無所考求。豈勝遺恨哉。

張注曰、韓店、即韓昌黎城南雑題及送子符読書之地。今里人楊氏所有。鑿洞為閣、引泉為池、穿地得大嗚（乗の誤り）起信論碑之上篇。鄭谷荘、在坡之西。今為里人李氏所有。韋曲在韓鄭荘之北。尭夫、進士韋師錫之字也。世為韋曲人。遠祖夐、後周時居此、蕭然自適。与族人処玄及安定梁曠為放逸之友。時人慕其間素、号為逍遙公。明帝貽之詩曰、香動秋蘭佩、風飄蓮葉衣。北史有伝。今其読書台尚存。韋嗣立逍遙谷、則在驪山西南。蓋亦慕夐而名之也。杜甫何将軍山林詩有不識南塘路、今知第五橋。又曰、憶過楊柳渚、走馬定昆池。今第五橋在韋曲之西、与沈家橋相近。定昆池在韋曲之北。楊柳渚、今不可考。南塘、按許渾詩云、背嶺枕南塘。其亦在韋曲之左右乎。嘗読唐人詩集、岑嘉州有杜陵別業・終南別業、而石鼈谷・高冠谷皆有其居。郎士元有呉村別業。段覚有杜村間居。元微之亦有終南別業。蕭氏有蘭陵里。梁昇卿有安定荘。今皆湮没、謾不可尋。蓋不特何将軍山林而已。

韓愈と鄭谷の郊居の地を訪れた。韋曲に至り、知人の尭夫の家を訪れ、逍遙公の読書台に登った。何将軍の山林なるものを捜したが見付けることができなかった。そこで唐人の城南に郊居していた旧蹟は多くが埋もれ失われてしまい、捜しようがなくなっていることに思いを致した。全くもって残念なことではないか。

張注に曰く、韓店[1]は韓昌黎（愈）の「城南雑題」詩、及び「子の符を送り読書せしむ」詩の地である。現在はこの地の人楊氏の所有に帰し、窰洞が掘られ楼閣が建てられ泉水を引いて池が作られている。かつて地面を掘った際に大乗起信論碑の上半分が出土した[2]。鄭谷[3]の荘園は坡の西にある。現在ではやはりこの地の李氏の所有となっている。韋曲[4]は韓荘と鄭荘の北にある。尭夫というのは、進士韋師錫の字であり、代々韋曲に居住してきた。遠い先祖の韋敻が北周時代にここに居を定めた。人里離れて悠悠自適の生活を送り、一族の韋処玄や安定郡の梁曠と気ままな友人関係をもった。時の人は彼の心静かで質素な生活ぶりを慕い、逍遙公と呼んだ。孝明帝は彼に「香は動かす秋蘭の佩、風は飄えす蓮葉の衣」という詩を贈った。『北史』に列伝が立てられている[5]。現在、彼の読書台がまだ残っている。韋嗣立の逍遙谷は驪山の西南にあるが、その名称は韋敻の人柄を慕ってのものであろう[6]。杜甫の「何将軍山林」詩に「識らず南塘の路、今知る第五橋」とあり、また「憶う楊柳の渚を過ぎ、馬を走らす定昆池[7]」ともある。現在は第五橋は韋曲の西にあり、沈家橋もすぐ近くである[8]。定昆池は韋曲の北にある[9]。楊柳渚は今では何所なのか判らない。南塘は許渾の詩に「嶺を背にし南塘を枕とす」とあるから、やはり韋曲の近辺にあったのだろう[10]。かつて唐人の詩集を読み、岑嘉州には杜陵と終南の荘園があり、石鼈谷と高冠谷にも別荘をもち[11]、郎士元には呉村の荘園が[12]、段覚には杜村の別邸が[13]、元微之にも終南の荘園が、蕭氏には蘭陵里に土地が、梁昇卿には安定の荘園[14]があったことを知った。

しかし現在では埋もれ失われ、漠然としてしまい捜すべくもない。

（1）『類編長安志』巻九勝遊条「韓荘は即ち韓退之の「城南雑題」、また「送符城南読書」の地なり。孟郊の「遊城南韓氏荘」詩に云う（中略）、張籍の「同侍郎南溪夜賞」詩に曰く（中略）、韓荘は韋曲の東の皇子陂に在り、南のかた皇陂水を引きて南塘と為す。今、里人楊氏の有する所と為り、洞を穿ち閣を起し、泉を引きて落し、池は之（が為に）大鳴す」。韓愈（七六八～八二四）の「送符城南読書」詩は『朱文公校昌黎先生文集』巻六に「符読書城南」として収める。読書せねば君子にはなれず小人のまま終わってしまうことを我が子韓符に諭した詩である。

韓愈は「送符城南読書」詩で、読書せねば君子にはなれずと子の韓符を諭した

（2）『宝刻叢編』巻八に「唐注大乗起信論、馬鳴菩薩造、杜鴻漸注、徐浩の八分書。京兆金石録」と見え、杜鴻漸が注釈を施した「大乗起信論」碑が宋代には京兆、つまり長安に存在していたことが知られる。「大乗起信論」は、南朝梁・陳代のインド僧真諦訳（旧訳）と唐代ホータン僧実叉難陀訳（新訳）の二種の漢訳があり、隋唐以降の仏教界、思想界に大きな影響を与えた重要な経論である。杜鴻漸が本論の注釈を著したか否かは未詳ながら、彼が篤信の仏教徒であり、死後には伝統的な地下に埋葬して墳丘を築くのではなく、火葬に付して遺骨を塔下に埋めること、「胡法塔葬」を遺言したことは有名である（『旧唐書』巻一〇八、『新唐書』巻一二六本伝）。ただ旧韓氏の荘園の地から宋代に出土した「大乗起信論」碑が杜鴻漸が注したものを刻したものであったかは不明である。

「大乗起信論」は隋唐以降の仏教界、思想界に大きな影響を与えた

（3）『類編長安志』巻九勝遊条「鄭荘、即ち鄭虔の郊居、韓荘の東南に在り。李商隠「鄭虔の旧隠を過ぎる」詩に曰く、（中略）杜牧之「鄭璀に遺る」詩に曰く、（中略）璀は乃ち虔の孫なり」。本文では唐末の人鄭谷に作るが、『類編』に云うように玄宗期の鄭虔とすべきであろう。次に見える杜甫（七一二～七〇）の「陪鄭広文遊何将軍山林」詩は杜甫が鄭虔に伴われて何将軍の荘園に遊んだ時の作品だからである。

（4）『類編長安志』巻九勝遊条「韋曲、樊川に在り。唐の韋安石の別業は林泉花竹の勝境たり。韋荘の詩に曰く、「満耳鶯声満眼花、布衣藜杖是生涯。時人若要知姓名、韋曲西頭第一家」。荘の後に蜀より回りて韋曲に帰りし詩に曰く、「殷勤曽記碧峰前、一別溪雲二十年。三逕荒凉迷竹樹、四鄰凋謝変桑田。皇陂况是当年水、紫閣空横旧日煙。多少乱離無問処、夕陽吟罷涕潸然」。（中略）諺に云う、「城南の韋・杜、天を去ること尺五」と。劉子哀の詩に曰く、「終日看山不厭山、好山不出買山銭。欲知韋曲君家景、占得当時尺五天」。（下略）」。城南の韋曲と杜曲は累世にわたり韋氏と杜氏が集住し高位高官を輩出した同族村落で、唐代の名族である京兆の韋氏と杜氏の本貫である。宋代以降はごく少数の末裔が依然として居住していることは本文からも判るが、もはや唐代までの栄光はなく、所有地も多くは他姓の所有に帰している。一九八七年以来、唐代韋氏の墓がこの地で発掘されている。『文地』一〇八頁参照。

（5）北周期の代表的隠逸の士である逍遙公韋夐（五〇三～七九）は、『北史』巻六四だけでなく『周書』巻三一にも立伝されている。北周孝明帝が韋夐に贈った詩の全文は「六爻貞遁世、三辰光少微。潁陽譲逾遠、滄州去不帰。香動秋蘭佩、風飄蓮葉衣。坐石窺仙洞、

韋曲と杜曲は唐代の名族韋氏と杜氏の住したところ

北周孝明帝が逍遙公に送った詩の全文は――

乗槎下釣磯。嶺松千仞直、巌泉百丈飛。聊登平楽観、遙望首陽薇。詎能同四隠、来参余万機」（『北史』本伝）というもので、周初の伯夷・叔斉や秦末漢初の四皓への強いあこがれをうたっている。韋夐の直系子孫は逍遙公房と呼ばれ、隋唐期に宰相以下多数の高官を輩出している（『新唐書』巻七四上宰相世系表四上・韋氏逍遙公房）。

（6）韋嗣立（六五四〜七一九）は韋夐の子孫ではなく、南朝系の襄陽の韋氏である。父の韋思謙と兄の韋承慶はともに武周期の宰相となり、韋嗣立も武周期及び中宗期の宰相となった。彼は中宗の信頼がとくに厚く、驪山鸚鵡谷にある別業の地に清虚原幽棲谷という地名を賜わり、逍遙公の爵位に封ぜられた（『旧唐書』巻八八、『新唐書』巻一一六本伝）。本来の地名である鸚鵡谷、賜名である幽棲谷に対し、逍遙谷という呼称は本人が好んだものであろう。韋嗣立の家系は以上のような経緯から、彼以後の直系子孫は小逍遙公房と呼ばれるようになる（『新唐書』巻七四上宰相世系表四上・小逍遙公房）。

（7）『杜少陵集詳注』巻二「鄭広文（虔）に陪して何将軍の山林に遊ぶ」十首の第一首と第八首からの引用。第一首の全文は「不識南塘路、今知第五橋。名園衣緑水、野竹上青霄。谷口旧相得、濠梁同見招。平生為幽興、未惜馬蹄遙」。第八首は「憶過楊柳渚、走馬定昆池。酔把青荷葉、狂遺白接羅。刺般思郢客、解水乞呉児。坐対秦山晩、江湖興頗随」である。既述のように、杜甫が広（弘）文学博士鄭虔に伴われて何将軍の山林に遊んだ天宝九載（七五〇）頃の作である。何将軍については未詳。山林は山地を含む別業で、まさに一円的な荘園であるが、この辺りのものはさほど面積は広くはない。杜甫のこの詩については、吉川孝次郎『杜甫詩注』第二冊（筑摩書房　一九七九）に詳細な訳注があり、『遊城南記』のこの部分にも言及されている。

（8）第五橋、沈家橋はともに現在も地名として残っている。第五橋は唐長安羅城西南隅から西南へ約四キロ、北沈家橋は南へ約一・四キロ、南沈家橋は南へ約二・三キロの地点である。唐末の乾符二年（八七五）に没した「劉氏幼子阿延墓誌銘」（『八瓊室金石補正』巻七七、『北京図書館蔵中国歴代石刻拓本匯編』33－142）に「長安県第五村の親伯祀王傅（劉）徳章の塋に葬る」と見える第五村は第五橋と同一地であろう。

（9）本文では定昆池の位置を韋曲の北とするが、正確には西北西約九キロである。『資治通鑑』巻二〇九中宗景龍二年（七〇八）七月条「安楽公主、昆明池を請う。上（中宗）は百姓蒲魚の資する所を以て許さず。公主悦ばず、乃ち更めて民田を奪いて定昆池を作る。延袤数里、石を累ねて華山を象り、水を引きて天津を象り、以て昆明に勝たんと欲し、故に定昆と名づく」。『長安志』巻一二長安県条「定昆池、県の西南十五里に在り。景龍文館記に曰く、安楽公主の西荘、京城西延平門外二十里に在り。司農卿趙履温が種植し、将作大匠楊務濂が流れを引き沼を鑿つ。延袤十数里、時に定昆池と号す」。昆明池は漢の武帝の時に雲南方面の少数民族西南夷を併定する準備として水軍訓練用に開削させ、灃水から導水して作った人工湖である。現在は両池とも干拓されてかつての痕跡は全く留めておらず、曲江池とはいささか趣が異なる。

定昆池は昆明池に対抗して作られた。両池とも干拓されてかつての面影はない

（10）許渾『丁卯集』巻下「春日題韋曲野老村舎」詩「背嶺枕南塘、数家村落長。鶯啼幼婦懶、蚕出小姑忙。煙草近溝湿、風花臨路香。自憐非楚客、春望亦心傷」。前注（1）『類編』に「韓荘は韋曲の東の皇陂に在り、南のかた皇陂水を引きて南塘と為す」とあっ

た。但し、南塘は固有名詞としての地名ではなく、単に「南の池沼」という意味の普通名詞であるかも知れない。許渾は太和六年（八三二）の進士及第。

（11）岑参（七一四〜七〇）の城南の別業や郊居をうたった詩は『岑嘉州集』巻一「太一石鱉崖口潭旧廬招王学士」詩、同巻一「下外江舟中懐終南別業」詩、同巻三「過酒泉懐杜陵別業」詩、同巻三「還高冠潭口留別舎弟」詩、同巻三「早発焉耆懐終南別業」詩などであるが、別々のものではなく、いくつかは同一所を異なる呼び方をしているのであろう。このうち、石鱉（鼈と同義）谷は『長安志』巻一一万年県条に「石鱉谷、県の西南五里に在り。（中略）石鱉谷水は北流十五里、復た西流一十里にして長安県界に入る」と見え、『類編長安志』巻七古迹条には「石鱉、長安志に云う、京兆城南六十里の終南山石鱉谷に在り。（谷）口に大白円石有り、三間屋の大きさの如く、前後に二大石有りて当に之を攔圧すべし。此を以て呼びて石鱉谷と為す。万年・長安（県）は此の谷を以て界と為し、谷の東は万年県に属し、谷の西は長安県に属す。北は皇城の承天門に抵る、之を天門街と謂う」と見え、その場所を特定できる。『類編』の記事は、長安城の造営プラン上において中軸線の基点を何処に置いて南北線が引かれたかを考える上できわめて示唆に富むものである。周知のように、長安城は朱雀大街を南北の中軸線として見事な左右対称の整ったプランとなっている。現在の地図上で朱雀大街の線を南に真直ぐに延長していくと、石砭谷という終南山北麓のこの辺りでは最も深く切れ込んだ谷口に至る。鱉 bie と砭 bian は音が近いから、石鱉谷が音の転訛によって石砭谷となったことはまず間違いない。宇文愷が新都造営に際して最初に決定せねばならなかったのは言うまで

岑参の詩

城南六〇里の石鱉谷は現在の石砭谷と思われる。地理上の特異点であるこの地は都城の南北の中軸線の基点とされたと考えられる

もなく都城の中軸線の設定であった。その際の基点が地理的に際立った特異点である石鱉谷であった可能性は大である。二〇〇一年三月、筆者がGPSを用いて測定した経度は、都城中軸線上の一つの基点である羅城正南門の明徳門址は東経一〇八度五三分、石砭谷の谷口は同一〇八度五五分で、両地点を結ぶ南北線はほぼ完全に正南北であることが判明した（写真1－4）。

（12）郎士元の呉村別業は、彼の「酬王季友題半日（呉）村別業兼呈李明府」詩（『唐詩紀事』巻二六）、彼の友人銭起の「題郎士元半日呉村別業兼呈李長官」詩（『銭功考集』巻八）に見える。郎士元は天宝一五載（七五六）の進士及第。

（13）段覚の杜村間居は、許渾の「送段覚帰杜曲間居」詩（『丁卯集』巻二）に見える。

（14）元稹（字は微之、七七九～八三一）の終南別業、蕭氏の蘭陵里、梁昇卿の安定荘は未詳。蕭氏蘭陵里は先に見えた蕭瓊墓の所在地に至近の地であろう。梁昇卿は蕭瓊神道碑の撰者としてやはり先に見えた。

晩抵申店李氏園亭。夜宿祁子虛書舍。

張注曰、申店夾潏水之両溪。李氏名之邵、字公材、嘗為進士。祁子虛名徹、李舍人壻也。園之東有閣、曰秘春。北有小軒、曰明月。

夕暮に申店の李氏の園亭に至り、この夜は祁子虛の書屋に宿泊した。

写真 I-4　石砭谷
2001 年 3 月撮影

張注に曰く、申店は潏水の分岐した二本の渓流の間にある。李氏の名は之邵、字は公材、先に進士に及第している。祁子虚の名は徹で、李舎人の女壻である。(1) 園の東には秘春閣があり、北には明月軒という小屋がある。

(1) 李之邵（字は公材）、祁徹（字は子虚）はいずれも未詳。張礼と同時代の人であり、張礼と祁徹は知人であろう。後に見えるいくつかの宿泊所もいずれも知人宅と考えられ、張礼は長安城の南郊にかなり幅広い人脈を有していたようである。このことが城南を十分に時間をかけて踏査することの一つの背景にあったと考えられる。李舎人は園亭所有者の李之邵のことであろう。女壻の祁徹はその敷地内に書舎を構えているのである。申店という村落は韋曲鎮の南一・五キロに現在も存在し、まさしく潏水が分流するその間に位置する。

庚戌、子虚邀飲韋氏会景堂。及門、主人出迓。明微以為不足。子虚道其景、且誦其詩。明微聞之、始入其奥。張注曰、韋氏名宗礼、字中伯、世為下杜人。蓋唐相之裔、家失其譜、不知為何房。城南韋聚処韋曲、宜其属系易知。然或東眷、或西眷、或逍遙公、或鄭公、或南陂公、或龍門公、不知其実何房也。中伯博学好古、葺治園亭、奇花異卉、中莫不有、日与賓客宴遊。朝奉郎白序題其堂曰、会景中伯圃、中有対金竹。其状与対青相似。長安有此竹者、惟処士蘇季明・張思道与中伯三家而已。

庚戌（三日目）、祁子虚は韋氏の会景堂で景色を楽しみながら一杯やろうという。韋氏宅の門前に至ると主人が出迎えてくれた。陳明微が見るほどの景色でもなかろうと言うので、祁子虚はその景色のよさを述べるとともに、その景観をうたった詩を紹介した。陳明微はそれを聞いて、ようやく入って見てみる気になった。(1)

張注に曰く、韋氏の名は宗礼、字は中伯、代々下杜に住している。恐らく唐代の宰相の末裔であろうが、家譜を失ってしまい、どの家系に連なるのか不明である。(2) 城南の韋氏は韋曲に集住してきたから、その家系は判るはずである。唐代の韋氏には東眷房、西眷房、逍遙公房、鄭（鄖の誤り）公房、南陂（皮の誤り）公房、龍門公房があるが、(3) 実際のところいずれの房なのか判らない。韋中伯は博学で歴史に関心をもつ。園亭を造り、その中にあらゆる珍しい花や樹木を植え、しばしばここで宴会を催している。朝奉郎の白序(4)が堂に題壁して「会景堂は韋中伯の庭園で、ここには対金竹が植えられている。対金竹は対青竹(5)に似た非常に珍しい竹で、長安では民間人の蘇季明、張思道(6)、そして韋中伯の三家にあるだけである」と言う。

（1）この部分の叙述は簡略すぎて意味がやや判りにくいが以下の如くである。景色がすばらしいとされる韋中伯の庭園会景堂に来たところ、陳明微は見もせずに取るに足らぬと決め込んだ。案内してきた祁徹がその美しさをうたった詩を紹介し、そこでようやく中に入って見る気になったことを言う。

（2）唐末から五代期を経て宋初に至る時代は「唐宋変革」と呼ばれるほどの社会的に大き

「唐宋変革」の時代に貴族は没落し、新興地主層出身の科挙官僚が台頭

な転換期であった。この時期の社会変動を示す一指標が世襲的貴族の没落と、それに代わる新興地主層出身の科挙官僚の政治的、経済的、社会的主導権の掌握である。貴族の地位の証明となるのが長大な系譜を克明に記録した家譜で、彼等の没落とともに家譜もそのほとんどが失われ、宋代の士大夫は系譜的に唐代まで溯及し得るものはまれである。ここに言う韋氏も唐代の京兆韋曲の韋氏の末裔であるかどうかはきわめてあやしい。下杜については、『類編長安志』巻九勝遊条に「下杜城、春秋の杜伯の国なり。少陵原は此より尽く平川と為る。城址尚お在り。東に宣帝杜陵県有り、故に下杜城と曰う。西に第五橋、丈八溝、沈家橋有り。南に頼家橋有り」と見え、現在も杜城という地名で残っている。

家譜は貴族の地位の証明となるもの

(3)『新唐書』巻七四上宰相世系表四上に韋氏九房として、西眷房、東眷房、逍遙公房、勛公房、南皮公房、駙馬房、龍門公房、小逍遙公房、京兆韋氏房に分類して、各房の唐末までの詳細な系譜を載せる。

(4)朝奉郎白序は、『続資治通鑑長編』巻二四四熙寧六年(一〇七三)四月乙酉条に四川の瀘江通判としてその名が見える。元祐の直前であるから時代は合致するが、同一人物かどうかは未詳。白序の荘園が後に見える。

(5)対青竹は、竹が黄色で節部分が青く、節の青さが節ごとに相対する特殊な竹で、浙江と四川でのみ産する。宋代編纂の越州紹興府の地方志である『剡録』巻九木条に「越の閃竹、即ち宋景文公(祁)、黄太史(庭堅)の謂う所の対青竹なり。宋公の賛に曰く、翠溝画の如しと。太史の賦に曰く、金碧其れ相すと」とある。したがって、対金竹は節部分

対青竹は黄色くて節が青い特殊な竹

が金色の竹であろう。

（6）蘇季明と張思道はともに後出。

復相率済潏水、陟神禾原、西望香積寺塔。原下有樊川・御宿之水交流、謂之交水。西合於灃、北入於渭。張注曰、長安志曰、潏水、今名泥水、一作坑水。自南山流至皇子陂。今潏水不至皇子陂、由瓜州村付神禾壍、上穿申店、而原愈高、鑿原而通。深至八九十尺、俗謂之坑河、是也。瓜州村之東北原上、潏水北岸上、尚有川流故道。西北過張王村之東、又西北経内家橋、又西北経下杜城、過沈家橋。杜城之西有丈八溝、即杜子美陪諸公子納涼遇雨之地。潏水上原西北流、而合御宿川水、是名交水、在香積寺之西南。香積寺、唐永隆二年建。中多石象、塔磚中裂、院中荒涼、人鮮遊者。

復た一緒に潏水を渡り、神禾原[1]に登り、西方の香積寺の塔を望んだ。神禾原の下は樊川[2]と御宿[3]の諸水が入り乱れるように流れ、これを交水[4]と呼ぶ。この川は西流して灃水に合流し、灃水[5]は北流して渭水と合流する。張注に曰く、『長安志』[6]に「潏水は今は泥（沇の誤り）水と呼ばれ、坑水と言うこともある。終南山から流下して皇子陂に至る」とある。現在では潏水は皇子坡を通ってはいない。瓜州村から神禾原下に沿って流れている。北流して申店で深くなり、神禾原がさらに高くなるので、原をより深く浸蝕しながら流れるので、その深さは八〇尺から九〇尺（二四～二七メートル）にも達する。そこで坑河とも呼ばれるのはこの辺りのことである。瓜州村東北の原上や潏水北岸上には河川の故道が残っており、故道の川筋は西北して張王村の東を過ぎ、また西北して内家橋を経由し、さらに西北して下杜城を経由し、沈家橋を通過している。(7)杜城の西に丈八溝がある。ここが杜甫が「諸公子に陪して納涼し雨に遇う」詩を作った所である。(8)潏水は神禾原より北流して西北に流れを変え、御宿川水と合流する。これが交水と呼ばれるもので、香積寺の西南辺りである。香積寺(9)は、唐の永隆二年（六八一）の創建。境内には石刻像が多く残る。磚塔は亀裂が走り、境内は荒れはてて訪れる人はまれである。

（1）『類編長安志』巻七原条『神禾原、御宿川北の樊川の原に在り、東西三四十里。劇談録に曰く、晋天福六年（九四一）、禾一穂生ず、重さ六斤、故に神禾原と号す」。神禾原の名称の由来についての『劇談録』の説は全くの誤りである。唐代にすでに神禾原（神和原とも言う）の名は諸書にしばしば見え、神禾郷という郷名、神禾府という折衝府名にもなっている。

（2）『長安志』巻一一万年県条「樊川、一に後寛川と名づく。県の南三十五里に在り。十道志に曰く、其の地は即ち杜陵の樊郷。漢高祖の櫟《やく》陽に至るや、将軍樊噲の廃丘を灌するの功最なるを以て、噲に食邑を此に賜う。故に樊川と曰う。三秦記に曰く、長安正南の秦嶺、嶺根の水流を秦川と為す。一に樊川と名づく」。『類編長安志』巻九勝遊条「樊川、乃ち樊噲、樊郷を食邑とす。東は東義谷に尽き、西は下杜城に尽く、之を樊川と謂う。西は狭く東は広く、亦た後寛川と曰う。貞観十九年（六四五）、華厳禅師坐脱し、肉身は此に葬られ、華厳寺を起つ。俗に呼びて華厳川と為す。其の山水の清、松竹の秀、花は芳にして草は緑、雲煙は披靡し、晴楼は巍巍たり、空に倚りて山を瞰し、灑然として江湖の趣有り。四時の間、春畦は碧を闘せ、夏雲は白を堆み、疏木の霜秋、魚村の雪晩。人の遊ぶ者、肩は摩し轂は撃ち、僕足は繭にして馬は虺隤、其の倦むを知らず」。元・李好文『長安志図』巻中「樊川、もと樊噲の食邑、故に名づく。又た云う、今、其の墓は神禾南原上に在り。長安の名勝の地。周の処士（韋）敻、唐の杜公牧、祁（岐の誤り）国杜公、奇章牛公の居、皆な在り。唐人語りて曰く、城南の韋杜、天を去ること五尺と。昔時の盛を見る可し。今、残廃の余と雖も、而も終南の神秀、原陸の澶漫、源泉の滙注、草木の葱蒨、蜀の饒に近く、固より自若なり。然して古人勝遊の迹、文章篇什に見える者、歴歴として考う可し。変遷以来、蓋し名の存する有るも寔は有るなく、其の所有るも名の知る可からざる者有り。前輩に張茂中有り、其の友と同に城南の遊を為し、嘗て記を作り以て之を紀す。当時、遺跡の猶お存する者有り。今、之を訪ねんと欲し、尚お能く其の彷彿を見る。知る可き者に拠り、別に一図を為り、其の遺漏を掇り、以て其の闕を補う（図1－10）。杏園と曰う者、唐新進士宴遊の所、曲江雁塔の南に在るも、今皆な民田と為る。韓荘と曰う者、韋曲の東に在り、（韓）退之、孟郊と賦し、時に又た并びに其の子読書の所なり。鄭荘又た其の東南に在り、鄭十八虔の居なり。塔坡と曰う者、浮屠有るを以ての故に名づく、韋曲の西何将軍の山林に在るなり。今、其の地は美稲を出す、土人之を塔坡米と謂う。蓮花洞は神禾原に在り、即ち鄭駙馬の居所、主

華厳川と呼ばれた頃の美しさ

元の李好文が訪ねた時の樊川

張茂中（張礼）の『遊城南記』への言及も見える

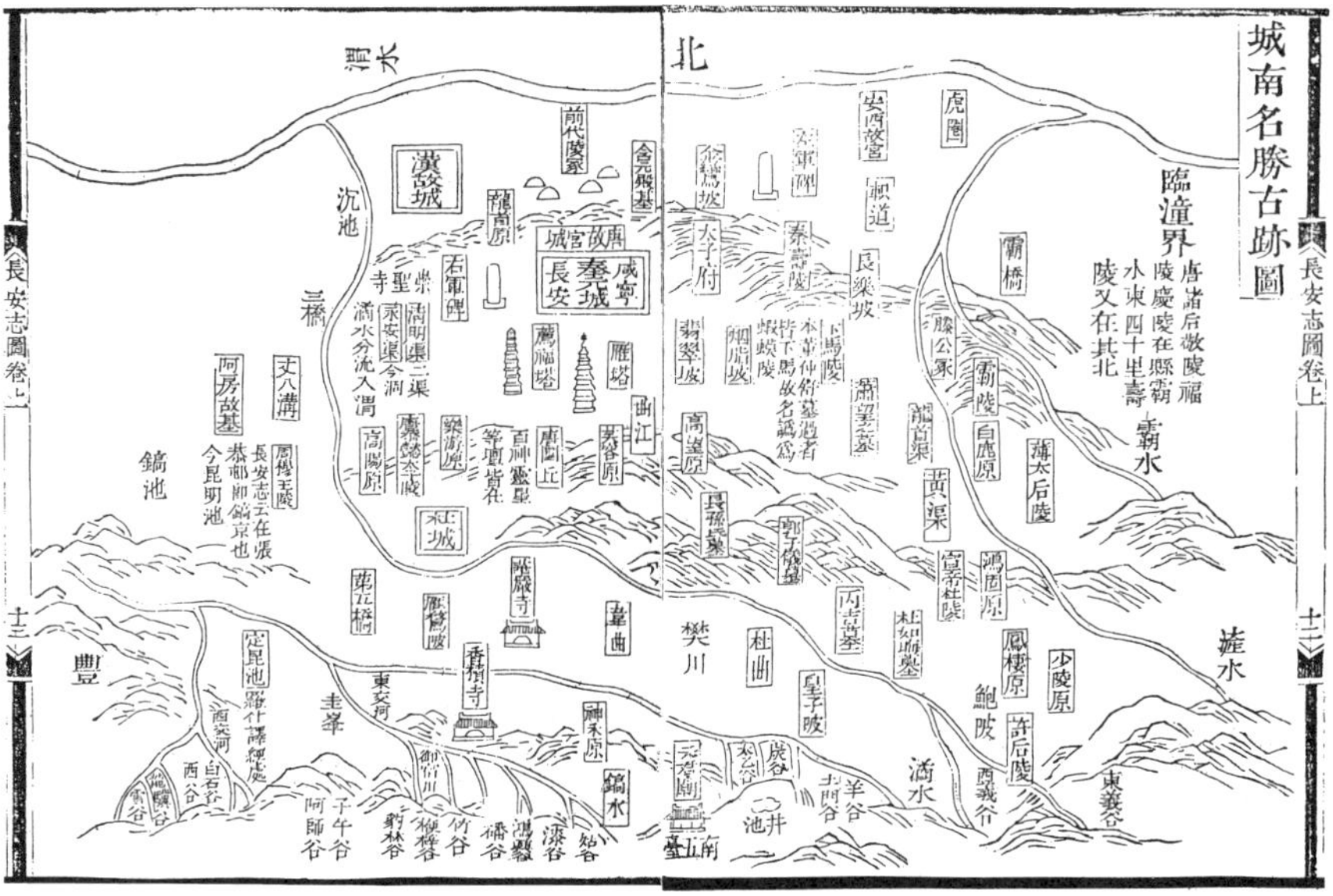

図 1-10　城南名勝古跡図（元代）

家陰洞と謂う者なり。翠微寺は終南山に在り。又た牛頭寺坡有り、（杜）少陵の青山は意尽きず、衮衮として牛頭に上ると謂う所の者なり。李抱玉碑は杜永邨に在り、墳有り。柳宗元碑、（韓）昌黎の文、少陵原の北に在り。人云う、陵西に（杜）子美の故宅有りと。蕭漼墓は焦邨に在り。吐蕃論弓仁墓は趙邨に在り。渾瑊墓も亦た城の西南に在り。余皆な備さに載する能わず。噫、高岸は谷と為り、深谷は陵と為る。況んや区区の宅第・邸壠においておや。ただ古人の名所なるを以て、仰止して之を遺すを欲せざるのみ。樊川に今は華厳寺有り、人は但だ之を華厳川と謂うと云う。其の東十里許りに興教寺有りて原半に在り、南山を企望して最も名勝と為る」。李好文は陝西行台治書侍御史としてこの地に赴任し、一三四一年と四四年の二度にわたって長安周辺を踏査した。彼も張礼の『遊城南記』を参照していることが判る。

李好文の長安踏査は一三四一年と四四年

（3）『長安志』巻一二万年県条「御宿川は県の西南四十里に在り。揚雄「羽《ママ》猟の賦」序に曰く、武帝は上林（苑）を開き、東南は御宿川に至ると。孟康注に曰く、諸の離宮・別観を為り、禁御して人をして其の中に往来、遊観、止宿せしむるを得ず。故に御宿川と曰うと。漢元后伝に、夏、御宿に遊ぶと。（顔）師古曰く、御宿苑は長安城の南に在り、今の御宿川が是なりと」。揚雄「校猟の賦」序及び注の原文は、『漢書』巻八七上揚雄伝「武帝は広く上林（苑）を開き、南は宜春・鼎湖・御宿・昆吾に至る。師古曰く、宜春は下杜に近し。御宿は樊川の西に在るなり」であり、孟康注はない。ここに孟康注と言うものは、『三輔黄図』巻四の「御宿苑は長安城の南の御宿川中に在り。漢武帝は離宮・別館を為り、人を禁御して入るを得ず。（武帝が）往来、遊観すれば、其中に止宿す。故に御

御宿川の名前の由来

宿と曰う」とある記事であるべきであるが、『長安志』に引く孟康注なるものは引用に際して配字を誤り、全く別の意味になってしまっている。『類編長安志』巻三苑囿池台条では「御宿苑、武帝は離宮・別館を置き、人を禁御して入るを得ず。往来、遊観するに、上は其の中に宿す。故に御宿苑と曰う。長安の南の御宿川に在り」と記し、「止宿」を「上宿」に誤記してはいるが、『三輔黄図』の原意をほぼ正確に写している。元后伝とは、『漢書』巻九八元后伝「夏に御宿、杜の間に遊ぶ」とあるもので、師古注は同文である。

（4）『長安志』巻一二長安県条「交水は東のかた万年県界より流入す。水経注に曰く、交水はまた西南流し、豊水の支津と合す。其の北にまた漢の故渠の出ずる有り。また西して石堨に至り、分れて二水と為る。一水は堨石《ママ》より北し、細柳諸原を経て、北流して昆明池に入ると」。但し、今本『水経注』にはこの引用部分はない。

（5）『長安志』巻一二長安県条「豊水は一に酆に作り、また澧に作る。県の西南五十五里の終南山豊谷に出ず。其の原は闊さ一十五歩、其の下闊は六十歩、水深三尺。鄠県界より来り、（長安）県界を経、馬坊邨より咸陽（県）に入り、渭水に合す。（中略）水経注に曰く、豊水は豊渓に出で、西流し分れて二水と為る。一水は東北流して支津と為る。一水は西北流し、また北して石墩に至り、渭水に注ぐと。（中略）括地志に曰く、豊水渠、今は賀蘭渠と名づく。東北流して交水に注ぐと」。

（6）『長安志』巻一一万年県条「潏水、今は沇水と名づく。一に沈に作る。南山より（流れて）皇子陂（に至り）、西北流して（万年）県界に入る」。『類編長安志』巻九勝遊条「潏水、樊川河は瓜州村に至り、分れて二水と為る。一水は下杜城に至り、原を出で西北流し漕河と為り、漢長安城の西北に至りて渭に入る。一水は瓜州村より梁山堰に起し申店に至り神禾原を（北）上し、鑿つこと深さ五六十尺、之を坑《ママ》河と謂い、香積寺の西に至り、御宿川・交河と合す。皆な勝遊の地たり」。

（7）潏水の流路として記す皇子陂→瓜州村（ここで二水に分岐）→神禾壍→申店→張王村→内家橋→下杜城→沈家橋→丈八溝というルートは、現在の一〇万、ないし五万分の一といった大縮尺の地図に見える潏水の流路とほぼ完全に一致する。張礼の地形観察の正確さが判るであろう。

張礼の記した潏水の流路は現在の地図とも一致

（8）『分門集註杜工部詩』巻一〇「諸貴公子の丈八溝に妓を携えて涼を納むるに陪し晩際に雨に遇う」詩二首。59頁注（7）吉川前掲書参照。

（9）『長安志』巻一二長安県条「開利寺は県の南三十里皇甫郁に在り。唐の香積寺なり。永隆二年（六八一）の建。皇朝（宋朝）太平興国三年（九七八）に改む」。『類編長安志』巻五寺観条「香積寺、城南記の張注に曰く、乃ち唐永隆二年の建、石像なお多しと。太平興国三年、改めて開利寺と為す。交水は香積寺の西南に在り。旧と香積堰有り水は城中に入る。（朱）泚賊の乱に龍首・香積二堰を壊す。其の流れを治すを以て龍首は復た流れるも、香積堰は廃せらる。（寺）中に万回塔塼（塼塔の誤り）有り、中裂す。記に拠るに、沙門玄奘は嘗て西竺に遊ぶに、寺有りて一室を空にす。其の人に問うに、是の僧はまさに中国に生れ、其の号は万回。蓋し此より往くものは万回なり。万回の言語、悲喜は常ならざること狂者の如く、為す所は多く異たり。高宗は之を禁中に延ぶ。中宗は之を玄

万回塼塔有り、中裂す

通居士と号し、法霊公に封ず。玄宗はために居室を醴泉里に営み、後に司徒を追贈し、国公に封号す。開元二五年（七三七）、万回の弟子妙門（沙門の誤り）還源が塔を建て碑を立つ」。香積寺に現存する磚塔は上部三層を失い一〇層である（写真1－5）。恐らくこれが万回塼塔であろう。本文に「中裂」とあるのは上三層を欠く現状と同じと見なすことができるならば、元祐以後から現在まで九〇〇年間にはほとんど損壊していないことになる。現在でも慈恩寺大雁塔や薦福寺小雁塔を訪れる内外の人々の多さに比べて、香積寺を訪れる人はきわめて少ない。

現存する香積寺の塼塔は上部三層を失い一〇層

下原訪劉希古、過瓜洲村。
張注曰、劉希古、名舜才、為進士不第、退居申店潏水之陰。瓜洲村俗以為牧之種瓜之地。予読許渾集、有和淮南相公重遊瓜洲別業詩。淮南相公、杜佑也。佑三子、師損・式方・従郁。牧之、従郁子也。由此考之、在佑已有瓜洲別業、則非牧之種瓜地明矣。今村南原上有瓜洲墓。豈始有瓜洲人居此而名之耶。亦猶長安県有高麗曲、因高麗人居之而名也。

神禾原を下り劉希古の家を訪れ、瓜洲村を尋ねた。
張注に曰く、劉希古の名は舜才で、進士科を受験したが及第せず、申店の潏水の南側に隠居した。瓜洲村は世俗では杜牧が瓜を植えた地だとされている。私は許渾の文集を読んで「淮南相公に和して重ねて瓜洲別業

写真 1-5　香積寺塔
1995 年 3 月撮影

に遊ぶ」詩を見付けた。(1) 淮南相公は杜佑である。杜佑には師損・式方・従郁の三子がおり、杜従郁の子が杜牧である。(2) したがって杜佑の代にすでに瓜洲の荘園はあったのであり、杜牧が瓜を植えたから瓜洲村というのは誤りである。現在、村南の原上に瓜洲墓なるものがある。かつて瓜洲出身の人がここに居住していたので、このような村名となったのではなかろうか。同じような例に長安県下の高麗曲がある。高麗の人々が居住しているのでかく名づけられたのである。(3)

（1）許渾『丁卯集』巻二所収の詩題は「和淮南王相公与賓僚同遊瓜州《ママ》別業題旧書斎（淮南王相公に和し、賓僚とともに瓜州別業に遊び、旧書斎に題す）」であり、淮南王相公とあるように、杜佑ではなく王氏である。杜佑の淮南節度使在任は七九〇～八〇三年の間で、その後任が王鍔である。したがってこの詩に言う淮南王相公は王鍔である可能性が強い。しかし『類編長安志』巻九勝遊・杜家湾条では「韋曲の東の朱坡なる者、御史荘東の坡なり。許渾に和淮南相公与賓客重遊瓜州村別業の題あり。此を以て之を考えるに、潏水の両浜、南は瓜州村より北は朱坡に至る、中ごろを杜家湾と為し、皆な杜氏の業なり。杜牧淮南相公の舟行阻風の詩の末句に云う、「心期解印同君酔、九曲池西望月来」と。杜牧は九曲池に郊居し、玉鉤亭遺址なお存す。貞元十一年（七九五）、杜佑は通典二百巻を撰し、淮南より人をして之を献ぜしむ。佑は検校左僕射・同平章事たり。故に許渾は淮南相公と曰う。佑は三子、師損・式方・従郁。牧は従郁の子なり。牧は呉興守より考功郎・知制誥を拝す。呉興の俸銭を尽して其の墅を創治す」として、やはり淮南相公を杜佑と

『丁卯集』詩題に「淮南王相公」とあるので杜佑ではなく王鍔か

している。

（2）杜佑、その三子の師損・式方・従郁、従郁の子の牧（字は牧之）については、『旧唐書』巻一四七、『新唐書』巻一六六本伝、『新唐書』巻七二上宰相世系表襄陽杜氏房に詳しい。

（3）高麗は高句麗のこと。高麗曲は韋曲や杜曲と同じく高句麗人が集住している村落。六六八年の高句麗滅亡に際し、多数の高句麗人が中国内地に強制移住させられた。例えば『新唐書』巻二二〇高麗伝には「総章二年（六六九）、高麗の民三万を江淮・山南に徙す」と見えるから、滅亡時に長安南郊にもかなりの数の高句麗人が強制移住させられたことが知られる。

高麗曲誕生の背景

復渉潏水、遊范公五居。

張注曰、范公荘、本唐岐国杜公佑郊居也。門人権徳輿為之記、纂叙幽勝、極其形容。旧史称、佑城南樊川有桂林亭、卉木幽邃、佑日与公卿燕集其間。元和七年、佑以太保致仕居此。式方伝又云、杜城有別墅、亭館林池、為城南之最。牧之之賦亦曰、予之思帰兮、走杜陵之西道。巌曲泉深、地平木老。隴雲秦樹、風高霜早。周台漢園、斜陽衰草。其地有九曲池、池西有玉鉤亭。許渾詩所謂九曲池西望月来。池蹟尚存、亭則不可考也。又其地有七葉樹、毎朶七葉、因以為名。羅隠詩所謂夏窻七葉連簷暗、是也。以是求之、其景可知矣。此荘向為杜氏所有、後帰尚書郎胡拱辰。熙寧中、侍御史范巽之買此荘於胡、故俗謂之御史荘。中有溪柳・巌軒・江閣・圃堂・林館、故又謂之五居。

再び潏水を渡り、范公の五居を遊覧した。

張注に曰く、范公の荘園はもとは唐の岐国公杜佑の郊外別邸であったものである。その門下の権徳輿が「郊居記」を記し、静寂な景勝を見事に叙述している。[1]『旧唐書』には「佑は城南樊川に桂（佳の誤り）林亭をもち、草木で覆われた静かな所で、しばしばここで公卿を集めて宴会を催した」とある。元和七年（八一二）、杜佑は太保で退官し、ここに隠居した。[2]杜式方伝にも「杜城に荘園を所有し、亭館林池は城南の荘園中の最たるものである」と見える。[3]杜牧の賦にもまた「予の帰るを思い、杜陵の西道を走る。巌は曲にして泉（天の誤り）は深く、地は平にして木は老いたり。隴の雲と秦の樹、風は高く霜は早し。周の台と漢の園、斜陽と衰（暮の誤り）れる草[4]」と述べている。ここには九曲池があり、西畔に玉鉤亭が建てられている。許渾の詩に「九曲池の西、月の来るを望む[5]」とあるものである。九曲池の跡は残るが、玉鉤亭は跡形もない。またこの荘園内には枝ごとに七枚の葉が生えるために七葉樹と呼ばれる木があった。羅隠の詩に「夏窻の七葉、簷の暗きに連なる[6]」と言っているのがそれである。これら詩句からその景勝を推し測ることができよう。この荘園は従来は杜氏のものであったが、その後尚書郎の胡拱辰の所有に帰した。熙寧中（一〇六八～七七）に侍御史の范巽之が胡氏よりこの荘園を買い取ったので、今では御史荘と呼ばれている。荘園内に渓柳・巌軒・江閣・圃堂・林館という五種の建物があることから、五居[7]とも呼ばれる。

杜佑門下の権徳輿が見た杜氏の荘園

（1）権徳輿「司徒岐公杜城郊居記」（『権載之文集』巻三一、『文苑英華』巻八二七、『唐文粋』巻七五）「司徒岐公は盛徳を以て三朝に相たり、大中を以て五教を敷く。帝載は協和にして、泰階は斉平たり。既に用を方内に致さば、亦た心を事外に宅す。神京の善地、啓夏（門）を南出する凡そ十有六里に仁智の居在り。（中略）公の華宗は漢建平侯の杜陵に徙りしより、三たび本封に守たり、千祀に幾し。故に城南の墟里は多く杜を以て名と為す。今の郊居におよぶまで、その初めを忘れず。（下略）」。

『旧唐書』杜佑伝には――

（2）『旧唐書』巻一四七杜佑伝「佑は城南樊川に佳き林亭有り、卉木幽邃たり。佑は毎に公卿と其の間に燕集し、広く妓楽を陳ぶ。諸子みな朝列に居り、当時の貴盛は之と比ぶるなし。元和七年、疾を被る。六月、また骸骨を乞い、表は四たび上り、情理は切に至れり。憲宗やむを得ずして之を許す」。

（3）『旧唐書』巻一四七杜式方伝「時に父は揚州に作鎮たり、家財は鉅万。甲第は安仁里に在り、杜城に別墅有り、亭館林池は城南の最たり。昆仲皆な朝廷に在り、時賢と遊従するに楽しみて節有り」。

（4）杜牧『樊川文集』巻一「望故園の賦」の一節。

許渾の詩

（5）許渾『丁卯集』巻上「醼餞李員外并序」「李群之員外、荆南尚書楊公に従事たり。詔あり徴されて闕に赴く。俄かにして淮南相国杜公に辟命せられ、漢上より舟行して此の郡に至る。雲楼に醼の罷るや纜を解き、風に阻まれ却た回る。因りて贈る。病守江城服暫開、昔年呉越共銜盃。膺舟出鎮虚陳榻、鄭履還京下隗台。雲葉漸低朱閣掩、浪花初起画檣回。心期解印同君酔、九曲池西望月来」。

(6)『羅隠集』(中華書局　一九八三)に羅隠の逸詩として『遊城南記』からこの句を引くが、「夏窻七葉連陰暗」に作る。

(7) 尚書郎胡拱辰は未詳。拱辰は字であろう。侍御史范巽之は、哲宗の先代神宗期に崇文校書、監察御史裏行となっている范育、字は巽之であろう。彼はこの直後に西夏対策として陝西北辺を巡察しており、長安南郊に土地を取得するのもこの時のことと考えられる(『宋史』巻三〇三范育伝)。『類編長安志』巻九勝遊・范公五居条に「范氏の荘、もと唐の岐国杜公の郊居なり。門人権徳輿は之が記を為る。(中略)范公は熙寧中に侍御史より出で、此の荘を尚書郎胡拱辰より買う。胡の前は猶お杜氏が之を有すると為すがごとし。杜より范に至る、三たび主を易う。今なお之を御史荘と謂う。荘に溪榭《ママ》・巌軒・江閣・圃堂・林館有り、之を范公五居と謂う」と見え、范育の土地取得のおよその時期が判る。

范巽之は范育か

范氏は杜氏の荘園を取得

東上朱坡、憩華巌寺、下瞰終南之勝。霧巌、玉案、圭峰、紫閣、粲在目前、不待足履而尽也。

張注曰、朱坡在御史憩東、華巌寺西。牧之朱坡三絶句、極言其景。華巌寺、貞観中建。寺之北原、下瞰終南、可尽其勝。岑参詩所謂寺南幾千峰、峰翠青可掬、是也。終南一名太乙、一名地肺。関中記曰、終南太乙、左右三百里、内為福地。柳宗元碑曰、挹天之中、在都之南。西至於褒斜、又西至於隴首、以臨於戎。東至於商顔、又東至於太華、以距於関。秦末四皓、隠於其間、後因立廟。唐文宗詔建終南山祠、冊為広恵公。圭峰、紫閣在祠之西。圭峰下有草堂寺、唐僧宗密所居、因号圭峰禅師。紫閣之陰、即渼陂。杜甫詩曰紫閣峰陰入渼陂、是也。太乙在祠之東。霧巌、玉案付麗而列。二峰之間、有氷井、経暑不消。長安歳不蔵氷、夏則取氷於此。紫閣之東、有高観峪。岑参作高冠、蒋之奇作高官、未知孰是。

東行して朱坡に登り、華巌《ママ》寺で一休みしながら、南の終南山の景色を眺望した。霧巌、玉案、圭峰、紫閣といった諸峰が目前に迫り、それら諸峰に至らずとも見尽した観がある。

張注に曰く、朱坡は御史憩（荘の誤り）の東、華巌寺の西にある。杜牧の「朱坡三絶」の詩句は、その景勝を余すことなくうたっている(1)。華巌《ママ》寺は貞観年間（六二七～四九）の創建(2)。寺の北原から南の終南山を眺望すると、すばらしい景色が一望のもとに見渡せる。岑参（七一四～七〇）の詩に「寺の南幾千峰、峰の翠青は掬《ママ》う可し」といっているのがこれである(3)。終南山は太乙とも呼ばれ、また地肺ともいう。『関中記』に「終南太乙は左右三百里、山中は福地なり(4)」と見える。柳宗元の碑にも「天下の中心に拠り、都の南にある。西は褒斜に至り、さらに西は隴首にまで至り、西戎の域に臨む。東は商顔に至り、さらに東は華山にまで至り、関中の境界となる(5)」とある。秦末の四人の隠者はこの山中に隠遁し、後世に廟が建てられた。唐の文宗は詔を発して終南山祠を建立し、その神を冊封して広恵公の名号を贈った(6)。圭峰と紫閣の峰はこの祠の西側に聳え、圭峰の山麓に草堂寺がある。草堂寺は唐の僧宗密が住した寺で、彼を圭峰禅師と呼ぶ(7)。紫閣の北側は渼陂である。杜甫の詩に「紫閣峰陰入渼陂(8)」とあるのがそれである。太乙は祠の東側にある。霧巌と玉案の峰は隣合って並び聳える。この二峰の間に氷井があり、夏でも融けない。長安では毎年冬の間に氷をあらかじめ貯蔵することはせず、夏にこの氷井から氷を取る。紫閣の東側に高観谷がある。岑参は高冠と作り、蒋之奇は高官と作る。(9) いずれが正しい名称か不明である。

杜牧の「朱坡三絶」詩

(1)『樊川文集』巻二朱坡絶句三首「故国池塘倚御渠、江城三詔換魚書。賈生辞賦恨流落、祇向長沙住歳余」、「煙深苔巷唱樵児、花落寒軽倦客帰。藤岸竹洲相掩映、満池春雨鸊鵜飛」、「乳肥春洞生鵝管、沼避迴巌勢犬牙。自笑巻懐頭角縮、帰盤煙磴恰如蝸」。『類編長安志』巻九勝遊・杜家湾条でも杜牧の「朱坡三絶」詩を引用しつつ「此の景、此の楽しみを詳らかにすること、豈に児輩の覚えるを容んや」と絶賛しているが、景観の描写として十分に「其の景を極言」しているとは思えない。

華厳寺真如塔

(2)『長安志』巻一一万年県条「華厳寺会聖院真如塔は県の南三十里に在り。貞観中の建」。『類編長安志』巻五寺観条「華厳寺は樊川孫村の西に在り。華厳塔有り、東閣有り、登眺遊勝の所たり。張茂中の詩に曰く、迢迢雲外寺、飛閣倚晴空。秋静門常閉、苔深路不通。寒山千里翠、霜木万家紅。誰問林居士、幽窗生暮風」。張礼のこの詩は次に見えるように、同行の友人達と華厳寺からの勝景をうたった詩を詠い合った際に作詩したものと思われるが、晩秋の風景であるのはやや奇妙である。

(3)『岑嘉州集』巻一「題華厳寺環公禅房」詩「寺南幾千峰、峰翠晴可掬。朝従老僧飯、昨日崖口宿。錫杖倚枯松、縄牀映深竹。東溪草堂路、来往行自熟。生事在雲山、誰能復羈束」。

（4）『史記』巻二夏本紀「終南、敦物は鳥鼠に至る。(正義)括地志に云う、終南山は一に中南山と名づけ、一に太一山と名づけ、一に名山と名づけ、一に橘山と名づけ、一に楚山と名づけ、一に秦山と名づけ、一に周南山と名づけ、一に地肺山と名づく。雍州万年県の南五十里に在りと」。『元和郡県図志』巻一京兆府万年県条「終南山は県の南五十里に在り。経伝の説く所を按ずるに、終南山は一に太一と名づけ、また中南と名づく」。『長安志』巻一一万年県条「終南山は県の南五十里に在り。東は藍田県界より西は(万年)県界石鱉谷に入る。谷水を以て長安県と界を為す。東西四十里。(中略)関中記に曰く、終南山は一に中南と名づく。天の中に在り、都の南に居すを言うと。また曰く、終南、太一は左右三十《ママ》里。内を福地と名づくと。三秦記に曰く、太一は驪山の西に在り、長安を去ること二百里、山の秀なるものなりと」。

（5）『増広註釈音辯唐柳先生集』巻五「終南山祠堂碑」の一節。本碑は貞元一二年(七九六)夏の日照りに際し、徳宗が勅使を派遣して終南山で雨乞いの祈祷をさせたことを記したものである。褒斜は終南山を南北に抜ける古来からの峠道であり、隴首と商顔はともに山名である。

柳宗元の碑

（6）『長安志』巻一一万年県終南山条「皇甫謐の高士伝に曰く、秦に東園公、夏黄公、綺里季、角里先生有り。時に四皓と呼ぶ。共に商雒に入り、地肺山に隠れ、以て天下の定まるを待つ。秦の敗れるに及び、漢高祖は之を召すも、四人は乃ち深く自ら終南山に匿れ、屈する能わざるのみと。(中略)唐の文宗は詔して曰く、毎に聞く、京師の旧説におもえらく、終南山は雲を興し、即ち必ず雨有り。若し晴霽なれば、密雲の他より至ると雖も、竟に夕に霑濡《ママ》せずと。宜しく有司に命じて祠宇を建立すべし」。文宗の詔勅は『唐会要』巻四七封諸嶽瀆条により詳しく次のように載せる。「開成二年（八三七）四月十一日勅す。毎に聞く、京師の旧説におもえらく、終南山に雲を興さば必ず雨有り。若し晴霽なれば、密雲の佗より至るも、竟に霑霈せず。況や茲の山は北は闕庭に面し、日ごとに顧矚すべし。其の望祀を修すれば、寵数は宜しく及ぶべし。今聞くに、すべて祀宇なし。巖谷湫は却て命祀在りて、終南山は未だ礼秩を備えず。湫は山の属と為す。大を捨て細に従うは、深く謂う所の興雲致雨の祀を闕くなり。宜しく中書門下をして、まさに官を差し奠を設け、告を宣べ礼を致さしむべし。便ち立廟の処所を択ばしめ、迴日に以聞せよ。然る後に有司に命じ、即時に建立せしめよ。八月に至り、終南山に勅して宜しく封じて広恵公と為すべし」。この詔勅により終南山に広恵公祠が建立され、翌年からは毎年正式に官祭されることになった。『唐会要』同条に「（開成）三年、太常礼院奏す。去年十月六日の勅に準じ、終南山は広恵公に封ぜられ、冊命し訖れり。宜しく四鎮（沂山、会稽山、呉山、無閭山）の例に準じて、本府都督勅使を以て献官に充つべし。今、まさに毎年一祭すべし。仍りて請うらくは、季夏の土王の日を以て之を祭らんことを。あらゆる祭事は、並びに本州府をして備さに具えしめ、祀文は司祭する所の前五日に京兆府に送らん」。

終南山に広恵公祠建立を命じた文宗の詔勅

（7）張礼は草堂寺には直接行ってはおらず、華厳寺の高台から圭峰を望見し、その山麓にある草堂寺に言及しているのである（写真1-6）。『類編長安志』巻五寺観条「草堂禅寺。長安志に、御宿川圭峰の下に在り。もと（後秦）姚興の草堂逍遙園、鳩摩羅什の訳経

張礼は草堂寺には行かず華厳寺の高台から望見

草堂逍遙園は鳩摩羅什の訳経の地

羅什舎利塔が現存

は是の園なり。什の死するや、之を焚するも其舌は壊せず、塔は今も存す。其の徒僧は肇論を著す。唐の圭峰禅師は此において禅源諸詮を著すと」。今本『長安志』巻一五鄠県条には「逍遙栖福寺（草堂寺のこと）は県の東南三十里に在り。後秦の弘始三年（四〇一）に置く」とあるだけである。鳩摩羅什の訳経の地と称せられる場所は他にもあって詳らかではないが、羅什舎利塔と称する石塔（唐代のものか）が草堂寺に現存する（写真1-7）。また宗密については『類編長安志』巻一〇石刻条に「唐の圭峰定慧禅師碑、中書（門下）平章事裴休の撰并びに書、工部尚書柳公権の篆額。師、姓は何、字は宗密。其の文は採るに足るなきも、其の名は世の重んずる所なり。大中九年（八五五）の立。草堂に在り」と見える。本碑の内容は唐代中期以降の禅宗の一派である荷沢禅の法燈に関する重要史料であるとともに、篆額の書者柳公権が「顔筋柳骨」として顔真卿と並び称せられる名筆家であることから、きわめて著名な碑である。「其文無足採、其名世所重」というのはそのことを指す。ただこの評価は『類編』のオリジナルではなく、欧陽修の『集古録跋尾』巻九からの引用である。本碑は草堂寺に現存する（写真1-8）。なお碑の全文は『金石萃編』巻一一四に「唐故圭峰定慧禅師伝法碑」として録文されている。

杜甫の詩

（8）『分門集註杜工部詩』巻六「秋興五首」之第五「昆吾御宿自逶迤、紫閣峰陰入渼陂。香稲啄餘鸚鵡粒、碧梧棲老鳳凰枝。佳人拾翠春相問、仙侶同舟晩更移。綵筆昔曾干気象、白頭吟望苦低垂」。『類編長安志』巻九勝遊・紫閣丹青条に「隋《ママ》嘉話録に紫閣は山名なり、御宿川の南山中に在りと。杜詩に紫閣の峰陰は渼陂に入ると。山中に寺有り。山上に丹青樹多く、其の葉は紅紫、また華蓋樹と曰う。寺に閣有り」と見える。

写真 1-6　草堂寺から終南山の諸峰を望む
1995 年 3 月撮影

写真 1-7　草堂寺鳩摩羅什舎利塔
1995 年 3 月撮影

写真 1-8　草堂寺圭峰禅師碑
1995 年 3 月撮影

（9）『岑嘉州集』巻一「終南雲際精舎尋法澄上人不遇、帰高冠東潭石淙、望秦嶺微雨、作貽友人」詩、同巻三「還高冠潭口留別舎弟」詩、「初授官題高冠草堂」詩。蒋之奇は宋の神宗期から徽宗期の人であるから、張礼と同世代である（『宋史』巻三四三本伝）。ただ彼の高官谷を読んだ詩は未詳。観、冠、官は現代音ではともに guan で全くの同音である。

已而子虚・希古開樽三門。寺僧子斉出詩凡数百篇、皆詠寺焉。予賞蘇子美詩。明微吟唐僧子蘭詩、踈鐘揺雨脚、積雨浸雲容之句。及読相国陳公悔把吾廬寄杜城之言。則又知華厳之為勝也。酒闌、過東閣、閣以華厳有所蔽、而登覧勝之。真如塔在焉。謂之東閣、以西有華厳寺故也。今為草堂別院。

張注曰、長安志曰、真如塔在華厳寺。今其塔在東閣法堂之北。壁間二石記、皆唐刻也。具載華厳寺始末。則華厳・東閣本一寺也。不知其後何以隷草堂焉。

やがて祁徹と劉舜才が華厳寺の三門の所で酒を呑み始めた。寺僧の子斉がやって来て数百篇の詩を見せてくれたが、すべて華厳寺をうたったものばかりであった。それらの詩の中で、私は蘇子美の詩がよいと誉めた。陳明微は唐代の僧子蘭の「踈鐘揺雨脚、積雨浸雲容」の詩句を吟じ、また相国陳公の「悔把吾廬寄杜城」の詩を口ずさんだ。[1] このことからも華厳寺が景勝の地であることが判る。酒宴が盛り上がったところで、東閣に行くことになった。ここからでは東閣は華厳寺に遮られてよく見えないので、上まで登って見ることにした。そこにあるのが真如塔で、これを東閣というのは西側の華厳寺に相対して東側にあるからである。現在では東閣は草堂寺の別院となっている。

張注に曰く、長安志に真如塔は華厳寺にあると言う。現在、その塔は東閣法堂の北にある。その壁に嵌め込まれた二つの石碑はともに唐代に刻せられたもので、詳しく華厳寺の縁起を記している。(2) それに拠れば、華厳寺と東閣は元来は一寺であった。その後、どうして草堂寺の別院となったのかは判らない。(3)

(1)『類編長安志』巻九勝遊条に「華厳寺は朱坡の下に在り。南山の勝を瞰むるに、霧簷《ママ》、玉案、紫閣、圭峰、挙げて目前に在り、脚歴《ママ》を侍たずして尽すなり」と『遊城南記』をそのまま引用し、以下に羅隠の詩、宣宗が寺に幸した時のことを記し、次いで

子蘭の「華厳寺望樊川」詩

「寺僧の子高《ママ》は公卿・賢大夫の詩凡そ数百篇を出すに、皆な華厳寺を題せるものなり。唐の供奉僧子蘭の詩に曰く、万木葉初紅、人家樹色中。踈鐘搖雨脚、積雨浸雲容。雪磧回寒雁、燈村促夜舂。旧山帰未得、生計欲何従」と見える。子蘭は唐末昭宗期(八八八~九〇四)の僧で、この詩は「華厳寺望樊川」と題して『全唐詩』第一二函第二冊に収められている。

蘇子美は蘇舜欽

蘇子美は蘇舜欽のことで、子美は字である(『宋史』巻四四二本伝)。ここに言う彼の詩は特定し難いが、彼の文集『蘇学士文集』巻六の「宿華厳寺与友生会話」詩、「春暮初晴自御宿川之華厳寺」詩あたりであろうか。相国陳公は未詳。元祐年間以前に宰相となった陳姓の人物に陳尭佐(九六三~一〇四四)がいる。陳尭佐は明道二年(一〇三三)まで知永興軍として長安におり、長安周辺の唐代の名碑を西夏

対策として城郭防御力強化のための石材に転用しようとした時の議論に抗して、「唐の賢臣の墓石は今や十に七八を亡う。子孫は深く刻り大書し、之を千載に伝えんと欲す。乃ち一旦に瓦礫と等しくするは、誠に惜む可きなり。其の未だ毀たれざる者は、願わくは州県に勅して之を完護せんことを」（『宋史』巻二八四本伝）とあるように、唐代長安城近辺の遺跡や遺物の保存に意を尽しているから、相国陳公は陳尭佐である可能性が大である。

（2）華厳寺真如塔については82頁注（2）参照。華厳寺址には二つの磚塔が現存する。東側が四角七層で高さ二三メートルある華厳宗初祖の杜順禅師塔、西側が六角五層で高さ一三・四メートルある第四祖の清涼国師妙覚塔である（写真1－9）。後者は元代の重建であるから、張礼の言う真如塔は杜順塔であろう。華厳寺の縁起を記したという唐代の二石刻については未詳。常盤大定・関野貞『中国文化史蹟』第九巻（法蔵館　一九七六）、『文地』一一二頁参照。

張礼の言う真如塔は杜順塔か

（3）草堂寺は華厳寺の西南およそ二五キロの地にあり、距離的に離れすぎているから、張礼の言うように草堂寺の別院となっている理由はよく判らない。

下閣、至澄襟院。引北巖泉水、架竹落庭、注石盆中。瑩徹可挹、使人不覚頓忘俗意。時子虚・希古先帰。院之東、元医之居也。予与明微宿焉。

張注曰、澄襟院、唐左街僧録遍覚大師智慧之塔院也。碑云、起塔於万年県神禾郷孫村。今属鴻固郷。元医世

写真 1-9　華厳寺
杜順塔と清涼国師塔
1995年3月撮影

上は西側から見た遠景で、下は近づいて北側から見たもの（右の七層の塔が杜順塔）

為樊川人。其居北倚高坡、泉声泠泠、竹陰相接。圃中植花、穴洞巌間、架閣池上。茂林修竹、与之隠映。真有幽勝之趣。

続注曰、澄襟院水久涸。今為長老濱巨源衣鉢院。荘則金興定辛巳間、尚為元氏之居。遷徙後、遂無聞焉。近代李構即荘建閣鑿洞、立三清像、遂呼為三清閣。兵後、高寶老奉披雲真人、為十方院。門人樊志高尽有元荘。典刑雖有、盛事則廃。

東閣を下り澄襟院に至った。北巌の泉水を竹の導水管を架けて庭中にまで引き、石盆中に水を注いでいる。その水は透き通っていて手でくみ取ることができ、世俗の事を一時忘れてしまうほどである(1)。ここで祁徹と劉舜才は帰っていった。澄襟院の東は元医の居宅で、私と陳明微は今夜はここに泊まることにした。

張注に曰く、澄襟院は唐の左街僧録であった遍覚大師智慧の塔院である。塔前の碑に「塔を万年県神禾郷孫村に建立した」とある。現在はこの地は鴻固郷に所属する(2)。元医は代々樊川の人で、その居宅は北は高台を背にし、涼しげな泉の水音、竹林が影を落とす。庭には花を植え岩壁に窰洞を穿ち、池のほとりには楼閣が建てられている。樹木や竹林がうっそうと茂って日影をここかしこに作っている。全く静かですばらしい景色である(3)。

続注に曰く、澄襟院の池水は早くに涸れてしまった。現在は長老の濱巨源の衣鉢院となっている。元氏の荘園は金の興定辛巳（五年、一二二一）時点では依然として元氏の居宅であった。開封への撤収（一二三一）後にはもはやその消息を聞かない。最近では李構がその荘園の地に楼閣を建て窰洞を穿ち、三清像を安置している。そのためこの楼閣は三清閣と呼ばれている。金の滅亡後、高寶老が披雲真人のために十方院とした。その門人の樊志高が旧元氏の荘園を独占してしまい、かつてのたたずまいは残るものの、大方は廃れてしまった。(4)

(1)『類編長安志』巻五寺観条「澄襟院。城《ママ》南記に唐の左街僧録遍覚大師智慧輪《ママ》の院なり。万年県孫村に在りと。殿の前後の庭中に凌霄花・八柏樹有り。北巌の泉を引き、竹を架し庭に落し、石盆に注ぐ。瑩《ママ》澈にして挹う可し。人をして覚えずして慮《ママ》を忘れしむ」。同巻九勝遊条にもほぼ同文がある。

(2) 遍覚大師智慧及びその碑については未詳。唐代後半に長安城内の僧尼と道士を統轄する使職(令外の官)として左右街功徳使が新設され、その下で僧尼を管轄する職務を担う僧籍者が僧録である。朱雀大街東半の左街(万年県)と西半の右街(長安県)を担当する二名が任じられた。また唐代の五〇〇戸を一郷、一〇〇戸を一里とする郷村組織の郷里制は唐末には制度的実体を失い、宋代に大まかな形で再編される。澄襟院の所在郷は唐代では神禾郷、宋代には拡大再編された鴻固郷であることを言う。

郷里制の再編

(3)『類編長安志』巻九勝遊条「元荘は澄襟の東に在り。元医は世々樊川の人たり。范御史の五居、元は里人なるを以て遊衍の末に従うを得たり。元祐中、范公は蒲州に守たり。医名(名医の誤りか)を以て之に畀《たま》う。其の居は北は高坡に倚り、泉声は冷冷たり。花を圃に植え、洞を巌に穴《うが》ち、閣を池上に起し、隠隠然として茂林修竹の間に蔵せられ、幽勝の趣を具う」。『類編』のこの記事によって、80頁注(7)で范巽之を范育であろうとした推測は確定のものとなった。ただ范育が蒲州河中府の知事である知河中府となったのは元祐直前のことで、元祐初めには太常少卿として都開封に戻っている（『宋史』巻三〇三本伝）。ともかくも、范育が知河中府に赴任するため長安の地を離れる際、その郊居である范御史五居と呼ばれる荘園の一部を隣人である元姓の医者に売与したことが判る。

(4)『類編長安志』巻九勝遊条「清閣は宋の李構の建てる所なり。柏坡に倚りて洞を鑿ち三清像を塑し、呼びて三清閣と為す。碑の載せる所詳らかなり。道人樊志亨《ママ》が之を主る。下に林泉・園亭有り」。ここでは李構を宋人とするが、続注に「近代」と言うからには、一二三一年の遷徙後の金末の人とすべきであろう。三清とは道教教義での最高神格の三神で、玉清聖境元始天尊、上清真境霊宝天尊、太清仙境道徳天尊を言う。続注のこの記事は、元医の郊居のその後の所有者の変遷を言ったものである。すなわち、金末の興定五年（一二二一）にはなお元医の子孫が所有していたが、金のこの地からの撤収後にはもはや元氏の所有ではなくなった。「近代」、つまり興定五年以後、恐らくは一二三四年の金滅亡までの間は李構の所有となり、「兵後」、つまり金滅亡後のモンゴル支配の時期には全真教道士の披雲真人のために高寶老（高姓と寶姓の二人の長老信徒か）が十方院という道院を造った。その一方で真人の門弟樊志高が旧元氏の荘園のほとんどを独占してしまった。「典刑」は旧法のこと、荘園の古いたたずまいは残るものの、内部はかつての姿を失い荒廃してしまっているのであろう。

范巽之は范育

長安を離れる際、郊居を元医に売与

三清とは道教教義で最高神格の三神を言う

元医の郊居のその後

辛亥、歴廃延興寺、過夏侯村玉白二荘林泉。

張注曰、延興寺在楊万坡。断碑遺址、瓦礫遍地。興廃之由、無可考。今為里人劉氏所有。竹林森蔚、泉流清浅、景勝元医之居、但不葺治耳。駙馬都尉王銑林泉、在延興寺之東、与朝奉郎白序為隣。王氏林泉久不治。白字聖均、荘有揮金堂・順年堂・疑夢室・酔吟庵・翠屏閣・寒泉亭・辛夷亭・桂嵓亭。今為王員外家所有。


辛亥（四日目）、延興廃寺を経て、夏侯村の王氏と白氏の荘園に至った。

張注に曰く、延興寺(1)は楊万坡(2)にある。断裂した碑の他、遺址にはいたる所に瓦礫が散乱している。何時創建され何時廃寺となったかは全く判らない。現在は土地の人間劉氏の所有に帰している。うっそうたる竹林や樹木、清らかな泉水の流といった景色は元医の居宅のそれ以上のものがあるが、手入れがなされていない。駙馬都尉王銑の庭園(3)は延興寺の東にあり、朝奉郎白序の庭園とは隣り合わせである。王氏の庭園も長らく手入れがなされていない。白序の字は聖均、その荘園には揮金堂、順年堂、疑夢室、酔吟庵、翠屏閣、寒泉亭、辛夷亭、桂巌亭といった建物がある(4)。現在は王員外家の所有となっている。

（1）城内右街の懐遠坊に大雲経寺、旧名延興寺があるが、ここに言う延興寺とは場所が全く異なるから別寺であろう。
（2）夏侯村、楊万村は現在も当該地点に村落として存在する。

（3）『類編長安志』巻九勝遊条「王駙馬の林泉は延興寺東の夏侯村に在り。王氏の林泉は久しく治せず。比年、弟兄多く長安に在りやや修葺す。長楊、高柳、寒藤の古木、流泉、なお勝境たり。今、白雲観と為る」。王銑は駙馬都尉とあるから宋の皇帝の娘、つまり公主を娶った人物である。『宋史』巻二五五王全斌伝に五世孫として見える「（王）詵、字は晋卿、詩を能くし画に善し。蜀国長公主に尚せらる。官は留後に至る」とある王詵のことか。蜀国長公主は英宗の第二女であるから張礼の時代とほぼ合致する。

（4）『類編長安志』巻九勝遊条「白氏の荘は王氏の東に在り。世に白侍郎（唐の白居易）の荘と伝う。宋の朝奉郎白序の荘なり。中に八題有り、列ねること左の如し。其の詩に曰く、揮金堂（中略）、順年堂（中略）、疑夢室（中略）、酔吟庵（中略）、翠屏閣（中略）、林泉《ママ》亭（中略）、辛夷亭（中略）、巌桂《ママ》亭（中略）。白序、字は聖均、自ら白侍郎の後と言う。（中略）金朝には石氏の園亭と為る。泉を疏して方池曲檻と為し、四銀亭、八銀亭有り。（中略）今、故中書陝西四川宣撫使襄山の楊公、謚忠粛公の祠堂と為り、碑有り」。忠粛公と謚《おくりな》された楊公とは、モンゴルの華北征服初期にモンゴル人地方官の恣意的暴政を粛正した名臣楊惟中である（『元史』巻一四六本伝）。

王銑は宋の皇帝の娘を娶った
王詵か

東次杜曲、前瞻杜固、盤桓移時。

張注曰、唐史称、杜正倫与城南諸杜素遠、求通譜不許、銜之。世伝杜固有王気、諸杜居之、衣冠世美。及正倫執政、建言鑿杜固通水以利人。既鑿、川流如血、閲十日方止。自是南杜稍不顕。居杜固者、謂之南杜。以北有杜曲故也。杜固今謂之杜坡。所鑿之処、崖塹尚存、俗曰馬堋厓、或曰鳳凰嘴、不知何謂也。杜氏世葬少陵原司馬村之西南。杜甫嘗称杜曲諸生、少陵野老。正謂杜曲少陵相近故也。甫為晋征南将軍預之後、預玄孫某、隨宋武帝南遷、遂為襄陽人。甫曽祖某為鞏令、又徙河南。宋孫洙為甫伝、以牧之為甫族孫、蓋同出於預也。是甫乃城南諸杜之裔耳。然唐宰相世系不載、不知何故。俟再考之。

東行して杜曲に至り、南方の杜固を眺め、この地をすぐには去り難く(1)しばし時を過ごした。

張注曰く、『唐史』に次のように言う。「杜正倫は城南の諸杜とはその系譜は遠く離れている。そこで系譜の付会を請うたが許されず、恨みを抱くようになった。世間では杜固の地には王気が漂っており、諸杜はこの地に住しているので代々高官を輩出するのだと言い伝えている。杜正倫が宰相になると、杜固の地に人工水路を掘り抜き農民の灌漑の便に資するよう建策した。水路が完成すると、真赤な血のような水が流れ、十日後にようやく平常の流れとなった。これ以後、南杜の繁栄にやや翳りが生じるようになった(2)」。杜固に居住する杜氏を南杜と言う。北に杜曲の杜氏がいるからである。現在では杜固を杜坡と呼ぶ。水路が開削された所には掘込みの跡がなお残っている。土地の者は馬堋厓、あるいは鳳凰嘴と呼んでいるが、なぜそのような呼称がされるのかは判らない。杜氏は何世代にもわたり少陵原の司馬村の西南に墓葬されてきた(3)。杜甫が「杜曲の諸生」、「少陵の野老」と自称しているのは(4)、杜曲と少陵とが近距離にあるためである。杜甫は西晋の征南将軍杜預の末裔である。杜預の玄孫某が南朝宋の武帝（劉裕）の南遷に随って、遂に襄陽に移住した。さらに杜甫の曽祖某が鞏県令となり、河南に移住した。(5) 宋代に孫洙が杜甫の伝記を著わし、(6) 杜牧を杜甫の一族の子孫としているのは、杜甫と杜牧がともに杜預の系譜に繋がるからであろう。杜甫が城南の諸杜の末裔であることは確かであるにもかかわらず、『唐書』宰相世系表にはその名を載せていないのは、一体どうした訳なのか判らない。今後の究明を待ちたい。

（1）「盤桓」はあまりにも強い感情が生起して、離れ難く去り難いことをいう。

（2）『新唐書』巻一〇六杜正倫伝「杜正倫は相州洹水の人。（中略）顕慶元年（六五六）、黄門侍郎に擢でられ、崇賢館学士を兼ね、同中書門下三品に進み、また度支尚書を兼ぬ。仍りて政事を知す。中書令に遷り、襄陽県公に封ぜらる。（中略）正倫は城南諸杜と昭穆もとより遠し。譜を同じうせんことを求めるも許されず。之を銜む。諸杜の居する所を杜固と号す。世々其の地に壮気有り、故に世々衣冠たりと伝う。正倫既に執政たるや、杜固を鑿ち水を通じ以て人に利せんことを建言す。既に鑿つや、川の流れ血の如く、十日を閲して止む。これより南杜やや振わず」。杜正倫（?〜六五八）は河北の相州洹水の杜氏で、同じ杜氏でも京兆城南の杜氏に比べて当時における家格ははるかに低い。そこで宰相となった杜正倫はその権勢を背景にして自らの系譜を強引に京兆の杜氏に繋げようとしたのである。家系を同姓のより家格の高い家柄に繋げる偽装工作を通譜と言い、貴族制が健在であった唐代前半期にはほとんど不可能であった。通譜を拒否された杜正倫が行った仕返しが「気を絶つ」というもので、王気や壮気が地下に含まれる地を切り開い

『新唐書』杜正倫伝

城南杜氏との通譜を拒否され、仕返しに「気」を絶った

てその気を放出させてしまうというものであった。それによってその地に在住するものの幸運を喪失させられると考えられたのである。後世の風水家が「龍気の脈を絶つ」とするのと全く同じものである。すなわち、杜正倫は農田灌漑のためと称して、杜固の地に農業用水路を開削することによって、気を発散消滅させて杜固の杜氏の将来における繁栄を阻害せんとしたのである。

杜詮の墓誌銘

杜牧の自撰墓誌銘

(3) 例えば杜牧の従兄弟である杜詮の墓誌銘には「長安城南少陵原司馬村の先塋に葬る」(『樊川文集』巻九「唐故復州司馬杜君墓誌銘」)、杜牧の自撰墓誌銘にも「少陵司馬村先塋に葬る」(同前巻一〇)と見える。司馬村は現在も当該地に同名村落として存在する。

(4) 少陵は後に見えるように前漢宣帝の許皇后の陵。杜甫は自称として「杜曲諸生」、「少陵野老」の他、「杜陵野客」、「杜陵布衣《ほい》」、「杜陵翁」などの表現をする。ただ彼が名門である京兆杜曲の杜氏と自ら考えていたかは疑問がある。事実、杜甫の墓は長安南郊ではなく、洛陽東の偃師県杜楼村にある(写真1-10)。

(5) 征南将軍・当陽侯杜預(二二二～八四)は西晋の人で、西晋による呉併合の中心人物であるとともに、経書『左氏伝』の注釈書である『春秋左氏経伝集解』の撰者として有名。前出の杜佑(七三五～八一二)やその孫杜牧(八〇三～五二)は系譜上で確実に杜預にまで遡及できる。一方、杜甫(七一二～七七)は杜預にまで繋がるかどうかはなはだ疑わしく、『新唐書』巻七二上宰相世系表に載せる杜佑や杜牧の属する襄陽杜氏房には杜甫の名はない。『旧唐書』巻一九〇上・『新唐書』巻二〇一杜審言伝、『旧唐書』巻一九〇下・『新唐書』巻二〇一杜甫伝、『元氏長慶集』巻五六「唐故工部員外郎杜(甫)君墓係銘」などか

写真 1-10　偃師県杜甫墓
1996 年 5 月撮影

ら杜甫の系譜を復元すると次のようになる。

杜甫の系譜

杜預……杜叔毘（北周）―〇―杜依芸（河南鞏県令）―杜審言（膳部員外郎）―杜閑（奉天県令）―杜甫

（6）孫洙（一〇三一～七九）が杜甫の伝記を著わしたことは『宋史』巻三二一本伝、その他にも見えない。宋人の著わした杜甫の年譜の類で伝存するのは、趙子櫟撰「杜工部草堂詩年譜」（『杜工部草堂詩箋』付載）、魯訔《ぎん》撰「杜工部草堂詩年譜」（『分門集註杜工部詩』付載）、呂大防撰「杜工部年譜」（同前付載）の三種である。

越姜保、至興教寺、上玉峰軒、南望龍池廃寺。

張注曰、興教寺、総章二年建。有三蔵・慈恩・西明三塔。寺倚北岡、南対玉案峰。元豊中、知京兆龍図李公登眺於斯、命僧創軒、是名玉峰。擢万年令陳正挙為之記。龍池寺直玉案山之北。

続注曰、興教寺、開成四年、沙門令総載修。三蔵塔銘、屯田郎中兼侍御史劉軻撰。慈恩塔銘、太子左庶子・御史中丞李弘度撰。西明塔銘、貢士宋復撰。三蔵塔龕中、差大。右慈恩、左西明、差小。殿宇法制、精密荘厳。

姜保(1)を越えて興教寺に至り、玉峰軒に上り、そこから南の龍池廃寺(2)を望見した。

張注に曰く、興教寺は総章二年（六六九）の創建。三蔵玄奘塔、慈恩塔、西明塔の三塔がある(3)。興教寺は北は高台を背にし、南は玉案峰と相対している。元豊中（一〇七八～八五）、知京兆・龍図李（呂の誤り）公がここに登って景色を眺め、寺僧に命じて軒を建てさせ、玉峰軒と名づけた。擢（権の誤り）万年県令の陳正挙が「玉峰軒記」を撰した(4)。龍池寺は玉案山の北正面にある。

続注に曰く、興教寺は開成四年（八三九）に僧の令検が修理を加えた（令総載修は令検修建の誤り）。三蔵塔の銘は屯田郎中兼侍御史の劉軻の撰(5)。慈恩塔の銘は太子左庶子・御史中丞の李弘度（慶の誤り）の撰(6)。西明塔の銘は貢士の宋復の撰(7)。三蔵塔が中央にあって三塔中で一番大きい。その右側（東）に慈恩塔、左側（西）に西明塔があり、三蔵塔よりは小さい。寺の建築様式は精緻で荘厳である。

（1）『類編長安志』巻九勝遊条「姜保は俗に姜保底と呼ぶ。李支度（度支の誤り）の荘有り、竹木・花卉・賓館多し。蘇舜欽の詩に曰く、「杜曲東辺風物幽、我来繫馬独遅留。門前翠影山無数、竹下寒泉水乱流。酒圧新陳常得酔、花開番次不知秋。主人堆案労塵事、早晩帰来今日頭」」。

蘇舜欽の詩

（2）『類編長安志』巻九勝遊条「龍泉寺《ママ》は玉案山の北に直《あた》る。孟郊の詩に曰く、（中略）今、龍泉寺は廃せられ、二龍塔はなお存す」。『続高僧伝』巻二一釈慧満伝（大正蔵50・618c）に貞観一六年に没して「終南山龍池寺の側に焚す」、同巻二八釈空蔵伝（同前50・689c）にも貞観一六年に没して「龍池寺の側に遺身し、骨を収め塔を起す」などと見える。

（3）『長安志』巻一一万年県条「興教寺は県の南五十里に在り。総章三《ママ》年の建」。『類編長安志』九勝遊条「興教寺は総章二年の建。三蔵玄奘真身塔有り、慈恩、西明二塔存す。開成中、沙門令検が重修す。屯田郎中兼侍御（史）劉軻の撰する所の三蔵法師塔銘、左庶子兼御史中丞李弘慶の撰する所の慈恩大師塔銘。有宋の政和乙未（五年、一一一五）、同州の僧広越は大周西明寺円測大師舎利塔を創建し、貢士宋復が銘を撰す。三蔵は中位に龕し塔はやや高大。左《ママ》に慈恩、右《ママ》に西明、塔はやや小。蒲人の胡子金に詩有りて曰く、「白塔月移山宇影、青松風唱海潮音」と」。

（4）呂大防（一〇二七〜九〇）に命ぜられて陳正挙が撰文した「玉峰軒記」は刻石立碑された。『金石萃編』巻一三八に録文されているものを以下に挙げる。但し、碑石そのものは現在は所在不明である。

「玉峰軒記」の内容は——

京兆府万年県興教寺玉峰軒記

龍図閣直学士呂公の雍に帥たるの明年、出でて祠事を奉じ、道は樊川の興教寺を過る。公は命じて其□□に即きて以て軒を為らしむ。既にして告成す。主僧の晏静は議して之に名づけんことを請う。以て謂らく、潏水の源は、樊□□に冠たり。興教の拠る所は、高阜に乗じ大沢を俯す。岡の分行する有りて、以て其の前に翼す。林の茂植する有りて、以て其の後を蔽う。南に大山有り、巑岏矗《さんがんちく》出、列すること屛幛の若し。環勢は擁抱し、軒の前に集まる。其の名を玉案山と曰い、樊川は韋曲よりして両岡に束ねらる。此に至りて則ち原隰は平衍にして、山水は秀麗たり。巌谷を下りて広莫の野に遊び、巫峡を出でて洞庭の渕に泛《うか》ぶが若き有り。襟宇は翛《ゆう》然として、瞻顧は閡《とざ》すなし。之に登る者は懐を界外に騁《は》せ、目を太虚に遊ばせるなり。宇宙の大いなること、品類の衆きことと雖も、形を遺し照を返し、以て一を無窮に寄す有り。則ち軒を為るの意は、豈に斯に止まるのみならんや。其の□楽を夷曠し、明遠を疏通するは、また以て公の□を見るに足れり。是の軒の成るや、以て記すことなかる可からざるなり。□之に題して玉峰軒と曰うと云う。

前河南府法曹参軍・権知県事陳正挙記す。

　元豊四年十二月一日

龍図閣直学士・朝散郎・充永興軍路馬歩軍都総管・安撫使兼知軍府事呂大防。

（『萃編』の欠字部分は『類編長安志』巻九勝遊・玉峰軒条で補った）。『宋史』巻三四〇呂大防伝には元豊初めに知永興軍府事となったとあるが、この記によって元豊三年であることが判明する。陳正挙の肩書「権県事」は正式任命ではなく仮りに万年県の知県事に就いていることを示す。なお呂大防には石刻の詳細な「長安城図」があり、題記によれば元豊三年五月五日の製作である。断片ではあるが西安碑林に現存する。

玄奘三蔵塔

（5）大唐三蔵大遍覚法師（玄奘）塔銘（『金石萃編』一一三等）の撰者は朝議郎・検校尚書屯田郎中兼使持節洺州諸軍事・守洺州刺史兼侍御史・上柱国・賜緋魚袋劉軻、書者は安国寺内供奉講論沙門建初、そして荒廃した興教寺を修復した人物とその年月が銘末に「開成四年五月十六日、馮翊の沙門令検が修建す」とある。本文では塔銘撰者劉軻の肩書を屯田郎中兼侍御史とするが、きわめて不正確である。これは検校官、つまり実職を伴わな

塔銘には玄奘の経歴とともに興教寺の縁起も見える

い位階上の名目的なものに過ぎず、実職は洛州刺史である。本塔銘には玄奘のインドへの求法の旅、帰国後の訳経事業等が詳細に記され、墓所である興教寺の縁起についても知ることができる。すなわち、玄奘は麟徳元年（六六四）二月五日に坊州の離宮玉華宮で寂滅し、同年四月一四日に滻水の東の白鹿原に一旦は葬られた。しかしその葬地は長安城に近く宮中より望見でき、高宗の哀惜の念絶ちがたいがため、総章二年（六六九）四月八日により南の城南三〇里の樊川北原に改葬された。次いで中宗が大遍覚と諡し、粛宗が興教という塔額を下賜されたので、寺をも興教寺と称するようになったという。その後、荒廃した塔及び塔院、すなわち興教寺の修復が太和三年（八二九）になされ、その一〇年後に塔銘が製作されたのである。

現在の玄奘三蔵塔

本文にあるように、玄奘塔は三塔の中央にあって南面し、方形五層で高さ二一メートル、初層部の一辺五・二メートル、その初層に塔銘が嵌め込まれている（写真1－11）。『文地』一一三頁参照。なお玄奘の伝記は『続高僧伝』巻四（大正蔵50・446c～）にある。

慈恩寺基公塔

（6）大慈恩寺大法師基公塔銘（『金石萃編』巻一一三等）の撰者は朝散大夫・検校太子左庶子・使持節金州諸軍事・守金州刺史兼御史中丞・軽車都尉・賜紫金魚袋李弘慶、書者は玄奘塔銘と同じく安国寺内供奉講論大徳建初である。銘末に左街僧録勝業寺沙門体虚、右街僧録法海寺賜紫雲端ら一八名の修建に関係した僧名を記し、最末尾には玄奘塔銘と同じく「開成四年五月十六日、講論沙門令検が修建す」とある。本文での撰者の肩書はやはり不正確である。

基法師の経歴

本塔銘によれば、基法師の俗姓は尉遅《うっち》氏、玄奘の左右にあって大いに訳経を助けた。永淳元年（六八二）一一月壬寅の日に慈恩寺翻訳院で入寂し、一〇日

写真 1-11 興教寺玄奘三蔵塔
1995 年 3 月撮影

写真 1-13　興教寺円測塔
1995 年 3 月撮影

写真 1-12　興教寺基公塔
1995 年 3 月撮影

後に玄奘塔の側に陪葬された。そして玄奘塔及び塔院の修復と時を同じくして、破損の著しい旧塔を撤去して新塔が再建された。本塔は玄奘塔の東側にあり、方形三層で高さ六・八メートル、初層部の一辺二・四メートル、やはり初層に塔銘が嵌め込まれている（写真1－12）。『文地』一一三頁参照。なお基公の伝記は『宋高僧伝』巻四（大正蔵50・725b～）にある。

現在の基公塔

（7）大周西明寺故大徳円測法師舎利塔銘（『金石萃編』巻一四六等）の選書者は貢士宋復である。本塔銘によれば、円測法師は新羅王の孫で、やはり玄奘の訳経を大いに助けた。万歳通天元年（六九六）に仏授記寺で入寂し、東都洛陽南郊の龍門香山寺の北谷に葬られた。大唐ではなく大周の国号を冠するのは、没年が武則天期であるからである。次いで在京の門弟たちが長安南郊の終南山豊徳寺（後出）の東嶺上に分骨起塔した。その後、宋の政和五年（一一一五）四月八日に興教寺の玄奘塔側に豊徳寺よりさらに分骨し基公塔を模範として起塔した。したがって張礼が興教寺を訪れた時には当然のことながら円測塔はまだ存在していない（写真1－13）。張注に「三蔵、慈恩、西明三塔有り」とあるのは続注の記事が混入したものであろう。本塔は玄奘塔の西側にあり、基公塔を模したと言う通り、ほぼ同じ規模である。すなわち方形三層で高さ七・一メートル、やはり初層に塔銘が嵌め込まれている。『文地』一一三頁参照。なお円測の伝記は『宋高僧伝』巻四（大正蔵50・727b）にある。

西明寺円測塔

円測法師の経歴

現在の円測塔

過塔院、抵韋趙、覧牛相公樊郷郊居。

張注曰、塔院者、京兆開元寺福昌塔之荘也。俗謂之塔院。修竹喬木、森結参天、池台廃基頗多。不知在唐為誰氏業。俗伝、国初狂人李琰居之、琰誅没官後、福昌塔成、賜之為常住。韋趙村有牛相僧孺郊居、子孫尚有存者。僧孺八世祖某、隋封奇章公。長安城南下杜樊郷有賜田数頃、書千巻。僧孺居之、依以為学。後為相、与李徳裕相悪。門生故吏、各相為党。先是、泓陟相徳裕宅為玉碗、僧孺宅為金杯。且云、金毀可作他器、玉毀不復用矣。其言果験。然唐史伝方技者、不載其事。其亦闕文矣乎。

塔院を経て韋趙村に至り、牛相公の樊郷の郊居を観た。

張注に曰く、塔院は京兆府城内の開元寺福昌塔の寺荘である。(1)これを土地では塔院と呼んでいる。竹木がうっそうと茂って天にまで届くほどで、池や台閣の遺址が至る所に残っている。唐代には誰の所有地であったのかは判らない。世俗では宋代初めに狂人の李琰《りえん》がここに居住していたが、李琰が誅殺され財産全てが官に没収され、その後、福昌塔が完成してこの地は寺に下賜され、福昌塔院の常住田となったと言い伝えられている。(2)韋趙村(3)には宰相牛僧孺の郊外邸宅があり、子孫の一部が今なお存在している。牛僧孺の八代祖先の某が隋代に奇章公に封ぜられ、長安城南の下杜樊郷に土地数頃を賜った。そこには蔵書千巻があり、牛僧孺は若き時ここに住してこれらの書籍によって勉学した。(4)その後、牛僧孺は宰相となると李徳裕と仇敵関係となり、二人の輩下の官僚たちは党派を形成して争うようになった。これより先、占い師の泓陟は李徳裕の邸宅を玉碗、牛僧孺の邸宅を金杯に譬えて二人の将来を予言した。すなわち、金器は毀れても作り直しができるが、玉器は毀れれば作り直しがきかないと言うのである。そしてその予言は的中した。(5) しかし唐史の方技伝には泓陟を立伝しておらず、史書の遺漏なのであろう。(6)

（1）『類編長安志』巻五寺観条「開元寺は府城草場街の北、景風街の南に在り。中に大殿有り、乃ち祝聖万寿戒壇なり。後殿は乃ち開元皇帝の御容あり。兵後、僅かに北三門、戒壇、御容等の殿を存するのみ。其の余の堂殿、并びに南三門は皆な摧毀す。至元辛卯（二八年、一二九一）、瓊公講主が南三門を重建す。其の山亭、青龍、興国、定光、隆興、寿聖《ママ》、四州は皆な開元（寺）の房廊院なり」。開元寺は民国期までは西安城内の鐘楼のすぐ東側、東大街の南に存在した。現在は緑地にされて寺址の痕跡すらない。

（2）『続資治通鑑長編』巻六二景徳三年（一〇〇六）二月癸未条に、永興の民李琬が三〇余人の徒党を組み官吏を殺害して永興軍府城（宋代の長安城）を占拠せんと謀議しているとの密告があり、李琬以下が逮捕誅殺されている。また同書巻八〇大中祥符六年（一〇一三）正月条では李炎として、『宋史』巻三二六侍其曙伝では李琰として見える。本文に言う狂人李琰と同一人物であろう。常住は正確には常住田と言い、寺院所有の荘園のことである。

（3）韋趙村は民国期五万分の一の地図には違詔村として、現在の地図には韋兆郷として見える。いずれも wei zhao と全く同音であるから、同一村落であることは間違いない。

ここにも約一〇〇〇年もの間、村落名がそのまま受け継がれている事例を見ることができる。

（4）李《り》珏《かく》撰「故丞相太子少師贈太尉牛公（僧孺）神道碑」（『文苑英華』巻八八八）「八代の祖弘は隋に仕えて吏部尚書と為り、奇章公に封ぜらる。文帝を佐佑して時に重名有り。（中略）公は七歳にして孤たり、外族周氏に依倚す。嶽嶽卓卓たりて老成の風有り。喪礼を以て自処し、未だかつて戯弄せず。先の寄章公は城南に隋室の賜田数頃、書千巻有るを知り、乃ち親を辞して肄習す。孜孜《しし》砣砣《こつこつ》として蚤夜を捨てず。四、五年におよび業は成り、進士に挙げられ、軒然として声有り。（下略）」。『新唐書』巻一七四牛僧孺伝「牛僧孺、字は思黯、隋の僕射・奇章公弘の裔なり。幼くして孤たり。下杜の樊郷に賜田数頃有り、依りて以て生と為す。文を属《つづ》るに工みにして進士に第す。元和の初、賢良方正の対策を以て、李宗閔・皇《こう》甫湜《ほしょく》と倶に第一となり、失政を条指す。其の言は骾訐にして宰相を避けず。宰相怒り、故に楊於陵・鄭敬・韋貫之・李益らは考が其の宜しきに非ざるに坐し、皆な謫去《たくきょ》せらる」。この時の宰相が李徳裕の父李吉甫である。牛李の党争の端はここにあるとされる。

『新唐書』牛僧孺伝

牛李の党争の始まり

（5）『太平広記』巻四九七王鍔条「又た一説に、李吉甫は安邑の宅、及び牛僧孺は新昌の宅。泓師は李宅を号して玉杯と為す。一たび破すれば復た全たかる可くなく、金椀は或いは傷つくも再製すべきに庶《ちか》からん。牛宅はもと将作大匠康諐《べん》の宅。諐は自ら岡阜の形勢を弁じ、其の宅を以て当に宰相を出すべしとす。後、毎年の相を命ずるに按有るや、諐は引頸して之を望む。宅は竟に僧孺の得る所と為り、李は後に梁新の有する所と為る。

（出『盧氏雑説』）」。玉器は一度壊れれば破片となって再生しようがないが、金器は壊れても鍛錬すれば他器として生まれかわることを言う。つまり、牛李の党争と称せられる激しい派閥抗争で、一方が政権を掌握すると他方を全て都から地方官に左遷することを繰り返したが、最終的には牛僧孺は都に返り咲き、李徳裕は崖州（海南島）の司戸参軍に左遷されその地で没したことを予言したものである。中国では玉は金より貴重なものとする価値観が一般的であるが、その玉と金の価値観を逆転させて意味付けしたところに、この話のおもしろさがある。ただこの話は長安城内安邑坊の李徳裕（七八七～八四九）の邸宅、新昌坊の牛僧孺（七七九～八四七）の邸宅に関するものであり、牛僧孺の城南の荘園についての記述に付すのはあまり適切とは言えない。

（6）予言者泓陟に関してはその実像はよく判らない。先引の『太平広記』では泓師とするが、泓陟と同一人物であることは間違いない。ところが『旧唐書』巻一九一方伎伝、『新唐書』巻二〇四方技伝、及び『宋高僧伝』巻二九（大正蔵50・889ｃ～890ａ）等に見える僧泓、または泓師はやはり予言をよくする仏僧であるが、中宗期の人であって時期が約一〇〇年ほど早い。これは別人の逸話が同一人のものに帰せられたか、あるいは一人の泓師の逸話が伝承の過程で分岐して別人のものとされてしまったかのいずれかであろう。『劇談録』巻下李相国条では、李徳裕の安邑坊東南隅の邸宅を玉椀、牛僧孺の新昌坊北街の邸宅を金杯と言ったのは、八世紀後半の著名な方術の士桑道茂の予言としているが、『旧唐書』巻一九一方伎伝、『新唐書』巻二〇四方技伝の桑道茂伝にはこのことにふれていない。

迺登少陵原、西過司馬村穿三像院。尋旧路、暮帰孫君中復之廬。

張注曰、長安志云、少陵原南接終南山、北直滻水。本為鳳棲原。漢許后葬少陵、在司馬村之東。因即其地、呼少陵原。杜牧之自志云、葬少陵司馬村。柳宗元志伯姒墓曰、葬万年之少陵原。実鳳棲原也。原脈起自南山、屈曲西北、岡阜相連、壘壘不断、凡五十里。然則鳳棲・少陵其実一、本因地異名耳。漢総謂之洪固原。今万年県有洪固郷、司馬村今在長安城之東南、少陵在村之東北、則滻水在東、非在北矣。少陵東接豊梁原、或作鳳涼原、滻水出焉。東北対白鹿原、荆谷水出焉。二水合流入渭。杜甫詩所謂、登高素滻原、是也。少陵之東岡下即滻水之西岸、其地有泉、旧伝有犢跑鳴而泉出、今謂之鳴犢鎮。三像寺、開元中建。背倚北原、高数百尺。始寺依原刻三大仏、故名。又云、開元末、為武恵妃建。武氏墓在鳳棲原長興坊、与寺亦相近。中復田家子、今為進士。

やがて少陵原に登り、西行して司馬村の三仏像の彫刻のある寺院を通り過ぎた。古道を尋ね歩いて、夕暮に孫中復の簡素な屋舎に帰り着いた。

張注に曰く、『長安志』に「少陵原は南は終南山に接し、北は滻水に直《ママ》る。もとは鳳棲原たり。漢の許后は少陵に葬らる。司馬村の東に在り。因りて其の地に即きて少陵原と呼ぶ[1]」と見える。杜牧の自撰墓誌に「司馬村の東に葬る[2]」とあり、柳宗元の撰した伯姒墓誌にも「万年の少陵原に葬る。もともとの鳳棲原なり[3]」とある。少陵原の台地は終南山に発し、屈曲しながら西北に延び、高々とした台地地形が五十里にわたって断えることなく連続している。このようであるからには、鳳栖《ママ》原と少陵原とは実体は一つのものであって、場所によって呼称が異なっているに過ぎない。漢代には一まとめにして洪固原と呼んでいた。現在も万年県に洪固郷という郷が置かれている。[4] 司馬村は現在は長安城の東南に位置し、少陵は村の東北に位置する。さすれば滻水はその東を流れているから、『長安志』が「北は滻水に直る」という北は誤りである。少陵原は東の豊梁原に連なる。豊梁原は鳳涼原とも表記される。滻水の源が発する所である。少陵原は東北では白鹿原と相対する。荆谷水の源が発する所である。滻水と荆谷水は合流して、やがて滑水に流れ込む。[5] 杜甫の詩に「登高素滻原」とあるのはここのことである。少陵原の東岡の下は滻水の西岸で、そこには泉が涌水している。子牛が鳴きながら足で地を掻いた所に泉が涌き出したと古来伝えられている。現在、この地を鳴犢鎮《めいとくちん》と言う。[6] 三像寺は開元年間（七一三～四一）の創建で、背面の北原は高さが数百尺もあり、もとはこの原崖に三体の大仏を彫り出していたので、このように呼ばれる。一説に、開元末年に武恵妃を供養するために建立されたのだともいう。[7] 事実、武恵妃の墓は鳳棲原長興《ママ》坊にあって、[8] この寺のすぐ近くである。孫中復は農家生まれではあるが、現在は進士となっている。[9]

（1）『長安志』巻一一万年県条には「少陵原は県の南四十里に在り。南は終南に接し、北は滻水に至る。西のかた屈曲すること六十里にして長安県界に入る。即ち漢の鴻固原なり。宣帝の許皇后は此に葬らる。俗に少陵原と号す」とあって、鳳棲原には言及してい

少陵という地名の由来

ない。少陵という地名の由来は『漢書』巻九七上外戚伝・孝宣許皇后伝に「許后は立てられて三年にして崩ず。諡して恭哀皇后と曰い、杜南に葬らる。是れ杜陵の南園たり。（顔師古注）即ち今の謂う所の小陵なる者は杜陵を去ること十八里」と見えるものである。『類編長安志』巻七原丘条には「少陵原は今の咸寧県の南四十里に在り。西のかた屈曲すること六十里にして長安県界に入る。即ち漢の鴻固原なり。宣帝許皇后は司馬村に葬らる。冢は（宣帝）杜陵に比べやや小さし。号して小陵と曰う。杜陵の大なるを以ての故なり。語は訛《なま》りて少陵と為す。杜甫は少陵の野老と称す。杜曲は其の傍に在り」とある。写真1-14参照。

（2）99頁注（3）参照。

（3）『増広註釈音辯唐柳先生集』巻一三「伯祖妣趙郡李夫人墓誌銘」「是の歳（貞元十六年）六月二十九日、平康里に終る。小斂より大斂に至り、比ほい葬に及ぶ、則ち二壻は実に参じて之を主る。孫二人有り。長を曹郎と曰い、之を奉ずるに縗《さい》を以てして位を正す。八月二十四日、万年県の少陵原に葬る。実は棲鳳《ママ》原なり」。柳宗元のこの墓誌銘は、彼の伯叔母、つまり祖父の夫人である趙郡李氏のものである。

（4）『長安志』巻一一万年県条に宋代の郷名として県南一五里に洪固郷が置かれていたことを記す。唐代にもこの地に同名郷が置かれていたことは、貞元一四年（七九八）没の「馬実墓誌銘」に「万年県洪固郷延信里司馬邨に葬る」（『欧陽行周文集』巻四）とあることなどによって知られる。

白鹿原

（5）司馬村は99頁注（3）に既出。南の終南山からせり出した少陵原の東側に北流する滻水をはさんで白鹿原が相対している。張注に言うように、滻水は少陵原の北ではなく東を

写真 1-14　宣帝許皇后少陵
1995 年 3 月撮影

流れるとするのがこの地の正確な地勢である。白鹿原は『長安志』巻一一万年県条に「白鹿原は県の東南二十里に在り。藍田県界より滻水川に至る、東西一十五里を尽くす。南は終南に接し、北は霸川《ママ》に至り、南北二十里を尽くす。また之を霸上《ママ》と謂う」とある。

豊梁原（鳳涼原）

豊梁原は鳳涼原ともいい、『類編長安志』巻七原丘条に「風涼原は藍田県の西南四十五里に在り。南は石門山と接し、北のかた万年県界に入る。『遁甲開山図』に曰く、「驪山の西川に阜有り、風涼原と曰う。また雍州の福地たり。即ち魄山《かい》の陰なり」と。『水経注』に曰く、「狗枷川水に二原有り。西川水は魄山の研盤谷に出で、苦谷の一水と合し、東北のかた風涼原を流る」と」とあるのと同一の原であろう。豊梁、鳳涼、風涼はいずれもfeng liangと全く同音である。

滻水

滻水は『長安志』巻一一万年県条に「滻水は県の東に在り。北流すること四十里にして渭に入る。『十道志』に曰く、「荊谿と狗枷二水の下流なり」と。『水経注』に曰く、「滻水は京兆藍田に出で、北して霸陵に至りて霸（水）に入る。二水は終始して苑中を尽くして復た出でず」と。（『漢書』）地理志に曰く、「滻水は南陵県の藍田谷に出で、西北流して一水と合す。水は西南の奔谷に出ず」と。また曰く、「滻水は北して霸陵に至り霸水に入る」と。『史記』（封禅書）に曰く、「秦は咸陽に都す。霸、滻、長水、灃、澇、涇、渭は皆な大川に非ざるも、咸陽に近きを以て、尽く之を祀《まつ》るを得たり」と」と見える。

荊谷水

荊谷水も同前書同条に「荊谷水は一に荊谿と名づく。藍田県より来り、康邨に至りて県界に入り、西流すること二十里にして谷より出で、平川に至り、庫谷、採谷、石門水を合して荊谷水と為る。一に滻水と名づく」と見える。

（6）『太平寰宇記』巻二五長安県条「鳴犢泉、『三輔旧事』を按ずるに、『昔、犢の母を失

鳴犢鎮

う有り、哀鳴甚だ苦し。地ために泉を発す。もし大旱にして之を祭らば雨を降らす」と云う」。『長安志』巻一一万年県条「鳴犢鎮は県南六十里に在り。鎮の西原下に鳴犢泉有り。俗に犢が跑鳴して泉を得たりと伝う。武宗は太白原に略す（「白鹿原に猟す」の誤り）。即ち鎮の西原なり」。『類編長安志』巻六泉渠条「鳴犢泉、新説に曰く、咸寧県東南六十里に鳴犢泉有り。俗に犢が跑鳴するに因りて泉を得、因りて鳴犢鎮を置くと伝う。武帝は鳴犢の西原に猟するは、即ち此の地」。同巻七聚鎮条「鳴犢鎮は咸寧県の南六十里に在り。鎮の西原下に鳴犢泉有り、故に名づく」。同巻九勝遊条「鳴犢鎮は両川口に在り。漢武の鳴犢泉有り」。

伝承の変容と誤伝

鳴犢泉の名称の由来について伝承が少しずつ変容し、かつ誤伝されていく過程がよく判る事例である。『寰宇記』では「子牛が母牛を見失って哀しげな鳴き声を上げたので泉が湧き出した」とあるのが、『長安志』では「子牛が足で土を掻きつつ鳴いたので泉が涌いた」と変容してしまい、「遊城南記」及び『類編』はそれを承けている。また『長安志』に「武宗が太白原に略す」とあるのは、『新唐書』巻九武宗本紀会昌二年「十一月、白鹿原に猟す」を誤ったものであるが、『類編』では唐の武宗が漢の武帝と誤伝されてしまっている。鳴犢鎮は滻水西岸の地に現在も郷鎮として存在する。

三像寺

（7）『長安志』巻一一万年県条「三像寺は県の東南五十里に在り。開元中の建」、『類編長安志』巻五寺観条「張注に曰く、「三像寺は開元中の建。北原に倚ること高さ数百尺、寺は坡に依りて三大像を刻す。故に三像寺と曰う」と。貞順皇后の墓は彼に在り、守墳の寺と為す」。同巻九勝遊条「貞順皇后の墓は北原上に在り、此れ看墳の寺と為す」。張注を引用していることから、『類編長安志』の撰者駱元驤が張礼の「遊城南記」を参照していることが判る。三像寺の三体の大仏像は、原の垂直崖に露出した岩壁に刻せられた石仏であったと思われる。ただ皇后陵の「守墳寺」、ないし「看墳寺」であったかは疑問である。唐代の皇后陵に仏寺が付設されることはまれであり、至近の距離にある皇后陵に三像寺が後世に関連づけられた可能性が大である。

（8）『長安志』巻一一万年県条「唐明皇貞順武皇后の敬陵は県の東四十里に在り」、『類編長安志』巻八山陵冢墓条「唐明皇貞順皇后の敬陵は県の東四十里の少陵原長勝坊《ママ》に在り。明皇の御書碑なお存す」、宋欧陽棐《ひ》『集古録目』巻七「貞順皇后武氏碑、玄宗の御製并びに八分の書。太子亨（のちの粛宗）の題額。后は姓武氏、晋陽の人。恵妃に終り、追謚せられて貞順（皇后）と曰う。碑は天宝十三載（七五四）四月の立」、『類編長安志』巻一〇石刻条「唐の貞順皇后武氏碑、玄宗の御製・御書八分字、太子亨の題額。后は姓武氏。恵妃に終り、貞順と謚さる。天宝十三載の立。龐《ほう》留邨村南の長勝坊《ママ》の冢墓の前に在り」。武恵妃は武則天の一族で、玄宗の厚い寵愛を受けた。彼女が開元二五年（七三七）に没すると玄宗の悲哀は大変なもので、政務もほとんど手につかない日々が続いた。そこに登場するのが楊貴妃で、以後、玄宗の寵愛を一身に集めることになる。

武恵妃は武則天の一族で玄宗の寵愛を受けた。その没後、登場したのが楊貴妃。

（9）孫中復については未詳。中復は字であろう。やはり張礼の知人であろう。

壬子、渡滈水而南上原、観乾湫。憩塗山寺、望翠微百塔。子虚約遊五臺、而与僕夫負行李者相失。遂飲於御宿川之王渠、酔還申店、幾夜半矣。

張注曰、乾湫在神禾原皇甫村之東。旧伝、有龍移去南山炭谷原之湫水、遂涸。故謂之乾湫。炭谷之水遂著霊異、歴代崇為太乙湫。或曰、炭谷本太乙谷。土人語急、連呼之耳。

続注曰、塗山寺在皇甫村神禾原之東南。旧伝、皇甫村有三社、曰鸞駕坪、鳳凰台、及廃栖真観。翠微寺在終南山上、本太和宮、武徳八年建、貞観十年廃。廿年、太宗厭禁内煩熱、命将作大匠閻立本再葺、改為翠華宮。元和元年、廃為翠微寺。杜甫詩云、雲薄翠微寺。則元和之前、固已謂之寺矣。百塔在梗梓谷口、唐信行禅師塔院。今謂之興教院。唐裴行倹妻庫狄氏、嘗読信行集録。及没、遷窆於終南山鵄號堆信行塔之後。由是異（慕の誤り）信行者、往往帰葬於此。今小塔累累相比、因謂之百塔。塔東為石鼈谷、広恵神祠在焉。西為豹林谷、种放隠居之地。放居今為女冠所有。蘇季明松門亦在其西。而董村者、翠微寺下院也。又在其西。自董村西行幾十里、曰豊徳寺、豊徳長老所居。今其寺猶有僧焉。南五臺者、曰観音、曰霊応、曰文殊、曰普賢、曰現身。皆山峰卓立、故名五臺。円光寺、王建集為霊隠臺寺。陸長源辯疑志為慧光寺。韓渥集為神光寺。今謂之円光寺。五臺之北有留村数寺、皆下院也。御宿川、按揚雄伝曰、武帝開上林、南苑至宜春・鼎湖・昆吾。傍南山而西、至長楊・五柞。北繞黄山、瀕渭而東。遊観則止宿其中、故曰御宿。大抵樊川御宿、皆上林苑地也。

壬子（五日目）、潏水を渡り、南行して原に登り乾湫を見た。塗山寺で一休みして、そこから翠微寺と百塔寺を望み見た。祁子虚と五臺山へ一緒に行く約束をしていたのだが、彼が旅荷物を運ぶ下僕と会いそびれてしまい、やむなく時間つぶしに御宿川の王渠で酒を飲んだ。酔いが回って申店に戻ったのは、ほとんど夜中であった。(1)

張注に曰く、乾湫は神禾原の皇甫村の東にある。昔からここに住む龍が終南山炭谷原の池水に移り住んだので、水が涸れてしまい、そのために乾湫、つまり水の涸れた池と呼ばれるようになったと言い伝えられる。炭谷の湫水は龍が移り住んだために霊験を現わすようになり、歴代にわたり太乙湫として尊崇されることとなった。一説に、炭谷はもともとは太乙谷と呼ばれていた。(2) この地方の話し方が早口であるので音がつづまったのである。(3)

続注に曰く、塗山寺は皇甫村の神禾原の東南にある。皇甫村には鸞駕坪、鳳凰台、廃栖真観という三つの鎮守の社があったと古くより言い伝えられている。(4) 翠微寺は終南山中にあり、もとは太和宮であった。武徳八年（六二五）に離宮として建造され、貞観十年（六三六）に廃せられた。貞観二十年（二十一年の誤り）、太宗は長安の宮城の夏の暑さを厭い、将作大匠（宮室造営の総監督官）の閻立本（徳の誤り）に廃宮の再修理を命じ、翠華（微の誤り）宮と改称した。元和元年（八〇六）、離宮を廃して翠微寺とした。杜甫の詩に「雲薄翠微寺」とあるから、元和以前にすでに寺院とされていたのである。(5) 百塔寺は梗梓谷にあり、唐（隋の誤り）の信行禅師の塔院である。現在は興教院という。唐の裴行倹の妻である庫狄氏は「信行集録」を読んで帰依し、没後には終南山鵄《てい》號（鳴の誤り）堆にある信行禅師の霊塔の後に葬られた。これ以後、信行禅師を敬慕する三階教徒の多くがここを墓葬の地とした。(6) 現在も小塔が林立して並んでいる。そのためにこの寺を百塔寺と称するのである。百塔寺の東は石鼈《せきべつ》谷で、広恵神祠がここにある。(7) 西は豹林谷で、种放《ちゅうほう》が隠居した地である。(8) 种放の住居は現在では女道士の所有となっている。蘇季明の松門もその西にある。(9) そして董村という翠微寺の下院の常住田がやはりその西にある。董村から西行することおよそ十里に豊徳寺という寺院がある。豊徳長老が止住した所である。[10] 現在でもこの寺には僧が住している。南五臺というのは、観音・霊応・文殊・普賢・現身の五峰のことで、いずれも山峰は聳立している。そのために五臺と呼ばれるのである。[11] 円光寺は、王建の文集には霊隠臺寺、[12] 陸長源の『辯疑志』には慧光寺、[13] 韓偓《あく》の文集には神光寺として見える。[14] 現在は円光寺と呼んでいる。五臺の北麓の留村に数ヶ寺があるが、[15] いずれも円光寺の下院である。御宿川は、『漢書』揚雄伝に「武帝は上林苑を造った。その広さは南苑（苑は衍字）は宜春・鼎湖・昆吾にまで広がり、終南山沿いに西は長楊・五柞《ごさく》にまで広がり、北は黄山を取り込んで渭水沿いに東に広がる」と見える。武帝は上林苑に行幸されると苑中で宿泊された。それ故に御宿というのである。[16] 樊川と御宿川の地はほぼかつての上林苑に相当する。

（1）五日目のこの日は終南山中腹の南五臺（海抜一六八八メートル）にまで足を伸ばす予定であったのが、山登り用の旅装を持参する下僕としかるべき場所で落ち合うことができなかったので、この日の予定は大幅に狂ってしまい、王渠で夜遅くまで酒を呑んで時間つぶしをしたのである。「酔いて申店に還る」とあるから、この夜は二日目の己酉の日に宿泊した申店の祁子虚の書舎に戻ったのであろう。申店の南七キロ地点に王曲鎮がある。渠は qu、曲は qu と全くの同音であるから、王渠と王曲は同一地名であろう。

（2）『劇談録』巻上華山龍移湫条「咸通九年（八六八）春、華陰県の南十余里、一夕に風雷

華山の南に出現した湫

暴《にわ》かに作《おこ》り、龍の湫に移る有り、遠くより至る。是れより先、崖壠《ろう》は高亜にして水を貯うる所なし。此の夕、廻従すること数丈、小山は東西より直ちに南北に亘り、峰巒と草樹は一として傷つく所なし。碧波は塘を廻り、湛として疏鑿するが若し。京洛の符旅は道を枉《ま》げて観ざるはなし。好事者有りて、輦轂は蒲津より相率いて至る。車馬の絶えざること累月に逮《およ》ぶ。京城南の霊応臺に三娘子湫有り。崖と相近く、水波は澄明にして深浅を測るなし。毎に秋風の揺落するも、未だ嘗て草木の其の上に飄汎することなし。或は片葉繊茎を覩るも、必ず飛鳥が銜《くわ》えて之を去る有り。祈禱する者は多く花鈿粉黛、及び綺羅の類を致し、啓祝して之を投ずれば、欻然《くつぜん》として没す。乾符初（八七四）、朝士数人の同に終南山に遊ぶもの有り。遂に湫所に及び、因りて霊応の事を話す。その間、信ぜざる者有り。試みに木石を以て之に投ずるや、俄かに巨魚の波心より躍出する有り。鱗甲は雪の如く、忽ち風雨有りて冥晦たり。車馬はほとんど暴水の漂する所と為る。迩後、人びとは愈いよ之を敬い、敢て犯す者有るなし」。

三娘子湫

ここでは華山の南に突如として出現した湫と、長安南の終南山中の三娘子湫とが併記されている。そして三娘子湫は南五臺中の霊応臺の地とされている。

二つの湫の混同

宋代以降になると、次引の『長安志』や本書「遊城南記」などでは二ヶ所が一ヶ所に混同されてしまっているようである。『類編長安志』巻九勝遊条「乾湫は神禾原興盛坊に在り。旧と湫池有り。龍が移去して遂に涸れる。之を乾湫と謂う。

韓退之の詩

韓退之の詩に曰く、「天昏地黒蛟龍移、雷驚電撃雌雄随。清泉百尺化為土、魚鱉枯死吁可悲」と。龍が太一湫池に移るを謂うなり」。皇甫村は皇甫郷という村落名で現在も存在する。皇甫郷の東南約一五キロの終南山中に水湫池という池沼が現在もあり、これ

雨乞いの霊験あらたかな龍神

が龍が移り住んだと伝えられる炭谷原の湫水であろう。『長安志』巻一一万年県条に「澄源夫人湫廟。按ずるに今の県に顕応夫人廟有り。所在は此と正しく同じ。当に是れ澄源は改封たるべし。終南山炭谷に在り、県を去ること八十里。唐は澄源夫人に封ず。湫池なお在り」と見えるのも同一の池沼であろう。雨乞いの霊験あらたかな龍神が人格神化されて女神となったものと考えられる。『類編長安志』巻九勝遊条には「太一谷は長安県の東南八十里の終南山裏に在り。太一の神は史伝や道書に載す所、前賢の碑刻、徴応甚だ多し。漢武帝紀に「方冊に於て、古えは天子は太一を南郊に祠るとあり。帝は太祝をして長安東南に祠らしむ。辛巳（元鼎五年十一月辛巳朔旦冬至　前一一二）、帝は始めて郊し、美光の昼を通し、黄気の天に属する有り」と。また道書『三洞秘典』の載す所に「九天無量三昧太一元君は周天の風雨を定め、神龍・水仙は皆なこれに隷す。武帝元封の初め（前一一〇）、終南山の巨谷の間に降る。雲気は融結し、隠然として象を成す。東上の二十里ばかりに一大池を出し、亀魚游泳するも、之に敢て触れるなし。帝は勅して上下宮を建て、羽流を選びて焚修せしめ、其の山を封じて太一と曰い、池を澄源と曰う。晋の元帝におよんで祈禱に応有るを聞き、御書もて金華洞天に益封す。隋唐に在りては興崇もっとも盛んなり」と。後晋の桑中令が雍に鎮するに及び、旱に苦しみ、請いて応を獲て、かつ奏して重修す。有宋及び金は敬奉もっとも甚だしく、使を遣わして沈祭す。大元の龍興するや、列聖の循る所、みな天を敬い神に事《つか》うるの事を重んじ、使を遣わして香を降し、しばしば感応を獲たり」とある。太一神（一 yi と乙 yi は同音）に関するこの記事は後世の潤色が大幅に加えられていて、そのまま信用できるものではない。『漢書』武帝本紀とあるのは郊祀志上からの引用で、しかも漢の長安城東南郊に設けられた泰一壇の祭祀を言ったものである。「後晋の桑中令が雍に鎮す」とは、五代後晋の桑維翰が晋昌軍節度使として長安に鎮したことを指し、九四二～四三年のことである。桑維翰が雨乞いをして霊験が現われたとするのは、後出の陳摶撰「太一宮記」に基づく。136頁注(7)参照。

(3) 本来の地名は太乙谷 tai-yi-gu であったのが、地元の方言によって tan-gu とつづめて発音されるようになり、炭谷の字が当てられるようになったとするのが張礼の考え。

(4) 塗山寺、栖真観については未詳。

太和宮

翠微宮から翠微寺へ

(5)『元和郡県図志』巻一長安県条「太和宮は県の南五十五里の終南山太和谷に在り。武徳八年（六二五）に造り、貞観十年（六三六）に廃す。二十一年、時に熱きを以て、公卿は重ねて修築せんことを請う。是に於て将作大匠閻立徳をして繕理せしめ、改めて翠微宮と為す。今は廃せられて寺と為る」。『唐会要』巻三〇太和宮条「武徳八年四月二十一日、太和宮を終南山に造る。貞観十年に廃す。二十一年四月九日に至り、上は不豫たり。公卿は上言すらく、請うらくは廃太和宮を修せんことを。その地は清涼にして、以て暑さを清す可し。臣等請うらくは、俸禄を徹し子弟を率いて微かながら功力を加うれば、日ならずして就かんと。手詔して曰く、ころほい風虚頗る積り、弊を為すこと至って深し。況んや復た炎景にして蒸時、温風は鏗《こう》節なれば、沈痾は此に属して、理として堪えざる所なり。久しく涼を追わんと欲するも、労擾を成すを恐る。今、卿等の請有り、即ち相機行せよと。是に於て将作大匠閻立徳を遣わし、順陽王の第に於て材瓦を取り以て之を建つ。山を包みて苑と為し、栽木より設幄に至る、九日にして功を畢える。因りて改めて翠微宮と為し、正門は北に開け、之を雲霞門と謂い、視朝の殿は翠微殿と名づけ、寝は含風殿と名づく。并せて皇太子のために別宮を構え、正門は西に開き、金華門と名づけ、殿は喜安殿と名づく」。『元和志』と『唐会要』の記事が、『長安志』巻一二長安県条では「永慶寺は県の南六十里の太和谷に在り。初め唐の武徳八年に太和宮を造り、貞観十年に廃す。二十一年、太宗は禁内の煩熱を厭う。公卿は重ねて修築せんことを請う。将作大匠閻立徳に命じて再葺せしめ、翠微宮と号す。山を籠みて苑と為し、宮は北に開きて雲霞門と曰う。翠微殿、含風殿有り。太子の宮は西に開きて金華門と曰う。安善《ママ》殿有り。元和中、改めて翠微寺と為す。皇朝の太平興国三年（九七八）、今の名に改む」とあるように「元和中、改為翠微寺」と誤まり、張礼はこの『長安志』に拠りながら、杜甫詩を引用して元和以前にすでに仏寺となっていることを指摘しているのである。『元和志』を参照しておれば、彼の疑問は氷解していたはずである。要するに、離宮の翠微宮から仏寺の翠微寺に変わったのは、高宗期から玄宗期の間である。『類編長安志』巻五寺観条でも『長安志』をそのまま引き写して「元和中、改為翠微寺」と誤っている。杜甫の詩は『分門集註杜工部詩』巻一〇所収の「重ねて何氏を過ぎる五首」の第二首「山雨樽仍在、沙沈榻未移。犬迎曽宿客、鴉護落巣児。雲薄翠微寺、天清黄子坡。向来幽興極、歩屧過東籬」からの引用で、この詩は天宝九載（七五〇）直後の作である。吉川前掲書五〇一頁以下参照。

杜甫の詩

（6）『長安志』巻一二長安県条「興教院は県の南六十里の楩梓《へんし》谷口に在り。もと百塔信行

興教院はもと信行禅師の塔院

禅師の塔院。唐の大暦六年（七七一）の建。皇朝の太平興国三年に改む」。『類編長安志』巻五寺観条「百塔興教禅院は長安城の南、御宿川の梗梓谷口に在り。もと信行禅師の塔院。唐の大暦二《ママ》年の建。信行を慕う者、皆な信行塔の左右に窆《ほうむ》る。之を百塔と謂う」。同巻九勝遊条「百塔は梗梓谷口に在り。之を興教禅院と謂う。松風閣、越王台有り。乃ち唐（隋の誤り）の信行禅師の塔院なり。裴行倹の妻庫狄氏は嘗て信行集録を読み、没するに及んで、終南山鵄號《ママ》堆の信行塔の後に窆らる。是れ由り信行を慕う者、往々にして此に帰葬し、之を百塔と謂う。今、小塔塁々として相継ぎ、信《まこと》なるかな、其の塔の多きこと」（写真1－15）。『類編』ではいずれも「慕信行者」に作っている。とくに巻九勝遊条は明らかに『遊城南記』に拠っているから、『遊城南記』の原本も「異」ではなく「慕」であったはずである。異と慕は字形が相似するから、伝写の過程で誤写されたものと考えられる。但し、現在伝わる『遊城南記』の諸テキストは全て「異」字に作っている。信行禅師（五四〇～九四）は隋代の実践的な革新仏教である三階教の開祖。六〇〇年と七二五年の隋唐時代二度にわたって禁断されるが、篤信の信者が絶えることがなかったことは、裴行倹（五九三～六八二）の妻庫狄氏の例からも知られる。また乾封二年（六六七）没の管俊墓誌銘に「鵄鳴埠《ふ》の禅師林の左に塔を起す」（『北京図書館蔵中国歴代石刻拓本匯編』一六冊一一二頁）、開元四年（七一六）没の裴公夫人賀蘭氏墓誌銘に「鵄鳴塠《たい》に遷殯す。実に信行禅師の塔に陪せり」（『金石萃編』巻七一、北京二一―五九）などと見える。裴行倹の妻庫狄氏が火葬に付されて遺骨が信行塔側に起塔して陪葬されたことは、張説撰の「裴行倹神道碑」（『張説之文集』巻一四）に「夫人は深く栄満を戒め、遠く真筌《せん》を悟る。（中略）

信行禅師は三階教の開祖で篤信の信者が多く、裴行倹の妻庫狄氏も帰依

信行塔側に起塔して陪葬

写真 1-15　百塔寺
2001 年 3 月撮影

毎に信行禅師の集録を読み、永く尊奉せんことを期す。開元五年（七一七）四月二日、京邑に帰真す。其の年八月、終南山鵄鳴堆の信行禅師霊塔の後に遷窆《へん》す」と見える。庫狄氏が三階教入信の契機となった「信行集録」は、『続高僧伝』巻一六隋京師真寂寺信行伝（大正蔵50・559c～560b）に見える「対根起行三階集録」のことであろう。総章元年（六六八）没の「道安塔記」（『金石萃編』巻五七）に「三階集録を学び、功業もて名を成す。（中略）塔を終南山鵄鳴埠の信行禅師塔の後に起つ」と見える。なお、信行及び三階教については、矢吹慶輝『三階教の研究』（岩波書店　一九二七、一九七三再刊）、西本照真『三階教の研究』（春秋社　一九九八）に詳しい。

（7）石鼈（鱉）谷は61頁注(11)、広恵神祠は83頁注(6)参照。

（8）种放（?～一〇一五）は宋初の隠逸的人物。『宋史』巻四五七隠逸伝上・种放伝に「独り放は母と倶に終南の豹林谷の東明峰に隠れ、草を結びて廬を為り、僅かに風雨を庇う。（中略）然れども禄賜すでに優なれば、晩節には頗る輿服を飾る。長安に広く良田を置き、歳ごとに利は甚だ博し」と見える他、『邵氏聞見録』、『湘山野録』、『玉壺清話』、『貴耳集』などに种放の逸話を載せている。

蘇季明

（9）『宋史』巻四二八道学伝二・蘇昞《へい》伝「蘇昞、字は季明、武功の人。始め張載に学び、而して二程（程顥《こう》・程頤《い》）に事えて業を卒う。元祐末（一〇九三）、呂大中は之を薦め、布衣より起して太常博士と為る。元符（一〇九八～一一〇〇）の上書に坐して邪籍に入れられ、饒州に編管せられて卒す」。『宋元学案』巻三一博士蘇先生昞「蘇昞、字は季明、武功の人。横渠（張載）に学ぶこと最も久し。後に二程を師とす。（中略）元祐末、呂晋伯（呂大中）

は薦めて、布衣より召されて太常博士と為る。元符の上書に坐して党籍に入れられ、饒州に編管せられて卒す」。蘇昞の本貫である武功県は長安の西約五〇キロにある。元祐末年にその学識の高さを買われて、無官より一挙に太常博士（宮中の式典を掌る）に抜擢された。したがって、張礼が城南の踏査行をした元祐元年の時点では官職には就いていなかった。松門は未詳だが、彼が隠棲していた廬の名称であろうか。

豊徳寺

（10）『類編長安志』巻九勝遊条「豊徳寺は終南山に在り。中に豊徳禅寺有り。長老は多く此より出ず。伝燈録に、如何が是れ和尚の家風なりしや、豊徳曰く、事に触れて面壁すと」。この記事は『景徳伝燈録』巻一二（大正蔵51・296c）に拠ったもの。

南五臺

（11）『類編長安志』巻九勝遊条「南五臺円光寺、観音・霊応・文殊・普賢・現身有り。五臺は皆な高き山峰なり。毎歳の春時、遊人は冉冉《ぜんぜん》として山谷に遍し」。長安の北約八〇キロにある唐代の医聖孫思邈ゆかりの五臺山（一名薬王山）に対して南五臺という。最高峰は海抜一六八八メートルあり、景勝の地として現在も多くの人が訪れる。南五臺中の現身臺は現在では舎身臺と誤伝されてしまっている。

王建の詩

（12）王建（?〜八三〇、または八四〇）の詩「酬柏侍郎聞与韋処士同遊霊臺寺見寄」の序に「西域伝中に霊臺を説く。たまたま雍州に泉有りて皆な聖蹟たり。石有りて皆な仏頭たり。出す所の薝蔔《せんぷく》香は外国の俗が来り求む。毒蛇が其の下を護り、樵者は偷む可からず。古碑は雲巓《てん》に在り、備さに寺を置きし由を載す。魏家の移り下り来りてより、後人始めて増修す。近ごろ韋処士と此の山の幽を愛し、各おの自ら須うる所の竹籠を具えて茶甌を盛る」とある（『全唐詩』第五函第五冊）。この霊臺寺を指すのであろう。

(13)『長安志』巻一一万年県条に「霊応臺并びに下院共に九処は、県を去ること六十里、并びに終南山に在り」とあり、その原注に「陸長源の辨疑志に曰く、長安城南四十里に霊母谷有り。俗に呼びて炭谷と為す。谷を入ること五里に恵炬寺有り。寺の西南の澗水、崖側に縁りて一十八里にして峰に至る。之を霊応臺と謂うと。臺上に塔を置き、塔中に観世音菩薩の鉄像あり。像は是れ六軍散将安太清の鋳造」とあって、陸長源(?～七九九)の『辨疑志』を引用して「恵炬寺」に作る。

(14) 韓偓(八四四～九二三)の『玉山樵人集』に「登南神光寺塔院」詩を載せる。韓偓は唐末から五代にかけての人で、最後は福建の閩《びん》国に身を寄せてその地で没した。

(15) 南五臺の北麓に留村は現在も存在している。留村の現在名は五臺郷である。

(16) 御宿川は既出。71頁注(3)参照。

癸丑、詣張思道、循原而東、詣蓮花洞、経裴相旧居、越幽州荘、上道安洞、抵炭谷。既行、小雨而還、復尋会景堂、清談終日。

張注曰、思道、唐学士鷟之後、居潏水之陰。好読書、善属文、雅麗有祖風。自思道居、東行五六里、直樊川之上。倚神禾原、有洞曰蓮花、旧為村人鄭氏之業。鄭氏遠祖乾曜尚明皇之女臨晋公主。杜甫詩有宴鄭駙馬洞中云、主家陰洞細烟霧、宜即此地也。自洞東行三四里、為唐裴相国郊居。林泉之勝、亦樊川之亞、今為鄱陽沈思之居。又南行三里、至幽州荘李氏林亭。李氏燕人也。故以幽州名。泉竹之盛、過沈荘矣。南行四里、至道安洞。今為尼院。院中起小塔、西倚高崖、東眺樊南之景、挙目可尽。又南行七八里、至炭谷。自谷口穿雲渡水、躡乱石、冒懸崖、行十余里、数峰聳削。蹬道之半、有司馬温公隷書二十八字、曰登山有道、徐行則不困、択平隠之地而置足則不跌、人莫不知之、鮮能慎。谷前太乙観、有希夷先生所撰碑。観南為故処士雷簡夫隠居之地。

癸丑（六日目）、張思道の居宅を訪ねた。原をぐるりと回るように東行して蓮花洞に至った。裴宰相の旧居を経て幽州荘園を通り過ぎ、道安洞に登って炭谷にまで行こうとしたが、途中で雨が降りだしたので戻ることにし、再び会景堂[1]を訪れ、そこで終日清談をかわした。

張注に曰く、張思道は唐の学士張鷟《ちょうさく》の後裔で、滈水の南に居をかまえている。読書が好きで善い文章を書く。その典雅なこと、祖先以来の家風がある。[2]張思道の居宅から五、六里東に行くと樊川の河岸に行き当たる。神禾原に面して蓮花洞がある。もとは村人鄭氏の所有であった。鄭氏の遠い祖先である鄭乾（潜の誤り）曜は唐の玄宗の娘臨晋公主を妻とした。杜甫の「鄭駙馬の洞中に宴す」詩に「主家陰洞細烟霧」とあるのは[3]、きっとこの地のことであるに違いない。蓮花洞から三、四里ほど東に行くと、唐の裴宰相の郊外の邸宅があり、その庭園の景勝は樊川では二番目によい。現在は鄱陽《はよう》の人沈思之の居宅となっている。そこから三里南へ行くと幽州荘、すなわち李氏の荘園に至る。李氏は燕地方の出身なので、その荘園を幽州荘と名づけたのである。泉水や竹林のすばらしい景観は沈氏のそれを上回る。[4]また南に四里行くと道安洞に至る。[5]現在では尼寺となっている。寺内に小塔が建てられ、西側は原の高崖が立ちはだかり、東側からは樊川の南の風景が一望の下に見渡せる。さらに七、八里ほど南行すると炭谷に至る。炭谷の谷口から雲をつくような高みへ渓水を渡り、散乱する石を踏み越え、絶壁をよじ登るなどして十里あまり行くと、目前に数峰が聳え立つ。登山道の中ほどに司馬温公の隷書二八文字が刻せられている。すなわち「山に登る道がある。ゆっくりと登れば疲れない。できるだけ平坦な所を選んで歩けば転びはしない。誰もが知っていることなのだが、かく慎重に行動する者は少ない[6]」。谷口の前にある太乙観に陳希夷先生が撰した碑がある。[7]太乙観の南は故人となった処士雷簡夫の隠居した地である。[8]

（1）三日目の庚戌の日に訪れた申店の韋氏会景堂である。

（2）張鷟は唐前半期の人で、当代随一の名文家で「青銭学士」と称せられた。『遊仙窟』、『朝野僉載』、『龍筋鳳髄集』などの著作がある（『旧唐書』巻一四九、『新唐書』巻一六一本伝）。張思道が本当にその子孫であれば一二代ないし一三代の末裔ということになるが、これもきわめて疑わしい。

（3）『類編長安志』巻九勝遊条「蓮花洞は杜曲の南の樊村に在り。神禾の半原に倚り、高さ百尺、数洞を鑿ち、俗に蓮花埪と呼ぶ。また鄭駙馬洞と云う。唐書を按ずるに、明皇の臨晋公主は鄭虔の姪鄭潜曜に下降し、崖に臨みて洞を築き、以て暑を避くと。杜甫の

杜甫の詩

「鄭駙馬宴洞中」詩に曰く、「主家陰洞細煙霧、留客夏簟青琅玕。春酒杯濃琥珀薄、氷漿

椀碧瑪瑙寒。誤疑茅屋（堂の誤り）過江麓、已入風磴霾雲端。自是秦楼厭鄭谷、時聞雑佩声珊珊」。今、野僧の居と為る」。ここに引用する『唐書』は『新唐書』巻八三諸帝公主伝・玄宗第十二女臨晋公主伝であるが、そこには「臨晋公主は皇甫淑妃の生む所。郭（鄭の誤り）潜曜に下嫁す。大暦の時に薨ず」とあるだけで、「臨崖築洞以避暑」の七字はない。鄭潜曜は『新唐書』巻一九五孝友伝に立伝され、「鄭潜曜なる者、父の万鈞は駙馬都尉・滎《けい》陽郡公。母は代国長公主。開元中、主は寝疾す。潜曜は左右に侍して造次して去らず、三月を累ねて靧《かい》面せず。主の疾が侵さるや、刺血して書を為り諸神に請い、身を以て代わらんことを丐う。書を火《や》くも「神許」の二字のみ化さず。翌日、主は愈ゆ。左右に戒めて敢て言うこと無からしむ。後、臨晋長公主に尚せられ、太僕・光禄卿を歴る」とある。鄭潜曜の母は睿宗の娘代国公主、妻は玄宗の娘臨晋公主という二代にわたって皇女を娶った家系である。また彼の母親孝行ぶりについては、独孤及の「鄭駙馬孝行記」（『毘陵集』巻一七）に詳しい。杜甫の詩の題は正確には「鄭駙馬宅宴洞中」で、『分門集註杜工部詩』巻一〇に収められている。この洞も神禾原の垂直崖に掘削された一種の窰洞であり、夏は涼しく過ごし易い住居である。

（4）唐の裴相国、宋の鄱陽沈思之（思之は字であろう）、燕人李氏についてはいずれも未詳。鄱陽は現在の江西省鄱陽市、幽州は現在の北京市及びその周辺で、燕はその古名である。

（5）『類編長安志』巻九勝遊条「道安洞は樊村の東南、神禾原に靠《よ》りて洞を鑿つ。晋の道安和尚の居する所、東は樊川の景を眺む。洞中に道安の像を塑し、前に塔を起し碑を立つ。俗に呼びて憨《かん》師埪と為すは是なり」。釈道安（三一四～八五）は最初に仏経に系統的な

道安洞

注釈をほどこした中国仏教史上での重要人物である。五胡期前秦の苻堅は道安の名声を聞き、三七九年、一〇万の大軍をおこして襄陽を攻め、道安を獲て長安に召致した（『高僧伝』巻五釈道安伝　大正蔵50・351c～354a）。長安での道安は苻堅に敬重され、五重寺などもっぱら長安城内の寺院に住していたから、南郊のこの地の窰洞式の粗末な洞窟寺院に居したというのは、恐らくは後世に作られた伝説であろう。

（6）『類編長安志』巻九勝遊条「太一谷は長安県の東南八十里の終南山裏に在り。（中略）後晋の桑中令の雍に鎮するに及び、旱に苦しむ。請いて応を獲、且つ重修せんことを奏す。（中略）太一谷の題字、谷口より雲を穿ち水を渡り、乱石を躡み、懸崖を冒し、行くこと十余里にして、数岸《ママ》が頎聳《ママ》す。磴道の半ばに司馬温公の熙寧間に石壁に隷書せらる二十八字有り。（下略）」。司馬温公は司馬光（一〇一九～八六）のこと。死後に温国公を追封されたのでかく呼ぶ。旧法党の司馬光は王安石の新法実施に激しく反対したため、熙寧年間（一〇六八～七七）の一時期に知永興軍事として長安の地方官に左遷された（『宋史』巻三三六本伝）。恐らくこの時期に太一谷を訪れて刻したものであろう。『類編』の著者駱天驤は明らかにこの部分を張礼に拠っているが、張注にはない題字の年月を補っていることから、実際に自らこの題字を見ている可能性が大である。題字は、題刻、題銘とも言い、士大夫が名所旧跡を探訪した際に石壁等に自分の姓名と年月、ときには詩を刻するもので、とくに宋代以後に盛行する。題字にはほぼ例外なく訪れた年月が刻せられるから、司馬光のこの二八字の題字にも熙寧某年某月某日と刻せられていたはずである。ただこの題字の内容はかなり稚拙であり、いささか司馬光の作としては似つかわしくない。

司馬温公の隷書の題字

（7）『類編長安志』巻五寺観条「太一宮。長安旧志に云う、府の南七十里の太一谷に在り。漢武帝の元封初（前一一〇）、終南山巨谷の間に雲気融結し、隠然として象を成す。帝は勅して此に太一宮を建つ。种放は記を作り、具さに其の詳を道《の》ぶ。宮内にもまた陳希夷撰する所の碑有りと」。陳希夷は陳摶《たん》（?～九八九）のこと。五代から宋初にかけての著名な隠者で、宋太宗から希夷先生の号を賜った（『宋史』巻四五七隠逸伝上）。彼についてはさまざまな逸話が伝えられ、その多くは『宋人軼事彙編』巻五（商務印書館　一九五八）に収められている。

陳希夷の逸話

陳摶撰、郷貢進士宋復書、郷貢進士陳羲篆額の「太一宮記」（『金石萃編』巻一二三）には漢武帝による創建から西晋、隋唐、五代に至る間のさまざまな霊験が記されている。関連する部分は次の通りである。「古の雍の東南、玉案の西北、東は藍水の福地に接し、西は太白の洞天に連なる。左に千齢観有り、右に万年宮有り。滈鎬の両間、杜陵の首、山水は秀絶にして霊跡は環遶たり。寔に万古神仙の宅なり。漢室元封の初より、武帝の建てる所なり。（中略）武帝は鑾輿もて躬ら臨み、清衷より虔禱す。果して神の告ぐるが如く、忽然として山川は震動し、簫鼓は空に鳴る。雲鶴は蕩逸し、天花は散墜す。宮南巨谷の間において、峰を摧《くだ》き岫《やま》を裂き、万仞の絶壁、下は化して池沼と成る。（中略）尋いで其の山を封じて太一と曰い、池を澄源と曰う。（中略）（唐の）僖宗皇帝の入蜀の後より、兵火数しば至り、道流は潜遁し、宮宇は隳滅す。賜う所の常住は悉く衆の有と為り、惟だ両宮の基趾、尊像を存するのみ。其の諸もろの盛事は廃失せられて尽く。上宮は伝え呼びて澄源夫人の廟と為し、下宮は太一の観と為す。即ち当時封ぜられし池閣の名なり。夫人は乃ち太一玄君なり。（中略）後晋の相国桑中令が古雍に出鎮するに至り、下車の始め、歳旱は甚し。稼穡は枯槁し、民は生を望まず。公は親しく山に詣り、恭誠懇禱す。即日に祈りに応じ、雨勢は霶沛す。遐迩歓呼し、仕民均しく慶す。公は欣然として嘆じて曰く、神聖の霊感、其の速きことかくの如し。遽かに朝廷に奏し、省銭を支せらる。重ねて殿宇を修し、復た道士を置きて住持せしむ。（中略）大宋建隆三年歳次壬戌（九六二）正月一日、住持の焚修上清三景大洞法師崇玄大師賜紫道士王若海が立石す。大宋政和元年歳次辛卯（一一一一）庚寅十日己亥、太一観主兼管勾太一湫事賜紫道士王希美が重ねて立石す」。122頁注(2)に引いた『長安志』澄源夫人廟、『類編長安志』太一谷・太一神の記事は、この「太一宮記」碑に基づいたものであることが判る。本碑の書者である郷貢進士宋復は、既出の辛亥の日（四日目）の続注に見えた興教寺三塔銘の一、政和五年（一一一五）銘のある西明塔銘の撰者である貢士宋復である。これによって貢士という肩書が郷貢進士であることが判明する。

郷貢進士とは――

郷貢進士とは、科挙の進士科受験者で、州県での地方試験に合格して最終関門である都開封府での礼部の試験には不合格となったものの自称であり、それ自体は官僚となるべき公的な資格ではないが、激烈な科挙の受験戦争に勝ち上がって最後の本省試験を受験したほどの能力や才能のある存在として、社会的にはしかるべき評価を受けた。

「希夷先生所撰碑」

張礼が見た「希夷先生所撰碑」は、言うまでもなく建隆三年に立碑されたもので、書者は宋復ではなかったはずである。ところで陳摶撰の本碑については、『金石萃編』の編者王昶《ちょう》は「文は多くは夸誕にして、事は徴す可きなし。希夷（陳摶）の手筆に非ざるに似たり。恐らくはまた道流の記す所なり」と評して、著名な陳摶の名に仮託した道士の撰文だとしているが、その可能性はきわめて大である。

（8）雷簡夫（一〇四〇頃の人）は宋代前期の隠逸的な人物。長安の北での治水事業に少なからざる業績をあげ、長安に住したことがある（『宋史』巻二七八本伝）。恐らくはその前後の住いであろう。彼が長安に住したと考えられる嘉祐七年（一〇六二）銘のある彼の「慈恩寺大雁塔題名」（『金石萃編』巻一三三慈恩寺塔題名二十二段之二）がある。

甲寅、北帰及内家橋、子虚別焉。予与明微自翠臺荘由天門街、上畢原、西望三会寺・定昆池、迤邐入明徳門。張注曰、内家橋、今名也。或曰雷家、或曰能家、皆姓也。橋之西又有沈家橋、第五橋、亦以姓名。羅隠城南雑感詩有頼家橋上潏河辺之句、似当能為是。翠臺荘不知其所。以荘之前有南北大街、俗曰天門界。北直京城之明徳門、皇城之朱雀門、宮城之承天門、則界当為街、俗呼之訛耳。許渾有天門街望之詩可拠。天門街当畢原之中。長安志曰、少陵原西入長安県界五里、蓋畢原也。志誤以為少陵。西望三会寺、寺辺有大塚、世伝為周穆王陵。北有池、旧与昆明池相通、唐為放生池。有臺、俗曰迦葉仏説法臺、而伝記以為蒼頡造書臺。景龍中、中宗幸三会寺、与群臣賦詩。上官倢伃所謂釈子談経処、軒臣刻字留、是也。定昆池、安楽公主之西荘也。在京城之延平門外。景龍初、命司農卿趙履温・将作少監楊務廉為園、鑿沼延十数里、時号定昆。中宗臨幸、与群臣賦詩。

甲寅（七日目）、北へと戻り内家橋に至ったところで祁子虚と別れた。私と陳明微は翠臺荘から天門街を経て畢原に登り、そこから西の三会寺や定昆池を望み見て、斜めに東北行して明徳門から旧城内に入った。張注に曰く、内家橋は現在の呼び名である。雷家橋、あるいは能家橋とも呼ばれる。いずれも人の姓名に因む名称である。内家橋の西にも沈家橋と第五橋があり、[1]やはり姓名に因むものである。羅隠の「城南雑感」詩に「頼家橋上潏河辺」という句があるから、能家橋が正しい呼称なのであろう。[2]翠臺荘はその所在が判らない。[3]荘の前を南北の大街が走っているので、土地の人は天門界と呼んでいる。この大街は北の長安羅城の明徳門、皇城の朱雀門、宮城の承天門に真っ直ぐに通じているから、天門界ではなく天門街と呼ぶのが正しいはずで、音が訛ったものである。[4]許渾に「天門街望」の詩があるから、その証拠となろう。[5]『長安志』に「少陵原は西に伸びて長安県界に五里入り込んでいる」とあるが、この原は畢原のことで、『長安志』では少陵原と誤っている。[6]西の三会寺を望見した。[7]寺の側に大きな古墳があり、周の穆王陵だと言い伝えられている。[8]その北に池があり、かつては昆明池と通じていた。唐代には放生池とされた。池側に土台があり、世俗では迦葉仏の説法台と呼んでいるが、文献に拠ると蒼頡が文字を創造した台だとしている。[9]景龍中（七〇七～一〇）、中宗は三会寺に行幸して群臣たちと詩を作っている。上官倢伃（婕妤の誤り）の詩に「釈子談経処、軒臣刻字留」とあるのはその時の作である。[10]定昆池は安楽公主の西荘で、長安城西門の延平門外にある。景龍初めに司農卿の趙履温と将作少監の楊務廉に命じて公主のために大庭園を造らせ、掘削した池沼の広さは十数里にも及んだ。これを定昆池と名づけた。中宗は定昆池に行幸し、群臣たちと詩を作っている。[11]

（1）沈家橋、第五橋は既出。60頁注（8）参照。内家橋の別称である雷家橋や能家橋は未詳であるが、唐詩に読まれているものであろう。

（2）『羅隠集』（中華書局　一九八三）一八八頁に羅隠の逸詩として「遊城南記」からこの句を拾遺し、「隠にまた「城南雑感」詩有り。其の題に「景星観」、「姚家園」、「葉家林」及び此の句有り。今、雑感詩は亡わる」と言う。雷の音はlei、頼はlai、能はnengであり、雷と頼は音がきわめて近い。しかし張注では羅隠詩に頼家橋とあるのを引いて「当に能を以て是と為すべきに似たり」とするのでは意味が通じない。この部分「以能」は「以頼」の誤写であろう。

（3）翠臺荘は未詳。やはり唐詩に読まれている城南の荘園の一つであろう。

（4）長安城の都城プランは、既述のように、宮城の正南門である承天門、皇城の朱雀門、羅城の明徳門を結ぶ中軸線をまず設定して左右対称となるように造営された。この中軸線は皇城内では承天門街、朱雀門以南の羅城内では南北大街として朱雀大街と呼ばれ、街路幅一〇〇歩（一四七メートル）という羅城内では最大幅の街路であった。そしてこの朱雀大街を境界線として城内左街（東半）が万年県、右街（西半）が長安県の管轄区とされるとともに、朱雀大街の羅城外南への延長線もまた両県の県界とされた（城北は御苑であるために、この行政区分は適用されない）。朱雀大街の城内における延長線上に終南山石鼈谷に至るほぼ直線の南北街道が通じ、これが天門街（承天門街の略称であろう）と呼ばれた。地元では天門界と呼ばれているとする張礼の記述は非常に興味深い。街と界の音はともにjieで全くの同音であるから、確かに彼が言うように訛って街が界となって

南北の大街をはさんで左右対称に造営された長安城

この大街を地元では天門界と呼ぶと張礼は記す

現在も主要道路として機能

しまったとする指摘はあながち間違いとは言えないが、万年・長安両県の境界であった唐代の行政区画上の記憶がなおあったとすれば、界の字を用いることも必ずしも誤りとは言えないからである。現在の西安城内の中心に位置する鐘楼を通る南北大街、そして城内から真っ直ぐに韋曲鎮（現長安県）にまで至る直線道路は、唐代の天門街が現在でも主要道路として機能していることを示している。

（5）許渾「天門街望」詩は未詳であるが、彼の『丁卯集』巻上「長安歳暮」詩に「独望天門倚剣歌、干時無計老関河。東帰万里慙張翰、西上四年羞卞和。花暗楚城春酔少、月涼秦塞夜愁多。三山歳歳有人去、唯恐海風生白波」とあるものか。白居易の「過天門街」詩（『白氏長慶集』巻一三）に「雪尽終南又欲春、遙憐翠色対紅塵。千車万馬九衢上、廻首看山無一人」とある。

（6）『長安志』巻一二長安県条「少陵原は県の南四十里に在り。東は万年県界と接し、西のかた県界に入ること五里」。張礼はこの記事を畢原の誤りだとする。畢原については同書巻一一万年県条に「畢原は県の西南二十八里に在り」とあり、これは『元和郡県図志』巻一万年県条の「畢原は県の西南二十八里に在り。詩の注に畢は終南の道名なりと云う、書の序に周公薨じ、成王は畢に葬ると云う、是なり」に基づく。

（7）『長安志』巻一二長安県条「三会寺は県の西南二十里の宮張邨に在り。唐の景龍中、中宗は寺に幸す。其の地はもと倉頡の造書堂《ママ》たり」。

（8）この大型墳丘墓は前注（6）『元和郡県図志』では西周初めの周公旦墓とし、『長安志』巻一二長安県条では「周穆王陵は県の南二十五里の張恭邨に在り」と西周五代目の穆王陵だとするが、いずれも地元での伝承である。地上に版築工法で巨大な墳丘を造る陵墓は春秋末から戦国初めに出現するもので、西周期の陵墓ではあり得ない。現存する規模は底部直径が二五メートル、高さが一〇メートルで、一部の学者は唐粛宗第一二子の恭懿太子佋《しょう》の墓であろうと見なしている。『文地』一〇四頁参照。

（9）迦葉仏は仏の十大弟子の一人である摩訶迦葉のこと、蒼頡は黄帝の臣で鳥の足跡を見て文字を創作したとされる人物。この地にこれら二人が関係付けられた理由は未詳。ともかく全くの俗伝であって、しかるべき根拠があるものとは思えない。

上官婕妤の詩

（10）『唐詩紀事』巻三「（景龍三年）十月、駕は三会寺に幸す。婕妤は詩を献じて云う、釈子談経処、軒臣刻字留。故臺宜老識、残簡聖皇求。駐蹕懐千古、開襟望九州。四山縁塞合、二水夾城流。宸翰陪瞻仰、天杯接献酬。太平詞藻盛、長願託鴻休」。上官婕妤は上官婉児のこと。婕妤は正二品の後宮女官の位階。上官婉児は女流詩人として有名であるが、中宗韋皇后が専権した後にクーデターで粛清されると同時に誅殺された（『旧唐書』巻五一、『新唐書』巻七六本伝）。「釈子談経の処」は迦葉仏の説経臺を読み変えたもの、「軒臣刻字留」は黄帝軒轅氏の臣下である倉頡造書の臺を読み変えたものである。

（11）定昆池は既出。60頁注（9）参照。

歴延祚・光行・道徳・永達四坊之地、至崇業坊、覧玄都観之遺基。過罔論唐昌観故事。

張注曰、唐昌観又曰唐興観、在安業坊玄都観北。中有玉蘂花。元和中、有仙子来観。厳休父・元稹輩倶有倡和。

旧羅城内を北上して延祚・光行・道徳・永達の四坊の地を経て崇業坊に至り、玄都観の遺跡を見た。[1] 岡を通り過ぎ、唐昌観の故事について語り合った。[2]

張注に曰く、唐昌観は唐興観とも言い、玄都観の北、安業坊にある。境内に玉蘂《ずい》花があり、元和中（八〇六～二〇）、女仙が天空から降って見にきたという。厳休父（復の誤り）や元稹らがそのことを詩にしている。[3]

（1）天門街を北上して明徳門址から旧羅城内に入り、旧朱雀大街沿いにかつての四坊の地を経て崇業坊の玄都観址を訪ねたのである。第一日目の戊申の日には旧興道坊から東側の旧務本坊に至り、そこから南下して永楽坊、晋昌坊、曲江池を経由して城外に出ており、朱雀大街西側の右街には足を踏み入れてはいない。右街の地は復路に探訪する予定をあらかじめ立てていたらしく、ここで初めて右街の玄都観址を訪れている。玄都観についていては12頁注（3）参照。

張礼はここで初めて朱雀大街西側の右街に足を踏み入れた

（2）玄都観は崇業坊に、唐昌観はその北の安業坊にあった。崇業坊は「横岡の第五岡」に当たるために一般民が居住しないように一坊全体が玄都観の境内とされたという地である。ここに「岡を過ぎ」と言っているのは、この横岡を降って北行しているのである。

（3）『長安志』巻九安業坊条「次南は唐昌観。劇談録に曰く、観に玉蘂花有り。花の発するごとに瓊林玉樹の若し。元和中、春物まさに盛んにして、車馬の玩を尋ねること相継ぐ。忽として一日、女子の年十七八ばかりなる有り。緑の繡衣を衣て、垂髫にして雙環、簪珥の飾なし。容色は婉娩として衆より廻出す。従えるに二女冠、三小僕を以てし、僕は皆な丱《かん》髻にして黄衫、端麗なること比ぶるなし。既に馬より下り、白き角扇を以て面を障り、直ちに花の所に造《いた》る。異香は芬馥として、数十歩の外にまで聞ゆ。観る者は宮掖より出ずるかと疑い、敢て逼りて之を視るものなし。佇立することやや久しくし、小僕をして花数枝を取りて出でしむ。まさに馬に乗らんとし、顧て黄冠者に謂いて曰く、さきに玉峰の期有れば、此れより以て行く可しと。時に観る者は堵の如し。或るひとは煙飛び鶴唳くを覚ゆ。景物は輝煥たり。轡を挙げること百余歩、軽風が塵を擁し、之に随いて去る。須臾にして塵の滅するや、之を望むに已に半天に在り。はじめて神遷の遊なるを悟る。余香の散じざること月余を経たり。時に厳休復、元稹、劉禹錫、白居易に倶に詩有り。休復曰く、終日斎心禱玉宸、魂銷眼冷未逢真。不加満樹瓊瑶蘂、笑対蔵花洞裏人。また曰く、羽車潜下玉亀山、塵世何由覩蕣顔。唯有無情枝上雪、好風吹綴緑雲鬟。元稹曰く、弄玉潜過玉樹時、不教青鳥出花枝。的応未有詩人覚、只是厳郎卜得知。劉禹錫曰く、玉女来看玉樹花、異香先引七香車。攀枝弄雪時廻首、驚怪人間日斜易。また曰く、雪蘂瓊枝満院春、雨衣軽歩不生塵。君平簾下徒相問、長伴吹簫別有人。白居易曰く、嬴女偷乗鳳下時、洞中潜歇弄瓊枝。不縁啼鳥春饒古、青鎖仙郎可得知」。元和年間に唐昌観に女仙が降ったというこのエピソードは当時の長安では非常に

唐昌観に女仙が降ったという故事

厳休復の詩

元稹の詩

劉禹錫の詩

白居易の詩

有名であったようで、厳休復、元稹、劉禹錫、白居易ら著名人がともに詩を作り、張礼が「唐昌観の故事を論ず」と言うように、宋代においてもかなりよく記憶されていたのである。現行本『劇談録』（四庫全書本）巻下に「玉蘂院真人降」、『太平広記』巻六九女仙一四条に「玉蘂院女仙（出『劇談録』）」として著録し、もちろん『類編長安志』巻五寺観・唐昌観でも『劇談録』を引用しているが、『長安志』所引の記事とやや字句の異同があり、とくに詩の部分にはかなりの異同が認められる。但し、ここでは煩瑣を避けるため異同については注記しない。

既而北行数里、入含光門而帰焉。実閏月十六也。

張注曰、城南之景、有聞其名而失其地者、有具其名得其地而不知其所以者、有見於近世而未著於前代者。若牛頭寺碑陰記、永清公主荘、長安志載沙城鎮、薛拠南山別業、羅隠雑感詩有景星観・姚家園・葉家林、聞其名而失其地者也。翠臺荘、高望楼、公主浮図温国塔、朱坡、具其名而不得其所以者也。楊舎人荘、唯釈院、神禾・少陵両原、三清観、塗山寺、陳氏昆仲報徳廬、劉翔集之濛溪、劉子衷之樊谿、五臺僧墳院、見於近世而未著於前代者。故皆略之以俟再考。至於名蹟可拠、而暴於人之耳目者、皆得以詳書焉。

やがて北行すること数里で含光門から城内に入って帰着した。[1] 閏二月一六日であった。[2]

張注に曰く、城南の景観については、その名が判っているが所在が判らないものがある。その名と所在が判っているが、その名の由来が判らないものがある。近年にはその名が見えるが、往年には知られていないものがある。牛頭寺碑陰記[3]、永清公主の荘[4]、長安志に載せる沙城鎮[5]、薛拠の南山別業[6]、羅隠の雑感詩に読まれた景星観・姚家園・葉家林[7]などは、その名が判っているが所在が判らないものである。翠臺荘、高望楼、公主浮図温国塔、朱坡は、その名と所在が判っているが、その名の由来が判らないものである[8]。楊舎人の荘園、唯釈院、神禾原と少陵原、三清観、塗山寺、陳氏昆仲の報徳廬、劉翔の文集に見える濛溪、劉子衷の樊谿、五臺僧墳院は、近年にはその名が見えるが、往年には知られていないものである[9]。それ故、これらは省略して、あらためて考えてみることにする。名所旧蹟で尋ね求めることができ、人々が見聞できるような所は、全て詳しく記録することができた。

（1）含光門　含光門は唐長安城皇城の南面三門中の西側の門。唐末の戦乱で長安城が廃墟と化したため、旧皇城部分を中心に大幅に縮小して再建され、五代、宋、元代を通じてその規模が踏襲された。宋城の南門は、既述のように、東側の安上門と西側の含光門の二門だけが開かれた。張礼は往路には安上門から出て、復路には含光門から城内に入ったのである。唐長安城皇城の含光門が宋城の南門の一としてそのまま用いられていたことは、近年の発掘調査で再確認された（図1－11）。中国社会科学院考古研究所西安唐城工作隊「唐長安皇城含光門遺址発掘簡報」（『考古』一九八七－五）。

（2）元祐元年は二月に閏月が置かれている。そのために閏二月と三月を合せて季春と称し

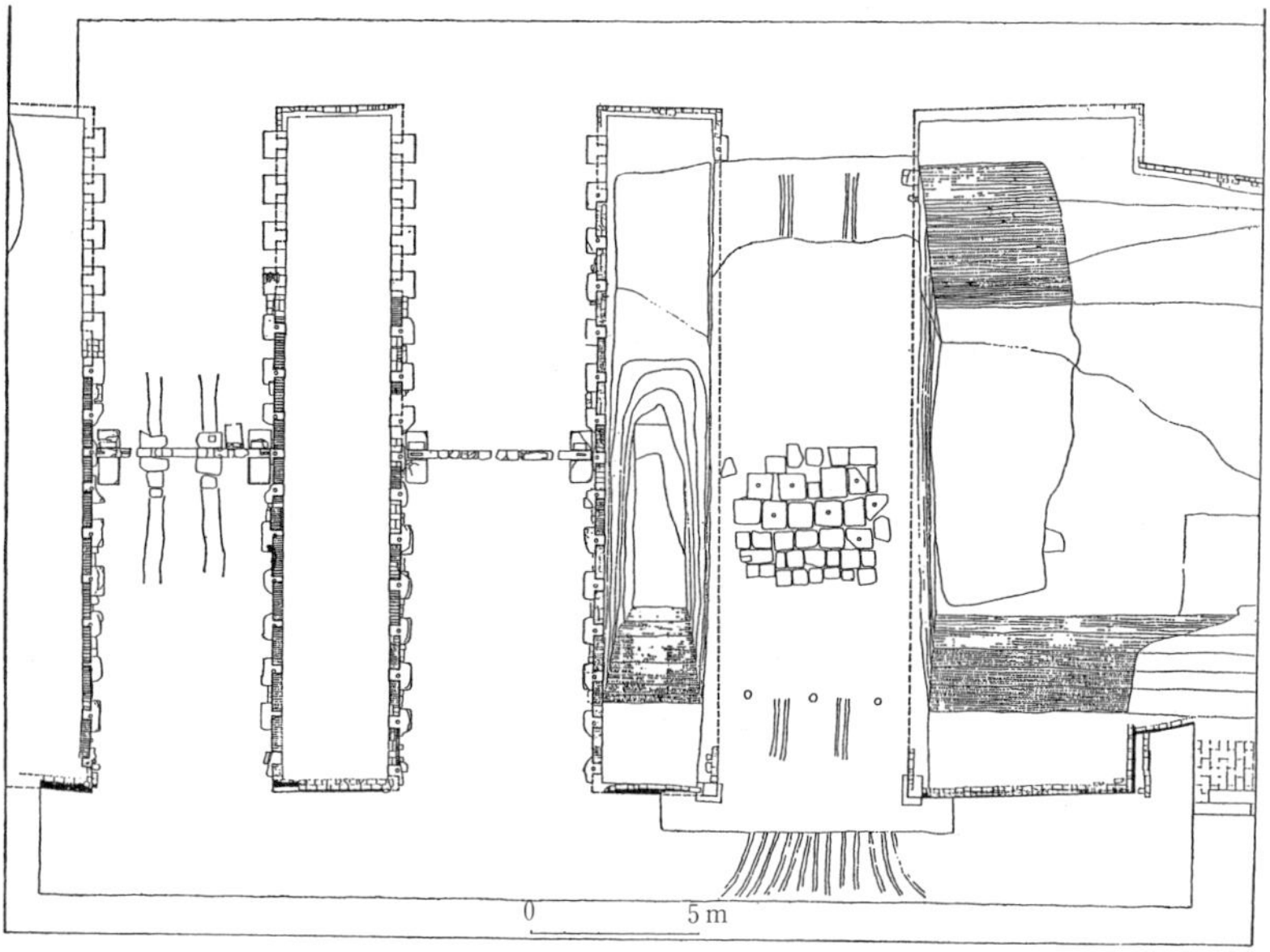

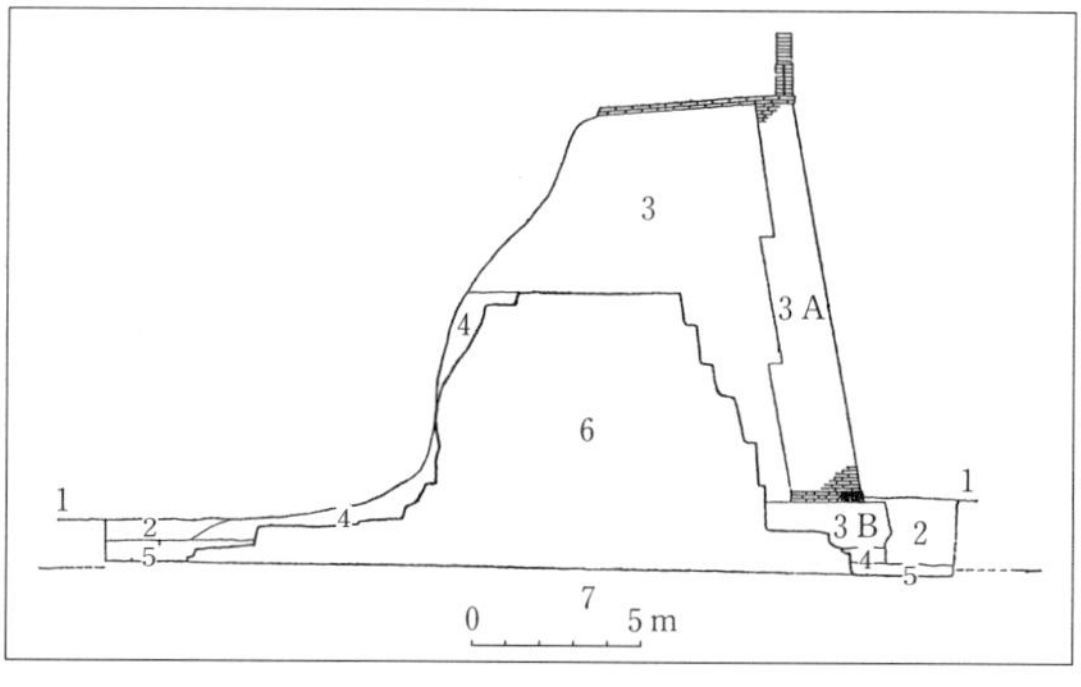

1．現在地表面　2．近代撹乱土堆積層　3．明代城墻版土
3 A．明代城墻包磚　3 B．明代墻三合灰土根基　4．元代堆積土層
5．五代、北宋路土層　6．唐代版土　7．唐代地面

図 1-11　唐長安城皇城含光門遺址平面図（上）および中門道東断面図（下）

たことが判る。閏二月一六日に城内に帰着したのである。但し、同年閏二月甲寅は二六日に当り、一〇日のずれが生じてしまう。

（3）牛頭寺は既出。50頁注（2）参照。牛頭寺碑陰記については未詳。

（4）『新唐書』巻八三諸帝公主伝に拠れば、永清公主は代宗の第三女と武宗の第七女の二人がいる。いずれの永清公主の荘園を指すのか、またその出典も未詳。

（5）『長安志』巻一一万年県条「莎城鎮、唐の昭宗乾寧二年（八九五）、啓夏門より出て之に居す。今は廃す」。昭宗が岐州鳳翔の軍閥李茂貞の圧迫を避け、河東軍閥の李克用を頼って長安城南に脱出した時に、昭宗が莎城鎮に一時滞在したことを言う。この事件は『資治通鑑』巻二六〇乾寧二年七月条に詳しく次のように見える。「或るひと伝う、王行瑜と李茂貞は自ら来りて車駕を迎えんと欲すと。上（昭宗）は迫る所と為るを懼れ、辛酉、（捧日都頭李）筠と（護蹕都頭李）居実の両都の兵を以て自衛し、啓夏門より出で、南山に趣き、莎城鎮に宿す。（胡三省注）莎城鎮は長安城南に在り、近郊の地なり。士民の車駕を追従する者は数十万人、ころほい谷口に至るも、暍死する者三の一。（胡注）谷口は南山の谷口なり。暍死とは熱に中りて死するなり。（中略）壬戌（翌日）、李克用は同州に入る。崔昭緯、徐彦若、王摶が莎城に至る。甲子（翌日）、上は石門鎮に徙幸す。（胡注）路振の九国志に、昭宗は啓夏門を出で、華厳寺に駐す。晡晩、出でて南山の莎城に幸し、石門山の仏寺に駐すと、此とやや異なる」。莎城鎮の位置は胡三省の注によっても今一つ明確でない。『読史方輿紀要』巻五三陝西二藍田県条に「石門谷は県の西南五十里。唐の時に石門鎮有り。乾寧二年、邠《ひん》岐の兵が闕を犯し、上は長安啓夏門を出で、華厳寺に駐す。晡晩、出でて南山莎城に幸す。尋いで石門鎮に徙《うつ》り、仏寺に駐す」

唐の昭宗の莎城鎮滞在記事

とある藍田県治と石門谷との距離と相対的な位置関係が莎城鎮の位置比定の参考になる。

薛拠の詩

（6）『唐詩紀事』巻二五薛拠条「青門を出で南山下の別業に往く（の詩）に云う、旧居在南山、夙駕自城闕。棒莽相蔽虧、去爾漸超忽。散漫余雪晴、蒼茫季冬月。寒風吹長林、白日原上没。懐抱曠莫伸、相知阻胡越。弱年好棲隠、錬薬在巌窟。及此離垢氛、興来亦因物。末路期赤松、斯言庶不伐」。薛拠は開元一九年（七三一）の進士科及第。『唐才子伝』巻二に略伝があり、「晩歳、別業を終南山下に置きて老いたり」と見える。

（7）羅隠の雑感詩も逸詩である。140頁注（2）参照。以上の牛頭寺碑陰記、永清公主荘、莎城鎮、薛拠南山別業、羅隠雑感詩に見える景星観と桃家園と葉家林は、名称は知られるが、その所在が不明であると張礼がする地である。

（8）翠臺荘、高望楼、公主浮図温国塔、朱坡は、名称や所在は知られるが、名称の由来が不詳だとする地である。しかし「翠臺荘は其の所を知らず」と言い、公主浮図温国塔は本文で全く言及していない。張礼自身にやや混乱があるようである。高望楼は第一日目の戊申の日に訪れた高望堆にあった楼閣建造物であろうか。高望堆は45頁注（1）、朱坡は82頁注（1）参照。

（9）楊舎人荘以下は「近世に見えて前代に著われざる者」であるから、張礼の時代に比較的近い宋代ないし宋人に関係するものかと思われるが、神禾原や少陵原は注記したように、唐代にかく呼ばれていた呼称であり、「前代に著われざる者」ではない。

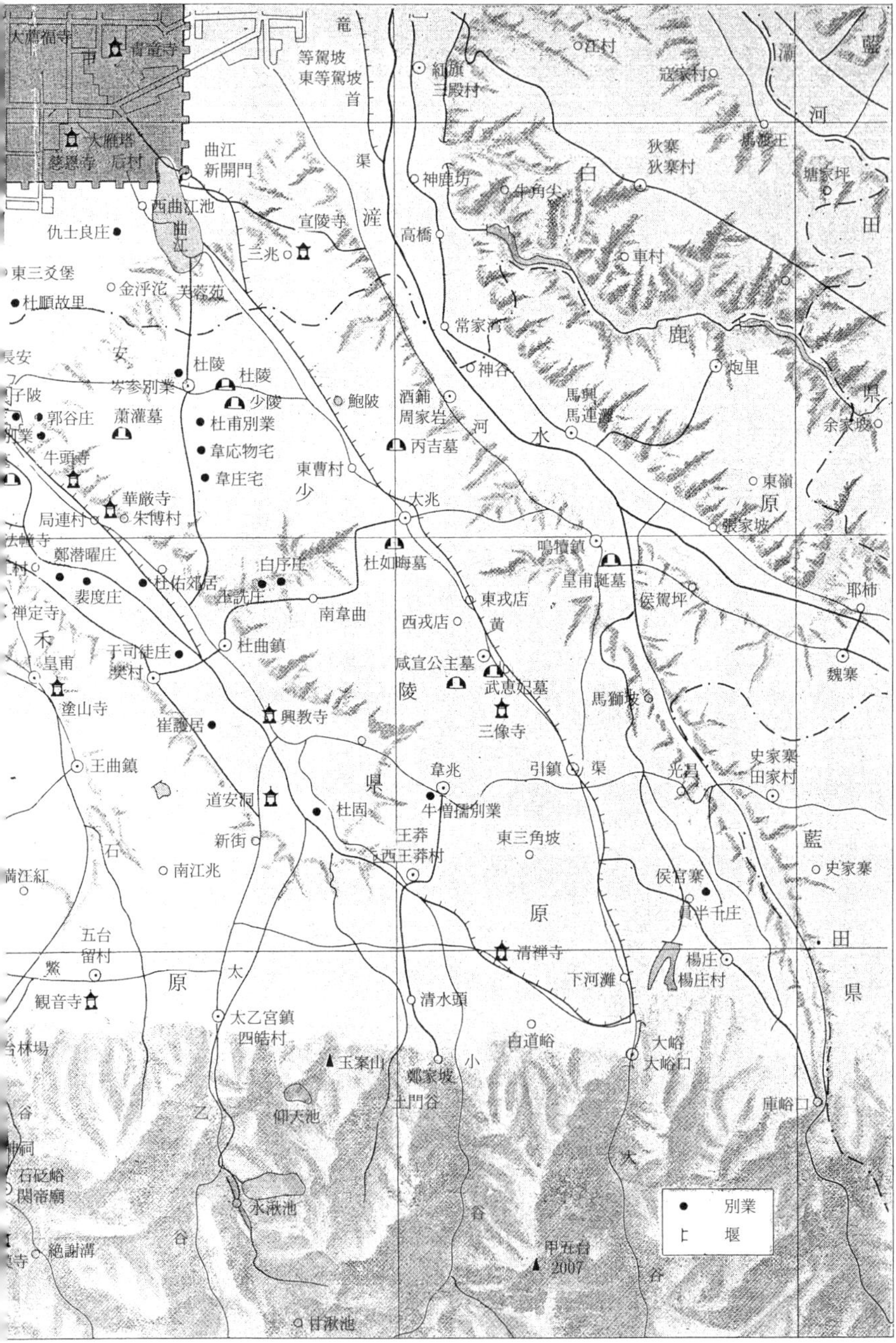
大薦福寺
青竜寺
大雁塔
慈恩寺
后村
曲江
新開門
西曲江池
曲江
芙蓉苑
仇士良庄
東三交堡
金浮沱
杜順故里
長安
杜陵
岑参別業
杜陵
少陵
蕭灌墓
郭谷庄
杜甫別業
韋応物宅
韋庄宅
牛頭寺
華厳寺
局連村
朱傅村
法幢寺
鄭潜曜庄
裴度庄
杜佑郊居
白序庄
禅定寺
皇甫
于司徒庄
樊村
杜曲鎮
興教寺
塗山寺
崔護居
王曲鎮
道安洞
杜固
新街
南江兆
満江紅
五台
留村
観音寺
太乙宮鎮
四皓村
台林場
石砭峪
関帝廟
絶謝溝
水湫池
仰天池
玉案山
甘湫池
竜
首
渠
等駕坡
東等駕坡
宣陵寺
三兆
滻
鮑陵
東曹村
少
酒餔
周家岩
丙吉墓
大兆
杜如晦墓
南韋曲
西戎店
東戎店
咸宜公主墓
武恵妃墓
三像寺
陵
県
韋兆
牛僧孺別業
王莽
西王莽村
清禅寺
清水頭
鄭家坡
土門谷
小
谷
甲五台
2007
白道峪
紅旗
三殿村
神鹿坊
高橋
常家湾
神谷
牛角尖
江村
寇家村
白
狄寨
狄寨村
車村
鹿
炮里
馬興
馬連灘
水
河
東嶺
原
張家坡
鳴犢鎮
皇甫誕墓
侯駕坪
黄
馬獅坡
引鎮
渠
光昌
東三角坡
原
侯官寨
貝半千庄
楊庄
楊庄村
下河灘
大峪
大峪口
太
灞
河
馬渡王
塘家坪
田
余家坡
県
耶柿
魏寨
史家寨
田家村
藍
史家寨
田
県
庫峪口
石
原
太
乙
谷
別業
堰

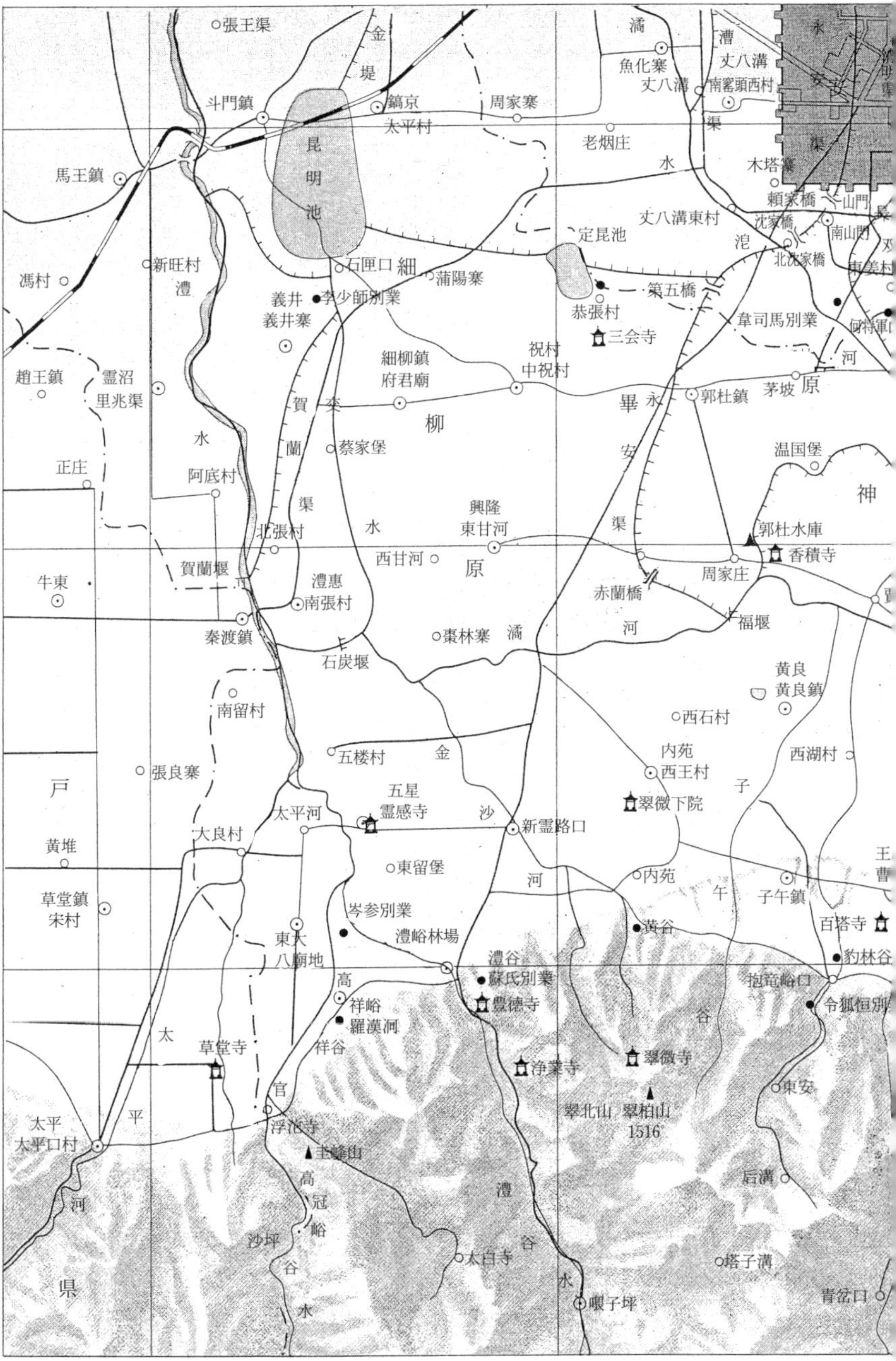
張王渠
金
堤
潏
灃
魚化寨
丈八溝
丈八溝
南窰頭西村
永
安
渠
斗門鎮
鎬京
太平村
周家寨
昆
明
池
老烟庄
渠
馬王鎮
水
木塔寨
頼家橋
山門
丈八溝東村
沈家橋
南山門
定昆池
洈
北沈家橋
石匣口
細
蒲陽寨
新旺村
灃
馮村
義井
李少師別業
義井寨
第五橋
恭張村
韋司馬別業
三会寺
祝村
中祝村
細柳鎮
府君廟
河
趙王鎮
霊沼
里兆渠
郭杜鎮
茅坡
原
畢
永
賀
柳
蘭
蔡家堡
安
温国堡
水
正庄
阿底村
神
渠
興隆
東甘河
渠
北張村
水
郭杜水庫
香積寺
賀蘭堰
西甘河
原
周家庄
牛東
灃恵
南張村
赤蘭橋
秦渡鎮
河
福堰
棗林寨
潏
石炭堰
黄良
黄良鎮
南留村
西石村
五楼村
金
内苑
西王村
西湖村
張良寨
戸
子
五星
霊感寺
翠微下院
太平河
沙
新霊路口
大良村
黄堆
東留堡
内苑
河
午
子午鎮
草堂鎮
宋村
岑参別業
黄谷
百塔寺
東大
八廟地
灃峪林場
灃谷
豹林谷
高
蘇氏別業
抱竜峪口
祥峪
豊徳寺
羅漢洞
谷
太
祥谷
草堂寺
浄業寺
翠微寺
官
東安
翠北山
翠柏山
1516
太平
太平口村
平
浮沱寺
圭峰山
河
高
冠
后溝
灃
峪
沙坪
太白寺
谷
塔子溝
県
谷
水
青岔口
喂子坪
水

図 1-12　唐長安城南図

訪《ほう》古《こ》遊《ゆう》記《き》

明・趙《ちょう》崡《かん》撰

愛宕 元 訳注

一　遊終南

余自髫年躭古法書。沈右丞箕仲又謂、余集帖数経臨摹、其豊神無復存者、独漢唐古碑為可重耳。余心是其言、而置足一隅、以不能博収為恨、今五十矣。中寿余将就木焉。其於腐肉朽骨何有。且余最喜山水、探奇攬勝、又以不得同志為恨。戊午夏四月、作石墨鐫華、示王甥允濂。允濂曰、丈人于近道古碑、恐有遺者。寧可令欧陽修、趙明誠諸君見乎。因歴数所、見数種。余謝不敏、要允濂欲与偕出、従九嵕而東遊城南、遵太乙、尋草堂、道鄠杜。允濂喜甚、解衣起舞曰。是所願也。遂治餱糧、従長安呼一善搨者李守才。至将発、允濂又請曰、丈人居近南山。如重陽宮、宗聖観、仙遊寺処勝地、宜多古碑、蓋先一覩乎。余頷之。

一　終南に遊ぶ

私は若き頃より古い時代の法書をことさらに好んだ。右丞の沈箕仲も次のように言っている。自分は法帖を集めてしばしば臨模するが、堂々として風彩のある書はほとんど残っておらず、もっぱら漢唐の古碑だけを重んじるべきだと思うと。私も全く同感であるが、片田舎に住しているので、（古碑の拓本を）幅広く収集することができないことを今日五〇才になるまで恨みとしてきた。中寿（六〇才、一説に八〇才）ともなれば、私はいずれ就木（死して棺に入ること）するであろう。死んでしまえば何もできなくなってしまう。また私は自然の景観も大好きであるが、奇勝を探訪しようにも、残念ながら同好の士がいない。戊午の歳[1]の夏四月に『石墨鐫華』が完成したので甥の王允濂に見せた。すると彼は「叔父さんは古碑が多くある所のすぐ近くに住んでおられながら[2]、見残されているものがあるでしょう。どうして欧陽修や趙明誠といった人たちだけを有名にしておくのですか[3]。ですからあちこちを巡って古碑を見に行きましょう」と言った。私は自分の不明さを詫び、允濂に九嵕山《きゅうそう》（唐太宗昭陵）から東行して長安城の南郊へ、さらに太乙（終南山）、草堂寺、鄠《こ》県や杜曲の地へ一緒に出掛けてみないかともちかけたところ、彼は飛び上がらんばかりに大喜びし、「それこそ私の願うところです」と賛同してくれた。かくて食料など旅装を調え、長安から拓本刷りの名工李守才を呼び寄せた。出発しようとしたところ、允濂がまた「叔父さんの住まいは終南山に近く、重陽宮、宗聖観、仙遊寺などはいずれも景勝の地にあり、古碑も多くあるに違いありません。まずそれらを見てはどうでしょう」と言った。私は尤もだと思った。

（1）万暦四六年（一六一八）のことである。
（2）趙崡《かん》の本貫は西安の西約一〇〇キロの扶風県であるが、この時期には西安の西隣の盩《しゅう》厔《しつ》県に住していた。重陽宮以下は至近の所にある。
（3）いずれも宋人。欧陽修には『集古録跋尾』一〇巻、趙明誠には『金石録』三〇巻があり、唐以前の多数の古碑について主として拓本を博捜して解説したものである。この両書は以下でしばしば言及される。

翌日、乗二小馬、搨工与二僕負楮墨従。由南時村成道宮。成道謂王重陽。重陽名喆、成道于此。有仙遺海棠花記、記所留海棠活死人墓字、出趙秉文書、又道行諸碑皆不足観。南出得小逕、望重陽宮。楼閣出樹杪、旭日初升、谿水与林光相射、不覚灑然。至観諸碑森立。唯趙承旨所書勅蔵御服、孫徳彧道行二碑可録。李道謙書教祖碑、王元美所称、精勁有法者。暨姚燧書重陽仙跡碑次之。蒙古字碑甚多、多不能識。元美宛委餘編所載数字、視此如石家珊瑚矣。余為一詩。已呼道士、出所蔵御服。製以宮段、正秋香色、針工精密、可左右衽夷風也。此服賜孫徳彧者、碑載甚明。伝者以為王重陽。重陽金人、成道後久、而元為之建宮。安得服元服。徳彧死葬南山、墓曰孫真人、神道碑存。伝者又以為孫思邈、皆殊可笑也。余為一詩。已至宮前龍虎殿、猶元構、木石粧塑、皆非今所有。丹堊銷沈、左壁上方字数行、余目不能遠視。王甥借一梯読之、云粧鑾功徳主本宮提挙孫道和・曹漢臣塑胡君貴粧。後題至順三年十二月三日。字且漫滅、遇余而顕、亦三人者之幸也。向使更数歳、不復可尋矣。因与王甥歎慨者久之。

翌日、私と王允濂は二頭の小馬に乗り、拓本刷り職人と二人の下僕に紙墨を担がせて出発した。まず南時村の成道宮である。成道と言うのは王喆《おうてつ》、すなわち王重陽がこの地で悟りを開いたからである。(4) 仙遺海棠花記（の碑）があり、「海棠活死人墓」と刻せられた文字は趙秉文《ちょうへいぶん》の書いたものである[5]。また道行諸碑には、見るべき価値のあるものはない[6]。南行して小道に出ると、重陽宮が望まれた。楼閣が木々の間にそびえ、朝日がちょうど昇ったところで渓谷の流れと林とに光がそそいで、思わず心が洗い清められた気分となった。重陽宮に至って諸碑が林立しているのを見たが、拓本にとるべきものは趙承旨（趙孟頫《ちょうもうふ》）が書した勅蔵御服碑と孫徳彧《そんとくいく》道行碑の二碑だけであった[7]。李道謙の書した教祖碑は王元美が「精勁にして法有り」と称賛したもので[8]、また姚燧《ようすい》の書した重陽仙跡碑が（書体としては）それに次ぐ[9]。蒙古文字の碑が多数あるが、その多くは読解できない[10]。王元美の『宛委餘編』に蒙古文字を数字載せているが[11]、石家（花の誤りか。石花は珊瑚の一種）か珊瑚のように見え、とても文字とは思えない。詩を一首作った。ついで（重陽宮住の）道士を呼び出し、本宮が蔵している元の朝廷から下賜されたという御服（皇帝の衣服）を出して見せてもらった。宮中の緞子で織られた朽葉色のもので、裁縫はきわめて精緻であるが、左右袵《じん》で夷狄風の作り方となっている[12]。この服が孫徳彧に賜ったものであることは勅蔵御服碑にはっきりと記されているのに、王重陽に下賜されたものだと誤り伝えられている。王重陽は金人であり、彼が悟りを開いてから久しくしてようやく元代になって彼のために重陽宮が建立されたのであるから、一体どうして元の時の服を身に着けることができようか。孫徳彧は没後に終南山に葬られ、その墓を孫真人のものと言い、神道碑が残っている[13]。（この墓を）孫思邈の墓であると誤り伝えているが、全く馬鹿げている[14]。私は詩を一首作った。やがて重陽宮前の龍虎殿に至った。元代の建物のようで、木造や石造、そして建築の装飾はいずれも今（明代）のものではない。朱塗りの壁は色あせ、左壁の上方に文字が数行書かれているのが認められたが、遠くて読み取れない。王允濂が梯を借りてきて（それを昇って）「粧鑾功徳主、本宮提挙孫道和と曹漢臣が胡君の貴粧を塑す」と読めた[15]。その後に「至順三年（一三三二）十二月三日」の題記がある。これらの文字は消えかかっており、私に見付け出されたことは、孫、曹、胡の三人にとって幸いであった。数年後にはもはや見えなくなってしまうであろう。王允濂としばし感慨にふけったのであった。

（4）王重陽（一一一三～七〇）は革新道教である全真教の開祖。以下に全真教関係の石刻を中心とした趙崡の見聞が記される。成道宮は後述の祖庭の北至近の祖庵鎮成道宮村にある。現在の建物は清代に再建されたもので、南北二殿から成る小規模な廟である。『文地』一四九頁戸県条参照。

王重陽の「活死人墓」

（5）一一六一年、王重陽は四九才の時、自分の墓を作り「活死人墓」と名づけ、地下の墓室を世俗と隔絶した修行の場とした。墓の四隅に海棠の花樹を植え、「吾将来使四海教風為一家耳（私はやがて天下の教風を一つにするであろう）」と予言したとされる。この碑はその縁起を記したもので、撰者の趙秉文は金代の書家として著名な人物であるが、この碑は現在は所在不明で、碑文内容は残念ながら不詳である。趙秉文については『金史』巻一一〇本伝参照。

道行碑とは――

（6）道行碑とは宗教的修行者、ここでは全真教の真人と称せられる人物の厳しい宗教的実践の行跡を刻した碑のことである。現存する道行碑には次のものがある。元来は墓前に「神道碑」として立てられていたものであるが、現在は後述する重陽宮後宮（北殿）にまとめて置かれている（写真2-1）。

現存する道行碑

モンゴル・オゴデイ二～五年頃（一二五二～五五）の洞真于真人道行碑
元・至元九年（一二七二）の誠明真人道行碑
元・至元一七年頃（一二八〇）の弘玄真人趙公道行碑
元・至元二〇年（一二八三）の馬真人道行碑
元・至元二五年（一二八八）の箕行本行碑
元・至元二六年（一二八九）の清陽宮孫公道行碑
元・大徳一〇年（一三〇六）の天楽真人李公道行碑
元・延祐七年（一三二〇）の披雲宋真人道行碑
元・至治元年（一三二一）の皇元孫真人道行碑

『文地』一四八頁戸県条、陝西省古籍整理弁公室編『重陽宮道教碑石』（三秦出版社　一九九八、以下『重陽宮碑石』と略称）、陳垣編『道教金石略』（文物出版社　一九八八）参照。

（7）前者は趙世延撰、趙孟頫正書の「大元勅蔵御服碑」のことで、元代書家の第一人者と目せられる趙孟頫の書であることから、明の王世貞『弇《えん》州山人稿』、本書の撰者である趙崡『石墨鐫華』、清の畢沅『関中金石記』など多くの金石書で言及されている。本碑は元の成宗が重陽宮の夢を見て、そこで御服を重陽宮の孫徳彧に下賜されたことを記念して延祐二年（一三一五）に立碑されたもので、通高五二三センチ、幅一三八センチ、厚さ三五センチもある巨大碑で、現在は祖庭碑林で見ることができる。本碑は趙孟頫の青年時代の作であることから「小趙」と呼ばれる。『重陽宮碑石』三六・一二〇頁、『文地』一

趙孟頫正書の「大元勅蔵御服碑」

写真 2-1　祖庭碑林
1995 年 3 月撮影

趙孟頫行書の「皇元孫真人道行碑」

四七頁戸県条参照。後者は鄧文原撰、同じく趙孟頫行書の「皇元孫真人道行碑」で、孫徳彧の行状を記したもので、元統三年（一三三五）の立碑。本碑は通高四二二センチ、幅一一九センチ、厚さ三四センチあり、前者と同じく現在は祖庭碑林に蔵せられている。趙孟頫晩年の力作で「大趙」と呼ばれる。『重陽宮碑石』四五・四六・一三一頁、『文地』一四八頁戸県条参照。

全真教祖王重陽のことを記した「全真教祖碑」

（8）金源璹《とう》撰、李道謙書の「終南山神仙重陽王真人全真教祖碑」のことで、「全真教祖碑」と略称される。全真教祖王重陽の生涯を詳しく記したもので、通高五一二センチ、幅一四八センチ、厚さ五〇センチ。全文二七九八字の巨碑である。至元一二年（一二七五）の立碑。現在は祖庭碑林に蔵せられている。『重陽宮碑石』一四・八四頁参照。王世貞、字は元美、趙崡より少し年輩のほぼ同世代の明人で、その著書『弇州山人稿』からの引用である。

「終南山重陽祖師仙跡碑」

（9）劉祖謙撰、姚燧書の「終南山重陽祖師仙跡碑」のことで、王重陽の成道とその後の布教、さらに布教を引き継いだ弟子たちのことを記す。通高五二五センチ、幅一三六センチ、厚さ三九センチあり、至元一三年（一二七六）の立碑。現在は祖庭碑林に蔵せられている（写真2-2）。『重陽宮碑石』一六・九〇頁参照。

蒙古文字とは——

（10）蒙古文字とはパスパ文字のこと。そのほとんどは漢字との合刻で、一部にはウイグル文字のものもある。一例を挙げると、至元一七年（一二八〇）立碑の「大元崇道聖訓王言碑」では、クビライ・ハンの白話聖旨と皇子安西王の白話令旨がパスパ文字と漢字で併記されている。元代には詔勅をはじめとする公文書は口語のモンゴル語をパスパ文字で

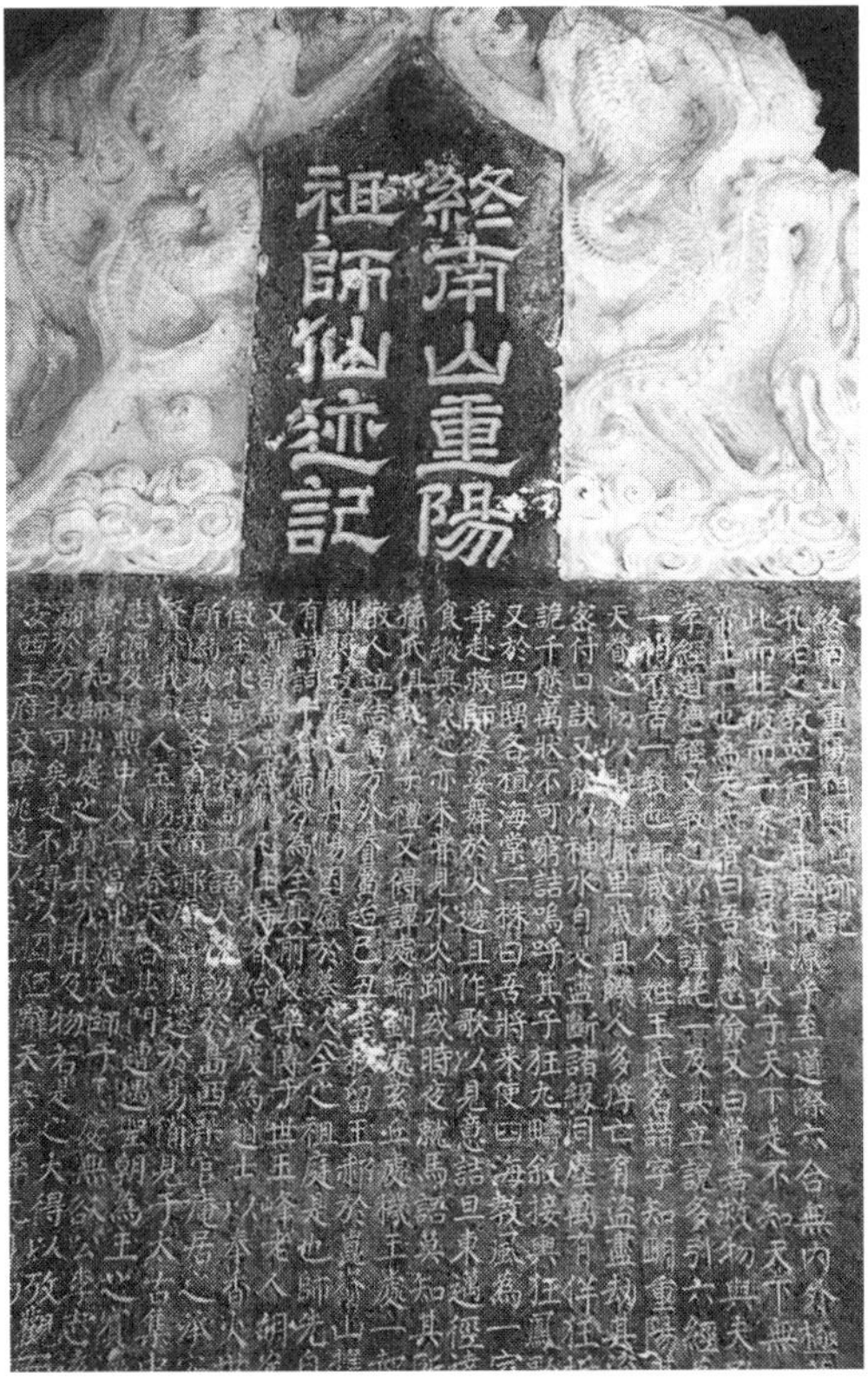

写真 2-2　終南山重陽祖師仙迹記碑
1995 年 3 月撮影

表記し、ついで漢字に訳されるという二重の形式であり、これらの碑は元代行政制度等を研究する上で重要な史料となっている。蔡美彪『元代白話碑集録』（科学出版社　一九五五）、『文地』一四八頁戸県条、『重陽宮碑石』九七頁参照。

（11）王世貞撰『宛委餘編』は『説郛・続』巻一八に節録されているが、そこには見えない。

（12）左右衽とあるが、左衽の誤りであろう。襟を左前にした衣服は古来中国では夷狄の服装とされた。『論語』憲問篇に「管仲微《な》かりせば、吾れ其れ被髪左衽せん」とある。

（13）既述の「皇元孫真人道行碑」に「公を終南山の仙游園に葬る」とある。神道碑とは本道行碑のことであろう。

（14）孫思邈は唐初の名医で、神仙家としても有名であり、その伝説は多い。後世、薬上真人として各地の薬王廟にまつられている。ここでも元人孫徳彧と混同されている。

（15）功徳主とは施主、本宮提挙とは重陽宮の管理責任者の地位にある道士。この二道士が胡君の塑像を作って奉安したのである。胡君については未詳。

翌日、遊楼観。其上太史伯陽父与尹喜説五千言処、為説経臺。其下唐開元帝夢老子得真容処、為宗聖観。宜多唐以前碑、今止霊応頌一碑、頌真容事。天宝間、戴伋分書、刻北面、南面刻宗聖観記。唐人分書甚佳、但経元人翻本減弱矣。碑側蘇軾書詩并弟轍詩、歳久剝蝕。元人別摹一碑、法視碑側、字亦滅。又員半千撰碑分書、亦翻本。皆不大佳。其余如繫牛柏記、文始殿碑、殿壁間宋人諸詩、又其下者。余止令搨霊応頌碑、而与甥上紫雲楼。楼壁間、元人画山水極奇偉。二十年前尚亡恙、今為亡頼子拭去、題悪詩、殊増懊恨。独七真殿壁金碧猶存、奇偉不滅。楼壁間画似出一手者。既而摩石犀、窺玉井、登経臺。由呂公洞、攀顕霊巘臺上。米芾第一山大字、趙孟頫玄元十子像賛、疑皆摹刻。又元人正篆二体道徳経、皆不大佳。而顕霊山新作玄武廟碑、則余所撰。余謂此山称顕霊、即老子真容出処。不知何以貌玄帝、謬甚、語具碑中。已従聞仙谷、将還、東至会霊観。観側葬塔、皆宋道士塔、銘剥落不可読。観中開元帝夢真容碑、蘇霊芝書、経翻刻。余別収易州一碑、亦霊芝書。中載姓名、与此小異、而刻勝之。碑陰蘇軾与章惇共遊題字亦遒逸。時日薄暮、陰雲四起。亟鞭馬馳、中途雨至、衣尽沾濡。王甥衣単衣、以一襆抱持所揚碑。惟恐雨入、殊有趙子固宝蘭亭之致。余大笑為一詩。

翌日、楼観に赴いた（図2－1）。（丘の）上は伯陽父が尹喜のために五千言を説いた処で、説経臺となっている。[16] その下は唐の開元帝が老子の夢を見てその真容を掘り当てた処で、宗聖観となっている。[17] 唐以前の碑が多くあったはずであるが、今では霊応頌の一碑が残るだけである。この碑は老子の真容を得たことを称えたもので、天宝年間に戴伋《たいきゅう》が分書体で書し北面に刻せられている。[18] 南面には宗聖観記が刻せられている。唐人の分書は非常に秀逸であるが、元人の模刻であるために筆勢は劣る。この碑の側面には蘇軾と弟の蘇轍の詩が刻せられているが、久しい年月を経ているために文字は剥落してしまっている。[19] 元人が碑側の文字を別の一碑に模刻して立てているが、その字跡も剥落してしまっている。員半千の撰した分書の碑もやはり元代の模刻で、あまりよいものではない。[20] その他、繫牛柏記、文始殿碑、殿の壁間の宋人題詩などがこの下にある。[21] 私は玄元霊応頌碑の拓本だけを取ることにした。王允濂とともに紫雲楼に上ると、楼の壁間には元人によるすばらしい山水画が描かれていた。（この壁画は）二〇年前にはほとんど無傷であったのだが、今では心ない人物によって（その一部が）消し去られて出来の悪い詩が書かれており、まことに残念でならない[22]。七真殿の金碧の壁画だけはよく残っており、そのすばらしさはいささかも減じてはいない[23]。これらの壁画は一人の画師の手になるもののようである。ついで石犀を撫で、玉井を覗き込み、説経臺にまで登った[24]。呂公洞を経て顕雲巌に登った[25]。ここには米芾《べいふつ》が大書した第一山の刻石や趙孟頫が書した玄元十子像賛があるが、いずれも後人の模刻である[26]。また元人による正書と篆書の二種の書体で書かれた道徳経（碑）があるが、いずれもあまり出来のよいものではない[27]。

顕霊山の新しく作られた玄武廟碑は私が撰したものである。私の考えでは、この山を顕霊山と言うのは、（唐の玄宗の時に）老子の真容がここで得られたからである。それなのになぜ玄帝（玄武）を形どった神を祀るのであろうか。誤りもはなはだしい。そのことについては碑中に詳しく記しておいた[28]。ついで聞仙谷を経て東へと戻る途中で会霊観に立ち寄った。観の側に葬塔が（いくつか）あり、いずれも宋代の（会霊観の）道士のものであるが、塔銘は皆な摩滅していて読み取れない。観中に蘇霊芝が書した開元帝夢真容碑があるが、（後世の）模刻である[29]。私は別に易州本の拓本を所蔵しており、やはり書者は蘇霊芝である。（易州本に）載せる姓名にはやや異同があるが、刻字は楼観本より勝る[30]。碑陰には蘇軾と章惇が一緒にこの地に遊んだ時の題銘があり、書体は秀逸である[31]。夕暮となり黒雲が広がってきたので馬に鞭を入れて道を急いだが、途中で雨となってしまい、衣服はずぶ濡れとなった。王允濂は単衣を羽織っているだけであったので、刷り取った拓本を帽子にくるんだが雨水に濡れはしないかと心配げであった。ちょうど趙子固が蘭亭序の拓本を水に濡れないように宝物として扱った[32]

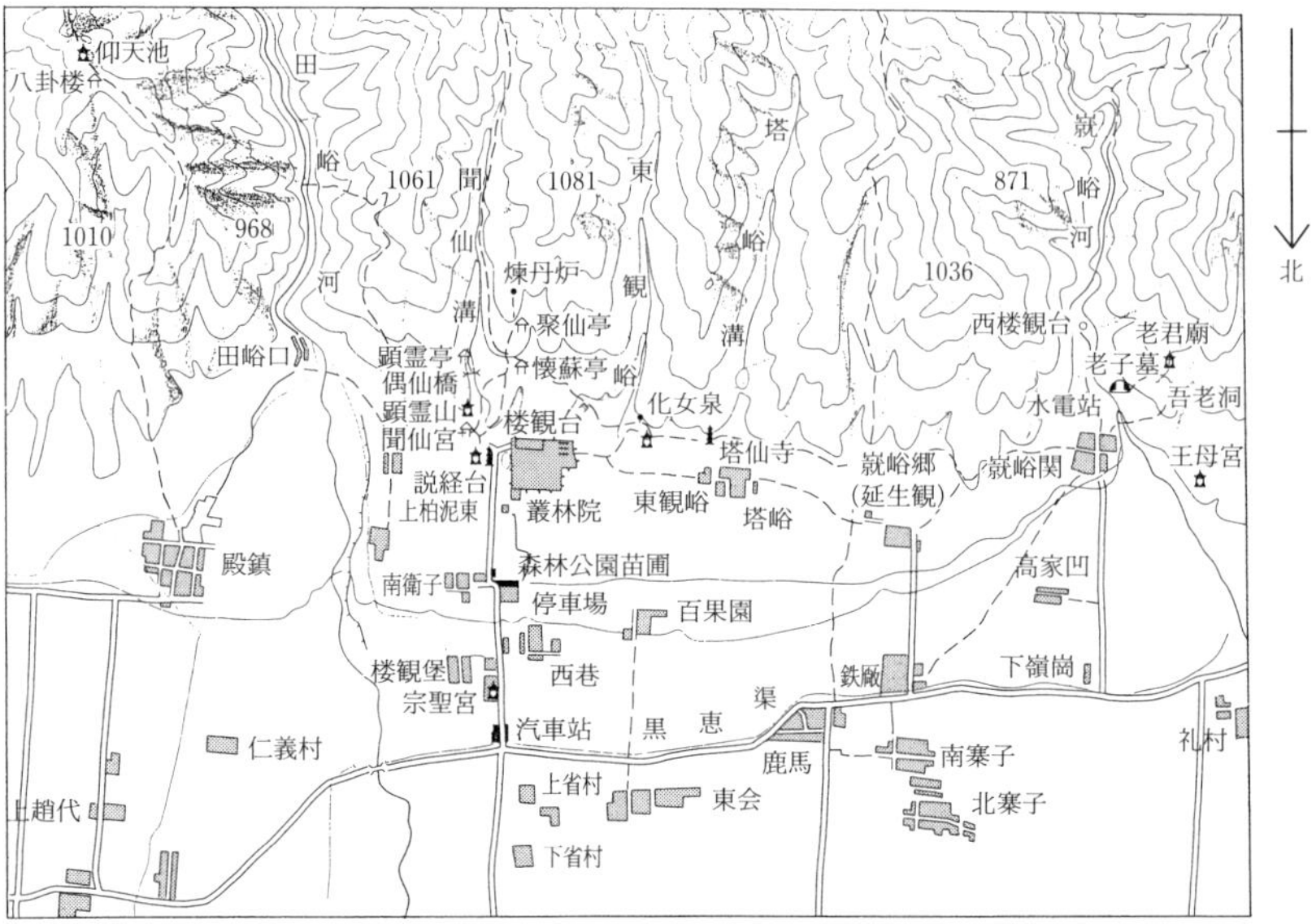
仰天池
八卦楼
田
峪
河
1010
968
1061
聞
仙
溝
1081
東
観
峪
搭
峪
溝
871
就
峪
河
1036
北
田峪口
煉丹炉
聚仙亭
顕霊亭
懐蘇亭
偶仙橋
顕霊山
聞仙宮
楼観台
化女泉
塔仙寺
西楼観台
老君廟
老子墓
吾老洞
水電站
就峪関
王母宮
就峪郷
(延生観)
説経台
上柏泥東
叢林院
東観峪
塔峪
殿鎮
南衛子
森林公園苗圃
停車場
百果園
高家凹
楼観堡
西巷
宗聖宮
鉄廠
下嶺崗
汽車站
黒
恵
渠
仁義村
鹿馬
南寨子
礼村
上省村
東会
北寨子
上趙代
下省村

図 2-1　楼観台付近図

のと同様であり、私は大笑して詩を一首作った。(33)

楼観は老子ゆかりの道教の聖地

(16) 伯陽父とは老子のこと。周の滅亡の近いことを予知した老子は西方への旅に出、この地で『老子五千文』を著わして関令尹喜に伝授したとされる道教の聖地。説経臺上には明清期に建造された老子祠が現存する（写真2-3）。『文地』一五八頁周至県条参照。

玄宗は道教を国家的に保護

(17) 開元帝とは唐の玄宗のこと。真容とは老子玉像のこと。玄宗が玉製の老子像をこの地で得たことは後注(29)参照。唐室李氏は老子李耳の末裔と称し、そのために道教を国家的に厚く保護した。その最初として、建国まもない武徳七年（六二四）に高祖によって楼観は宗聖観と改称された。唐宗室の聖なる御先祖ゆかりの地の道観という意味である。『文地』一五八頁周至県条参照。

「玄元霊応頌」碑

(18) 戴璇撰文、劉同昇撰頌、戴伋書の「開元天宝聖文神武皇帝夢烈祖玄元皇帝霊応頌并序」碑で、「玄元霊応頌」碑と略称する。天宝元年（七四二）の立碑（写真2-4）。分書は漢代

八分書とは――

隷書体を承けた八分書と呼ばれる書体で、楷書とほぼ同義である。唐碑は後に見えるように他にもあるが、いずれも後世の模刻であり、本碑と次の「宗聖観記」碑のみが原刻である。陝西省古籍整理弁公室編『楼観臺道教碑石』（三秦出版社　一九九五、以下、『楼観臺碑石』と略称）六・一一六頁参照。

「大唐宗聖観記」碑

(19) 欧陽詢撰并びに書の「大唐宗聖観記」碑のことで、武徳九年（六二六）の立碑。楼観の由来から唐初の宗聖観への改称に至る事由を記す。初唐三大家の一人欧陽詢の書である

写真 2-3　説経臺（老子祠）
1995 年 3 月撮影

写真 2-4　玄元霊応頌碑
1995 年 3 月撮影

ことから古来きわめて有名な碑で、朝日新聞の題字は本碑から集字したものである。趙崡が元代の模刻と見なしているのは誤りである。先の「玄元霊応頌」は本碑の碑陰に一七年後の天宝元年に刻せられたものである。碑側の宋の蘇軾・蘇轍兄弟の題詩は明の万暦年間にはすでに「剝蝕」しており、現在は全く痕跡すらない。本碑は文化大革命の際に路面舗装に転用されるという災難に遭ったが、一九七八年に説経臺碑庁に移され保管されている。『文地』一五八頁周至県条、『楼観臺碑石』三・一一一頁参照。

(20) 員半千撰、侯少微書の「大唐故宗聖観主銀青光禄大夫天水尹尊師」碑のこと。原碑は開元五年（七一七）の立碑で、宗聖観の観主尹文操の宗教者としての生涯を記す。本碑も文革中に引き倒されて三つに叩き割られたが、現在は補修されて碑庁に保管されている。『文地』一五八頁周至県条、『楼観臺碑石』一一三頁参照。

(21) 前者は朱象先撰并びに書の「古楼観繫牛柏記」碑で、元の元貞元年（一二九五）の立碑（写真2-5）。老子が青牛に乗って古楼観の尹喜を訪れた際に、青牛を柏の木に繫いだという伝承を記したもの。碑身上部に「繫牛柏」図が線刻されている。『楼観臺碑石』三〇・一四九頁参照。後者は杜道堅記并びに書、孫徳彧篆額の「大元重建文始殿記」碑で、元の大徳七年（一三〇三）の立碑（写真2-6）。尹喜は文始真人として後世には神格化され、彼を祀る神殿を元代に再建したことを記す。

(22) 趙崡は二〇年前にも楼観臺を訪れていることが判る。既述のように、名所旧跡の石刻の余白や殿壁などに詩や短文を刻したり墨書したりすることは宋代以降に盛行する。これを題銘、題詩と言い、先の二蘇のものもこれである。ただ壁画を沫消して詩を墨書す

朝日新聞の題字にもなっている有名な碑

文化大革命中は——

「大唐故宗聖観主銀青光禄大夫天水尹尊師」碑

老子の伝承を記した「古楼観繫牛柏記」碑

「大元重建文始殿記」碑

題銘、題詩の盛行

写真 2-5　古楼観繋牛柏記碑
1995 年 3 月撮影

写真 2-6　大元重建文始殿記碑
1995 年 3 月撮影

るというのはかなり乱暴なやり方であり、趙崡が慨嘆するのはもっともである。

仏教寺院、道教寺院における壁画

全真教では七真人を尊崇

(23) 仏教寺院の壁画は宋代以後の禅宗の盛行とともに描かれることが少なくなるが、道観では宋代以後も極彩色で道教の神々を壁面全体に描くことが多い。全真教では教祖王重陽の後を承けて布教に活躍した七人の弟子、すなわち馬丹陽、譚処端、劉処玄、丘処機、王玉陽、郝太古、孫不二を七真人として尊崇する。七真殿はこの七真人を祀る神殿である。

(24) 石刻の犀、玉井と呼ばれる井戸についてはいずれも未詳。

(25) 唐代の伝説的な道士呂洞賓は全真教では五祖の一人として最高の神格とされる。呂洞賓が修行した洞窟とされるのが呂公洞であるが、呂洞賓の仙跡と称するものは中国全土いたる所にある。

(26) 米芾(一〇五一～一一〇七)は、蔡襄、蘇軾、黄庭堅と合わせて宋の四大家と称せられる書家。本刻石は径五〇センチほどの大字三字で、左下に小さく米芾書とあるが、元代の模刻である。次に見える正書「道徳経」碑の「道経」碑の碑陰に刻せられている。『文地』一五八頁周至県条、『楼観臺碑石』四五頁参照。趙孟頫の「玄元十子像賛」碑は散佚して所在不明。

「道徳経」碑

(27) いずれも「道経」を刻したものと「徳経」を刻したものの二碑からなる(写真2-7)。『老子』五千文は八一章からなり、「道徳経」とも言う。第一章から第三七章までを上篇「道経」、第三八章から第八一章までを下篇「徳経」として便宜的に分ち、本碑でも道経部分と徳経部分を二石に分刻している。正書「道徳経」碑の立碑時期は不明である

写真 2-7 道徳経碑
1995 年 3 月撮影

が、元代のものであることはほぼ確実である。篆書のものは元の至元二八年（一二九一）の立碑。『文地』一五八頁、『楼観臺碑石』二一～二六頁、二七～二八頁、一三二頁参照。

(28) 本碑は明の万暦四二年（一六一四）の立碑。『楼観臺碑石』一七三頁に録文がある。「余、嘗て数しば其の巓に登る」とあるから、先の「二十年前云々」とも併せて、趙崡は何度もこの地を訪れていることがあらためて判る。

会霊観の縁起

(29) 会霊観は玄宗が老子を夢みてその真容を得たことを記念して説経臺の東の地に建立した道観。元の大徳四年（一三〇〇）に立碑された「重建会霊観記」碑に詳しい。『楼観臺碑石』三三・一五三頁参照。開元帝夢真容碑とは「老君顕見碑」のことで、玄宗が老子を夢みてこの地で老子玉像を得たことを記したもので、開元二九年（七四一）の立碑。『文地』一五八頁周至県条、『楼観臺碑石』五・一一五頁参照。書者の蘇霊芝は玄宗期の書家で、王羲之の書風を承けて行書に秀でた。なお本碑は宋の天聖六年（一〇二八）の模刻であることが碑面左下に刻せられている。

(30) 「夢真容碑」はもとは全国の諸州に立碑されたもので、現在は宋代模刻の河北易州と楼観臺の二碑のみが残る。易州本では冒頭に「中書門下兵部尚書兼侍中牛仙客等奏」とあるのが、楼観本では「張九齢」となっている。牛仙客は小役人上がりの宰相で後世きわめて評判の悪い人物であり、楼観本は宋代に模刻した際に開元期の名宰相張九齢と名前を入れ替えたのである。楊震方『碑帖叙録』（上海古籍出版社　一九八二）一九八頁参照。

(31) 宋の治平元年（一〇六四）正月に二人そろってこの地を訪れた時のものである。『楼観臺碑石』八頁参照。

（32）趙孟堅、字は子固（一一九九～一二九五）。趙孟頫の従兄に当たり、やはり書家として有名。王羲之の最高傑作とされる定武本蘭亭序をようやくにして入手し、舟での帰路に風のため舟が転覆して全身ずぶ濡れになりながらも、その拓本だけは至宝として水に濡らさなかったという故事。南宋の周密『斉東野語』巻一九に見える。

趙孟堅の故事

（33）趙嗡がこの時に作った詩は次の通り。

趙嗡の詩

「楼観に遊びて帰りに雨に遇う」詩（『石墨鐫華』巻八所収）

晨に駕して中南に来り、周覧し畢わるや夕景。
青林は滋く華も茂く、緑草は苕潁に紛る。
逶迤たる行路は岐れ、参差として前嶺を度る。
楼殿は山巓に出で、高く列仙の境に居る。
若木は石扉に蔭し、扶桑は丹井を覆う。
紫気は不極を望み、白日は焉として能く永し。
嵯峨たる幼婦は酔いて、坐臥して索靖※を観る。
仙遊は自ら一時、感激は深き省より発す。
飄風は西より来たり、雲霧は俄頃に変わる。
帰途に雨は冥冥たり、寒薄は衣領を侵す。
物態は此の如き有り、一嘯して青天は冷たし。

※索靖は草書に秀でた西晋の人。

翌日、又遊仙遊寺。寺伝是隋文帝避暑宮。唐韓均平詩、仙臺初見五城楼者、即其地也。今為寺。入黒水谷五里、万山廻合、仄徑依黒水而行。大勝楼観、但刱造殿閣不及耳。寺下潭曰黒龍、停泓淵碧、洞駴人心。聞宋時毎歳遣中使、投金龍于中。居人言、昔深不可測、今亦漸浅矣。滄海為田、当不誣也。潭上架一木而過、則馬季常読書洞。史称、季常従京兆摯恂、隠于南山之陰、博通経籍、豈即其地耶。而殊偪側、不可居、不暁所出。洞前玉女泉、玉女謂秦弄玉、与蕭史吹簫于此、仙去。語近誕。泉即蘇軾剖符所調水、亦無他奇。但経軾品題、遂貴耳。寺前小塔、俗云逼水塔。塔上唐人画天王鬼神。軾以為非呉道玄不能。今画与軾題書、世称雙絶。越泉洞而上高山、障之有徑、西出廻視、殿閣参差、山林掩映、龍潭激流、鴈塔高跱。宛然董北苑筆、蓋山之勝至、此殊絶矣。余観已与王甥小坐寺中、為一詩。其他不及詩而帰。是役也、為日三、得唐碑一、元碑佳者三、塔画一、蘇軾書字二、翻刻唐碑二、為詩五言古二、五言律一、五言排律一。

翌日、また仙遊寺を訪れた。この寺はもとは隋の文帝の避暑用離宮であったと伝えられている。唐の韓均平の詩に「仙臺に初《ママ》めて五城楼を見る」とあるのがこの地である[34]。今では仏寺となっている。黒水谷を入り込むこと五里の間は無数の山々が取り巻き、急な山道が黒水沿いに通っており、（その景観は）楼観よりはるかに勝っているが、（仙遊寺の）建物は楼観には及ばない[35]。寺の下の池を黒龍潭と言い、紺碧の水は限りなく深く人を驚かせるほどである。聞くところでは、宋代には毎年宦官の使者がこの潭に派遣されて金龍を潭中に投じたと言う[36]。土地の住人の話では、この潭は昔は底なしの深さであったが、今ではかなり浅くなってしまっていると言う。滄海変じて田となると言うのは嘘ではないのだ[37]。潭の上に一本の丸木橋が架かり、それを渡ると馬季常《ママ》の読書洞となる。史書によれば、季常《ママ》は京兆の摯《ち》恂に師事して南山中に隠栖し、博く儒教経典に通じるようになったとあるが[38]、ここがその場所なのであろうか。しかしながら、きわめて狭苦しい所で居住できそうになく、読書洞だとする典拠が判らない。読書洞の前に玉女泉がある。玉女とは秦の弄《ろう》玉のことで、蕭《しょう》史とこの地で簫を吹いて昇仙したというが、この話は疑わしい[39]。玉女泉は蘇軾が竹符を剖いて水を汲んだ泉で、他にこれといって見るべきものはない。蘇軾がよい水だとしたことから有名になっただけである[40]。仙遊寺の前にある小塔は、俗に逼水塔と呼ばれている。塔上には唐人が描いた天王鬼神の壁画がある。蘇軾は呉道玄でなければ描けないほど見事なものだと言っている[41]。今ではこの壁画とそれに添えられた蘇軾の題書を合わせて雙絶と称している。玉女泉を過ぎて高みに登ると小道があり、西に出て周囲を見渡すと、山林の静かな景観と渓谷の激しい流れの中に（楼観や仙遊寺の）建物がかいま見え、大雁塔がはるかかなたに高くそびえているのも見える[42]。まさしく董北苑の山水画のようであり[43]、山の勝景はここに勝るものはない。私はながめ終わると王允濂と寺で一休みし、詩を一首作った。それ以外には詩を作る気にはならず、帰路についた。今回の旅は三日間で、唐碑一、元碑の佳いもの三、塔画一、蘇軾の書二、唐碑の模刻二（の拓本）が得られた。詩は五言古詩二首、五言律詩一首、五言排詩一首を作った。

（34）隋の文帝が避暑用の離宮として開皇一八年（五九八）に造営し、三年後に仏寺に改めて舎利塔を建造した。唐の白居易がこの寺で「長恨歌」を作ったことで有名。韓翊《よく》、字は君平。天宝一三載（七五四）の進士及第で、大暦十才子の一人に数えられる。ここに引用するのは「同題仙游観」詩の冒頭句「仙臺下見五城楼」（『文苑英華』巻二二六）で、「下」字を「初」字に誤っている。また韓翊の字は君平であり、均平とするのも誤り。明の正統六年（一四四一）に再建されているから、趙崡が訪れたのは再建された寺である。

隋の文帝が造営した仙遊寺は、唐の白居易が「長恨歌」を作った寺としても有名

（35）海抜五〇〇メートルの線で一気に平地となる終南山の北麓には多くの溪水が北に流れ出し、多数の谷口を形成する。黒水谷もその一つで、黒水が平地に出るところである。

（36）主として雨乞いのために全国の名山洞府に使者を派遣して金龍と願文を刻した玉簡を投ずる国家的行事は、宋代では二〇ヶ所で行われた。金龍といっても実際は銅製である。

雨乞いの行事

（37）「滄海為田」は長い年月の経過によって、かつて海であった所が陸地となるといった自然景観の大きな変化を表現する常套句で、「海変桑田」、「陵谷遷改」、「碧海成田」など種々の表現がある。

「滄海為田」

（38）後漢の名儒馬融のこと。但し馬融の字は季長であり、季常とするのは誤り。『後漢書』伝巻五〇上本伝参照。また唐の『元和郡県図志』巻二盩厔県条に「馬融の読書臺は県の東北二十七里に在り」とあるが、こことは位置が大きくずれる。

（39）簫の名手蕭史と秦穆公の娘弄玉が相愛の仲となり、簫声によって鳳凰を呼び寄せ、鳳凰に随って飛翔して昇仙したという仙跡。劉向《きょう》『列仙伝』に見える。李華、岑参《しんじん》、蘇軾ら唐宋期の詩にしばしばうたわれている。

唐宋期の詩にうたわれた仙跡

（40）蘇軾「玉女洞中の水を愛し、既に両瓶を致すも、後に復た取りて使者の為に紿《あざむ》かれるを恐れ、因りて竹を破りて契と為し、寺僧をして其の一を蔵せしめ、以て往来の信と為し、戯れて之を調水符と謂う」詩。『蘇軾詩集』（中華書局　一九八二）巻五第一冊一九七頁参照。蘇軾は嘉祐七年（一〇六二）に楼観臺、仙遊潭、玉女洞、馬融読書石室などを訪れ、多くの詩を作っている。それらの詩の一の自注に「是の日、崇聖観に游ぶ。俗に謂う所の楼観なり。乃ち尹喜の旧宅。山脚に授経臺有り、尚お在り。（中略）又た西して延生観に至る。観後の小山に上る。唐の玉真公主修道の遺迹有り。山を下りて西行すること十数里、南して黒水谷に入る。谷中に潭有り仙游潭と名づく。潭上に寺三有り、峻峰に倚り、清溪に面し、樹林は深翠にして、怪石は数うるに勝《た》う可からず。潭水は縄縋石数百尺を以てするも其の底を得ず。瓦礫を以て之に投ずるに、翔揚して徐ろに下り、食頃にして乃ち見えず。其の清澈なること此の如し。遂に中興寺に宿る。寺中に玉女洞有り、洞中に飛泉有り、甚だ甘し。明日、泉二瓶を以て帰りて郿に至る」とある。

（41）呉道玄は当代随一の名手とうたわれた唐玄宗期の画家。とりわけ生動感あふれた地獄変の鬼神画に巧みで、長安の多くの仏寺や道観の壁画を描いた。

（42）仙遊寺から長安城内の慈恩寺大雁塔までは直線距離で約八〇キロある。大雁塔の通高が六五メートルで海抜四五〇メートル、仙遊寺の海抜は七五〇メートルであるから、この距離と高低差で八〇キロ先の大雁塔がはるかに見えるとするならば、一七世紀における西安付近の大気の透明度は驚くほど高い。現在では季節的な黄塵の濃淡の差違はあるが、このあたりでの八〇キロもの遠望は全く不可能である。

蘇軾の詩の自注には——

玉女洞

（43）董源、字は北苑、一一世紀南唐の画家、山水画を得意とした。沈括《しんかつ》『夢溪筆談』巻一七書画条参照。

二　遊九嵕

既而将遊九嵕、求文皇付蟄諸臣碑。憶馬嵬北五里有隋李使君碑。余昔自奉天過看低回久之。恨無揚工、遂渡渭、先之馬嵬。舟中指北、芒阪上漢帝諸陵、往往在目、廃邱古城尤近。短棹長波、相為鼓盪。余興発、以一詩写之。至馬嵬、不及授餐詣碑。碑隷書、稍孫漢法而不甚闕、独闕使君名。拠碑云、季父琰之。琰之見魏書。使君封安喜県公、官亦不卑、而隋史無伝、不可攷。余為一詩。居人有以茗進者。先置石蜜数匙于甌而注之、甘苦相戦、不暁何物。余戯謂王甥、倪迂以糖点茶、怒人不知其味。倘飲此、不称善乎。相視大笑。

二　九嵕に遊ぶ

ついで九嵕《きゆうそう》山に行き文皇の従臣たちの碑を探訪することにしたが、(1)馬嵬《かい》の北五里に隋の李使君碑があることを思い出した。(2)私はかつて奉天(3)から戻る途次に（この碑を）探し回ってようやく見付けたが、拓本刷りの職人が得られずくやしい思いをした。そこで渭水を舟行してまず馬嵬に向かった。舟中から北を眺めると、丘陵上に漢代諸帝の陵が次々に見え、(4)廃丘や古城はより近くに見える。（それらの景観と）舟の棹が川波を打つ音に私は気持が高揚し、詩を一首作ってこの情景を描写した。馬嵬に着くと、昼食もそこそこにして碑のある所に赴いた。この碑は隷書で書かれ、漢隷と比べるとやや遜色があるもののあまり剝落していない。ただ李使君の名の部分が残欠している。碑文に拠ると季父琰之と読め、李琰之は『魏書』に見える人物である。[5]李使君は安喜県公（侯の誤り）に封ぜられ、官職もかなり高官となっているにもかかわらず、『隋書』には立伝されておらず、考えるすべがない。[6]私は詩を一首作った。土地の人で茶を薦めてくれる者がいた。まず氷砂糖数匙を小鉢に入れて茶を注ぐ。甘みと渋みが混じり合って、一体何を飲んだのか判らない味である。私は王允濂に次のような冗談を言った。「倪迂《げいう》は茶に砂糖を混ぜて、その味が判らないような人物には腹を立てたものだ。もしこれを飲めば、美味しいとは言わないであろうか」[7]と。二人顔を見合わせて大笑いした。

（1）唐の太宗文皇帝の陵である昭陵は、海抜一一八八メートルの九嵕山を陵本体とし、その南側中腹に深く墓室を造営した雄大なものである。以後、唐陵の多くは昭陵に範を取って自然の山塊を陵とした。昭陵には確認されているだけでも一六七基の陪葬墓があり、趙嶇は以下にそれら陪葬墓前の神道碑のいくつかを訪ね歩くのである。

（2）玄宗の寵妃である楊貴妃墓がある所として有名。西安の西約五〇キロ。

（3）現在の乾県。唐三代皇帝の高宗と則天武后を合葬した梁山乾陵がある。西安の西北約八〇キロ。

（4）前漢の九陵は渭水の北約一〇キロ付近に東西約七〇キロにわたりほぼ横一線に点在

九嵕山は太宗文皇帝の昭陵

楊貴妃墓

している。そのうち最西端にあり、かつ最大規模の武帝茂陵は高さ四六・五メートルの巨大な覆斗型墳丘であるが、現在ではよほどの晴天でも渭水から望見することは難しい（写真2-8）。

（5）季父とは最も年若い叔父、すなわち父の末弟。李琰之は『魏書』巻八二に立伝されている。

（6）名が判らないので使君という敬称で呼んでいるのである。本碑は『石墨鐫華』巻一、『金石萃編』巻三九、『八瓊室金石補正』巻二六等に録文があり、それに拠ると、最終官は使持節卭《こう》州諸軍事・卭州刺史（従三品）で、開皇一六年（五九六）に六五才で没している。趙崡が本碑に強い関心を示すのは、唐碑に比べて隋碑はきわめて数が少ないからである。本碑は乾県馬連郷南上官村に現存する。『文地』四六七頁乾県条参照。

倪瓚と飲茶

（7）倪瓚《げいさん》、号を嬾賛、雲林という。世事に迂いので倪迂と呼ばれた。元末明初の人で、先述の董源を師として山水画に巧みであった。『明史』巻二九八に立伝されている。本文に見えるエピソードは『雲林遺事』の次の記事に基づく。「元鎮（倪瓚）は素より飲茶を好む。恵山中に在りて、核桃、松子肉を用い、真粉を和して小塊と成すこと石状の如し。茶中に置き、名づけて清泉白石茶と曰う。趙行恕なる者有り、宋の宗室なり。元鎮の清致を慕い之を訪ぬ。坐定まり童子が茶を供す。行恕は連啖すること常の如し。元鎮は勃然として曰く、吾は子を以て王孫と為す。故に此の品を出すに、乃ちほぼ風味を知らず。真とに俗物なりと。是れより交絶す」。

写真 2-8　漢武帝茂陵
1995 年 3 月撮影

翌日、馬嵬人競携食過余、索余書。置墨如竈突、烟筆如髠髪。老而酒肉、傖父雜坐于傍間、以寱語。余為連書数十紙。顧視以閻立本内苑池上作画時、但対此曹差少羞渋耳。是日欲為馬嵬懐古詩、意興殊悪。

翌日、馬嵬の人たちが争って食物を持参して私の（宿泊している）所に押し寄せてきて、私の書を所望した。（彼らの持参した墨筆はあまりにも多く）墨は真黒な煙突の如く、筆は切り落とされた黒髪の如く並べられた。老いて（かくも多くの）酒肉を供せられ、田舎者たちが私の周りに雑然と坐り、寝言のように（書がほしいと）話しかけてくる。(8) 私はそのために数十枚も連書した。まるで閻立本が内苑の池で絵を描かされた時のような恥ずかしさであった。ただ田舎者が相手であるので、いささか恥ずかしさが少ないだけのことである。(9) この日、馬嵬懐古の詩を作ろうとしたが、全く気分が乗らなかった。(10)

（8） 原文「老而酒肉、傖父雜坐于傍間、以寱語」は誤字か脱字があるようで、このままでは意味がよく判らない。この部分は大幅に意をもって訳してある。

（9） 唐太宗が内苑の池で舟遊びをした時に従臣たちに詩を作らせ、閻立本にはその情景を絵に描かせた。この時すでに主爵郎中（従五品上）であった閻立本は、衆臣環視の中で「画師閻立本」と呼ばれて恥ずかしさに堪え切れなかったという故事。『旧唐書』巻七七本伝に見える。

閻立本の故事

（10） 昼間に田舎者（傖父）に書をせがまれて嫌々ながら数十枚も連書したことから、気分を大いに損ねているのである。科挙の郷試の合格者である挙人であった趙嶇の知識人としての自負心が表れていて興味深い。

翌日、乃于馬上成之。過延長寺、抵儀門村、訪荀子好善。去昭陵漸近、亭亭一峰、已当吾馬首。恨不即携謝眺驚人句、朗吟其顚矣。荀子者、二十八挙于郷。余以白頭老子対之、不覚面慚。為一詩以贈。是日、即拉荀子至昭陵十里高生家。高生名巌、及姪尓舟、余故人。先是、余数語以昭陵宜有残碑。生以為問得数種以語余。

翌日になってようやく馬上で詩を一首作った。延長寺を過ぎて儀門村に至り、荀子好善の家を訪ねた。昭陵にようやく近く、私の乗る馬首のまさに前方に高く聳える一峰（九嵕山）がある。[11] 謝眺《しゃちょう》の驚人句の詩を携えてこなかったので、この山頂で朗詠できないのが何とも悔まれる。[12] 荀好善は二八才の若さで郷試に合格した挙人で、老いて白髪となってしまった私は（若い秀才の）彼と会うのはいささか恥ずかしい思いではあり、詩を一首作って彼に贈呈した。この日、すぐに荀好善を連れて昭陵の手前一〇里の所に住む高生の家を訪れた。[13] 高生の名は巌、そしてその甥の高尓舟はいずれも私の古くからの友人である。以前に私は昭陵にはいくつもの碑が残っているはずであると何度も彼らに話をしていたので、問い合わせて数碑が存在していることを確認しておいてくれた。

（11）儀門村は昭陵の南約二〇キロに現在も存在する。写真2－9参照。

（12）李白が華山落雁峰に登った際に「此の山は最も高く、呼吸の気、想いは帝座に通ず。恨むらくは謝眺の驚人詩を携え来らず、掻首《そうしゅ》して青天に問うのみ」と嘆いた故事を踏まえたもの。謝眺（四六四〜九九）は南朝期の南斉の人で、五言詩の第一人者。　李白の故事

（13）明代の一里は約五六〇メートル。

翌日、携王甥允濂・苟子好善・高生巌・尓舟、聯鑣而行。北一里許、得許洛仁碑、碑書不大佳。又北半里許、得薛収碑。似昭仁寺碑、髣髴有伯施法。折而西一里許、為趙村。村有広済寺、寺後石鼓、唐人書尊勝経咒。精健絶倫、止存十三。攷長安志図、有石鼓興宮、而不言所以。従趙村北行八里許、為荘河村。村中聞有一碑、未至、先于道傍冢得姜遐断碑。及至村観碑、則段志玄碑。行間一牧羊児云、碑甚多。余犒以金使導。東行数十歩、田間又横一碑、則監門将軍王君碑。又東行数十歩、一碑無字亦無冢。蓋土人平之、而并磨其碑耳。以図攷、疑是長孫無忌碑。又東行半里許、為劉洞村。流水界之渡而東一碑、則房梁公玄齢碑、褚河南正書。雖存者無幾、而明珠宝玉、片屑已足襲蔵矣。世但重褚河南聖教序、而此碑則沈埋断莽間、悲哉。又東数十歩、高士廉碑在焉。又東数百歩、李靖碑在焉。撰書姓氏残欠、与諸碑同、而上半完好。靖冢作三山形、文皇以象其功。土人謂上三冢。李勣冢亦如靖。土人謂下三冢。二冢南北相去不二里。勣碑高宗御書、高二丈余、嶄然屹立。与温彦博碑搨者甚多。土人捶其字殆尽。彦博碑在靖碑北数十歩、欧陽詢書。法視皇甫・九成・化度、最為得中、而不復可搨。

写真 2-9　九嵕山遠望
2001 年 3 月撮影

余為咨嗟者久之。是日亭午餒甚、就西峪村李氏市食。李氏食余而返其値。已小坐一廟、東南望。古冢相連、碑甚多。就之則褚亮碑、阿史那忠碑、張後胤碑、孔頴達碑、豆盧寛碑、張阿難碑、鱗次都不百歩。書与段・姜等碑皆有法、而孔頴達碑極類虞伯施、但結構小疎。昔人謂為伯施書、非也。頴達卒在世南後、不応世南作。書当是習世南者書之、然已優孟矣。既而又得蘭陵公主碑于老軍営之西北、得馬周碑于狗村之東、得唐倹碑于小陽村之北。碑既多佳、余且観且行、搨工遂不相及。余語諸君、期以三日畢搨、乃登昭陵、皆曰諾。方余之過荘河村、観段志玄碑也。有趙生文奎、村人也。聞余至、遣要余。余謝不往、趙生則自追余西峪村。

翌日、王允濂、苟好善、高巌、高尓舟を伴い、馬を並べて出掛けた。北行すること一里ほどで許洛仁碑が見付かったが、その書体はあまり良くはなかった。[14]また北へ半里ほどで薛収碑を見付けた。昭仁寺碑に書体が似ていて、虞世南の書法にきわめて近い。[15]西に折れて行くことおよそ一里で趙村（現在の趙鎮）に至る。本村の広済寺の背後には石鼓があって、尊勝陀羅尼経がきわめて精緻かつ力強い筆法で刻せられているが、刻字は摩滅していて十分の三を残すだけである。[16]『長安志図』に拠ると、「石鼓興宮」とあるが、何故なのかは記していない。[17]趙村から北行することおよそ八里で荘河村に至った。村内に一碑があると聞いたが、それを見るまでに、先に道傍で姜遐断碑を見付けた。[18]村に到着して先に聞いた碑を見てみると、段志玄碑であった。[19]さらに行くと、[20]羊飼いの少年が碑はいくらでもあると言うので、金を与えて道案内をさせることにした。東に数十歩行くと、畑の中に一碑が横倒しになっていた。見ると監門将軍王君碑であった。[21]また東行すること数十歩で一碑を見付

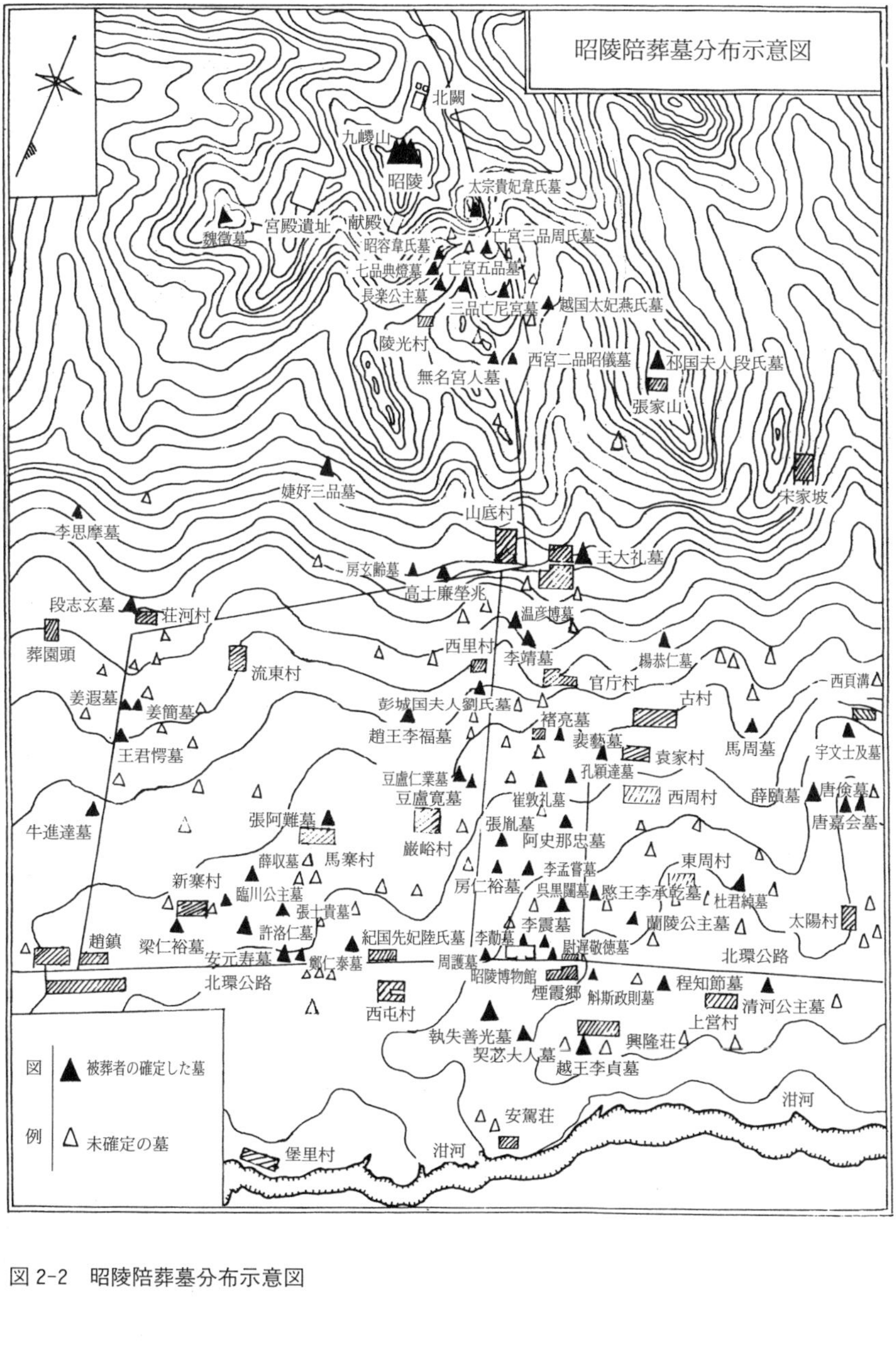

図 2-2　昭陵陪葬墓分布示意図

けたが、文字は全て摩滅し、かつ墓の墳丘もない。恐らく土地の者が墳丘を削り平らげ、碑もまた文字を削り去ったものであろう。[22] 図に拠って考えてみると、長孫無忌碑であろう。[23] また東行すること半里ほどで劉洞村に至り、川の渡しの東に一碑を見付けた。[24] 房玄齢碑で、褚遂良の書である。文字は摩滅してほとんど残っていないが、明珠や宝玉ほどの貴重な書であれば、わずか数字だけでも拓本に取れれば十分である。[25] 世間では褚遂良の書としては聖教序が重んじられるが、[26] この碑が草叢の中に埋没しているのは悲しいことではないか。また東へ数十歩行くと、高士廉碑があった。[27] また東へ数百歩行くと李靖碑があった。撰者と書者の名は残欠して読み取れないのは他の諸碑と同じであるが、上半分はほぼ完全に文字が残っている。李靖墓は三山を形どった三つの墳丘から成るのは、太宗が彼の軍事的功績を称揚したからで、土地の人は上三冢と呼んでいる。[28] 李勣墓もやはり李靖墓と同じく三墳から成り、土地の人はこちらを下三冢と呼んでいる。この二墓は南北二里足らずの距離にある。李勣碑は高宗の親筆御書で、高さは二丈余りもあり、高々と聳え立っている。[29] 温彦博碑とともに拓本を取るものが多く、土地の人が碑文のほとんどを削り去ってしまっている。[30] 温彦博碑は李靖碑の北数十歩のところにあり、欧陽詢の書で、その書法は皇甫碑、九成碑、化度碑と比べると、本碑が最も中庸を得ているが、拓本を取ることができないのが何とも残念でならなかった。[31] この日の正午にはあまりにも空腹となったので、西峪村の李氏の家で昼食を取ったが、李氏は食事をさせてくれたにもかかわらず金を受け取らなかった。[32] 小廟で一休みし東南の方を眺めると、古墳が累々と連なり、多くの古碑が認められた。側に行ってみると、褚亮碑、阿史那忠碑、張後胤《ママ》碑、孔穎達碑、豆盧寛碑、張阿難碑がいずれも百歩以内のところに林立していた。[33] 書法は段志玄碑や姜遐碑と同じくいずれも見事である。孔穎達碑は虞世南の書にきわめてよく似ているが、文字の組み立てがやや疎雑である。先人が虞世南の書だとしているのは誤りである。孔穎達の死は虞世南の死の後であるから、虞世南の作ではあり得ない。[34] その書は虞世南に学んだものの手になることは間違いないが、優孟の如く外形は見事な模倣である。[35] ついで蘭陵公主碑を老軍営の西北で、[36] 馬周碑を狗村の東で、[37] 唐倹碑を小陽村の北で見付けた。[38] これら三碑はいずれも佳なるもので、私は一つ一つ見ていった。拓本職人が刷り取るのが間に合わず、三日の間に刷り終えておいてほしい、その間に自分は昭陵に登ってくるからと申し渡すと、職人たちは皆それで結構ですと答えた。私は（道を戻って）荘河村で段志玄碑を見るつもりであった。この村には趙文奎という人物が住しており、私が来るのを聞きつけると、使いの者を遣って私に訪ねてほしいと言ってきた。私が（道を急ぐので）断ると、趙君は私の後を追って自ら西峪村にまでやって来た。

（14）昭陵陪葬墓の神道碑の一、以下同じ。本碑は撰者名、書者名ともない。『石墨鐫華』巻二では「正書、極めて隋の賀若誼碑に似て方整これ有るも、勁抜は則ちまさに遠く顔平原（顔真卿）に遜《ゆず》る」とかなり高い評価をしている。現在は昭陵博物館蔵。陝西省古籍整理弁公室編『昭陵碑石』（三秦出版社　一九九三）四二・一五〇頁参照。

（15）本碑は于志寧の撰。現在は昭陵博物館蔵。『昭陵碑石』二六・二一八頁、『文地』三七九頁礼泉県条参照。昭仁寺碑は朱子奢の撰で書者名はない。太宗が統一の過程で各地の群雄勢力を打破した古戦場に七ヶ寺を建てたその一が昭仁寺で、碑には建寺の因縁が記されている。

(16)仏頂尊勝陀羅尼経幢は唐代中期以降の密教の盛行とともに多数造られた。一般には六角形ないし八角形の石柱で、各面に経文及び供養者の姓名や年月が刻せられる。この経幢は上半が円筒形でその外周に経文を刻し、下半は円柱形で九体の仏像が彫られるという特異な形のため石鼓陀羅尼経幢と呼ばれ、趙嶠以来、注目を集めてきたものである（写真2－10）。通高二一二センチ、直径一五一センチあり、趙鎮に現存する。「礼泉趙村鎮唐代鼓形経幢」（『考古与文物』一九八四－二）、『昭陵碑石』九二・二二七頁、『文地』三八三頁礼泉県条参照。

(17)元の李好文『長安志図』の現行本にはこの記事は見えず、「石鼓興宮」の意味がよく判らない。

(18)断碑とあるのは下半分だけであるからである。一九七四年に上半分が土中から出土し完全なものとなった。現在は昭陵博蔵。『文地』三七七頁礼泉県条、『昭陵碑石』八四・二一一頁参照。

(19)現在は昭陵博蔵。『文地』三七七頁礼泉県条、『昭陵碑石』四・一〇七頁参照。

(20)明代の一歩は約一・五五メートル、三六〇歩が一里である。

(21)本碑の碑額に「監門将軍内侍王君之碑」とあるから宦官であることが判るが、名などは未詳。本碑は所在不明である。

(22)古墓の墳丘が削平されているのは至る所で見ることができる。農民が畑地を少しでも広げようとするためである。

仏頂尊勝陀羅尼経幢

石鼓陀羅尼経幢

写真 2-10　石鼓陀羅尼経幢
『昭陵碑刻』より転載

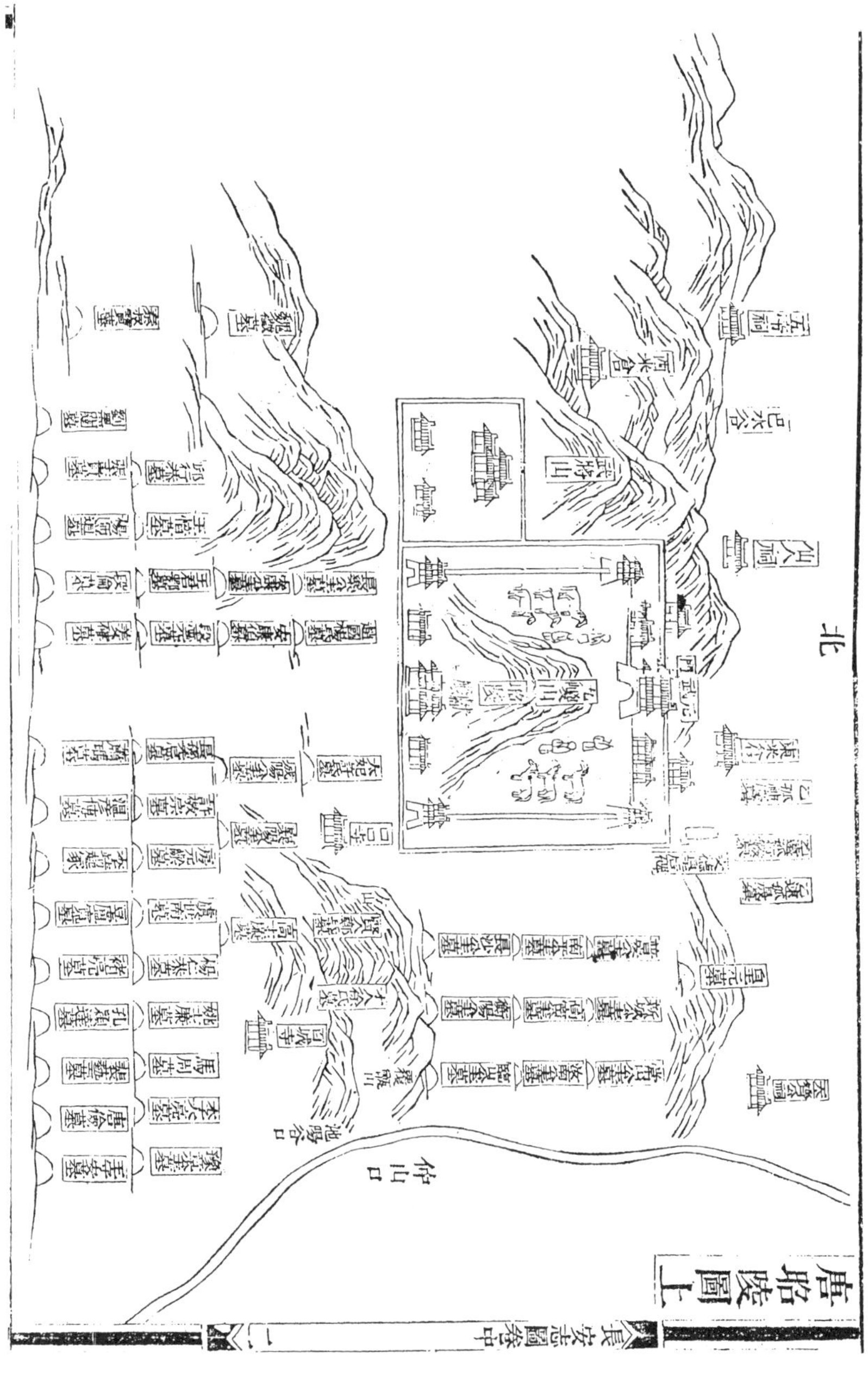
唐昭陵圖上
長安志圖卷中
北

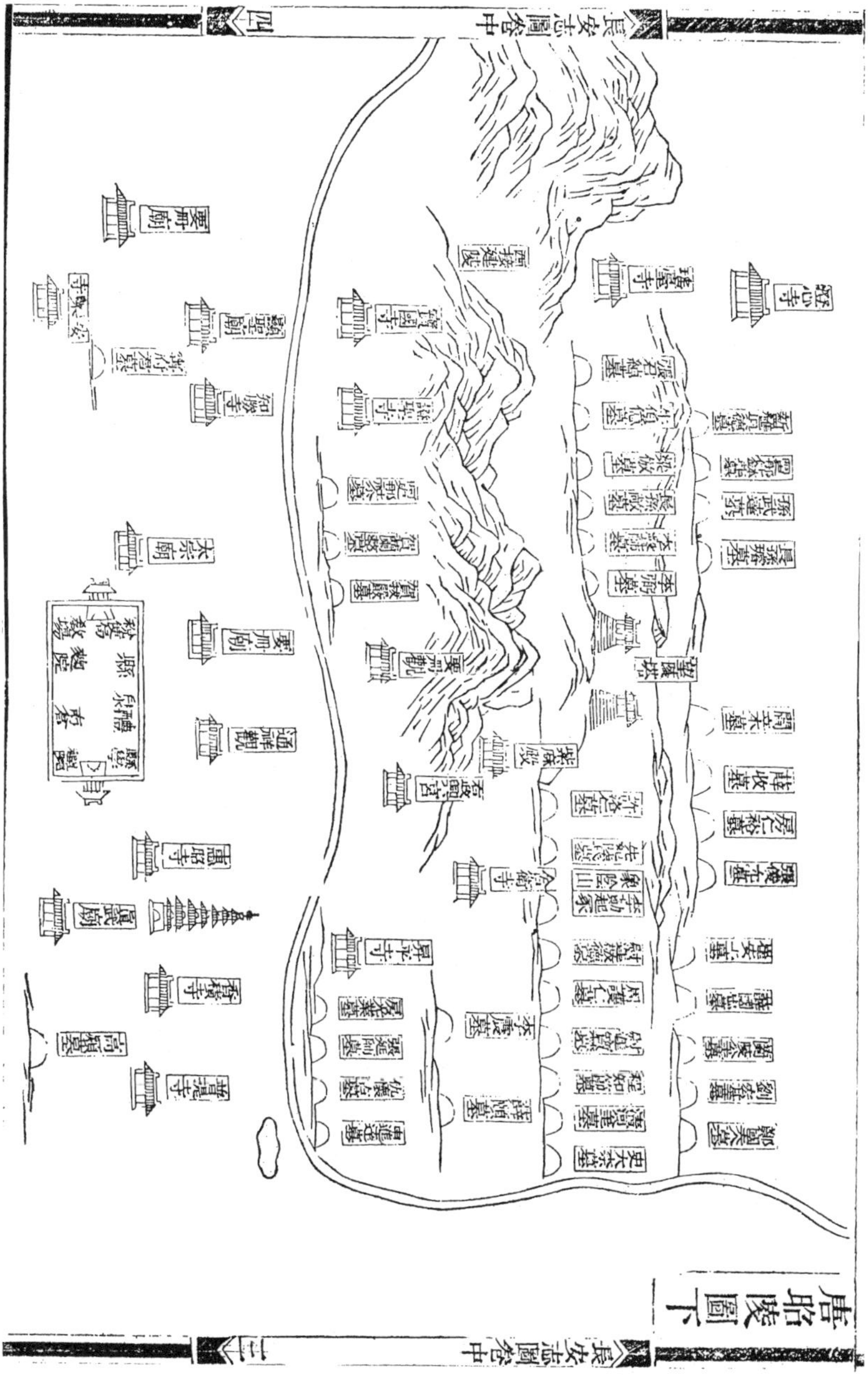

図 2-3　唐昭陵図

(23) 図とは先掲の『長安志図』所載の「唐昭陵図」であろう（図2－3）。本図では段志玄墓の東隣に長孫無忌墓が図示されている。本碑も所在不明である。

(24) 現在は流東村という村名になっているが、いずれも liu dong で全く同音である。

(25) 褚遂良は欧陽詢、虞世南、薛稷と並んで書家として初唐の四大家と称せられる。本碑は現在は昭陵博蔵。『文地』三七七頁礼泉県条、『昭陵碑石』一二三・一二二頁参照。

(26) 長安城内大慈恩寺の大雁塔の壁に嵌め込まれたもので、褚遂良の最高傑作とされる。雁塔聖教序と呼ばれる。

(27) 本碑の碑額に「大唐尚書右僕射司徒申文献公塋《えい》兆記」とあるのは、もともと墳丘を築かなかったからである。現在は昭陵博蔵。『文地』三七七頁礼泉県条、『昭陵碑石』二五・一二五頁参照。

(28) 李靖碑の撰者と書者の姓名は後掲の表に示したように判明している。李靖は突厥《トックツ》との戦いで大きな功績を挙げたので、彼の墓の墳丘は突厥の本拠であるモンゴル高原北部の陰山や積石山などを形どった三墳とされた。本碑は現在は昭陵博蔵。『文地』三七八頁礼泉県条、『昭陵碑石』三四・一三六頁参照。

(29) 李勣も突厥や薛延陀討伐に大功を挙げ、彼の墓はやはり陰山、鉄山、烏《ウ》徳《ト》鞬《ケン》山を形どった三墳形式である（写真2－11）。李勣碑は通高が五六五センチあり、現存する昭陵陪葬の神道碑中で最大であり、墓前に立つ（写真2－12）。李勣墓の所在地に一九七九年に昭陵博物館が建設され、広域な陪葬区に点在していた神道碑のほとんどが一堂に集められたので、趙崡が数日もかけて探訪した苦労は現在ではしなくても済むようになった。『文地』

李勣の墓と碑

一九七九年昭陵博物館建設

写真 2-11　李勣墓

写真 2-12　李勣碑
2001 年 3 月撮影

三七七頁礼泉県条、『昭陵碑石』六六・一九二頁参照。
（30）有名な碑、とくに初唐四大家のような名筆家が書した碑は、所在地を訪れた文人墨客が必ずと言ってよいほど拓本を取る。数メートルもある碑ばかりであるから足場を組んで数人がかりで行う作業となるから、その度ごとに農田が踏み荒されることになる。現地の農民はそれを嫌って碑文を意図的に削り去ったり、時には倒して地中に埋めてしまい、拓本を取れなくするのである。
（31）皇甫誕碑、九成宮醴《れい》泉銘碑、化度寺邕《よう》禅師舎利塔銘のことで、欧陽詢の最高傑作とされる。ここでは温彦博碑が摩滅が激しく、拓本を取ることを断念したのである。本碑は現在は昭陵博蔵。『文地』三七八頁礼泉県条、『昭陵碑石』二・一〇三頁参照。
（32）現在はほぼ同位置に西里村がある。里 li と峪 yu は音が近いから同一村であろう。
（33）褚亮は褚遂良の父。張後胤は張胤の誤り。これら六碑はいずれも現在は昭陵博蔵。『文地』三七八・三七九頁礼泉県条、『昭陵碑石』七四・二〇三頁、六五・一九〇頁、三三・一三五頁、一四・一一四頁、一九・一一七頁、五八・一七八頁参照。
（34）虞世南の生卒年は五五八〜六三八、孔穎達は五七四〜六四八である。
（35）優孟は春秋時代の楚の名優で、他人に成り切ることに長じていた。
（36）太宗の第一二女。現在は昭陵博蔵。『文地』三八〇頁礼泉県条、『昭陵碑石』四〇・一四八頁参照。
（37）現在は昭陵博蔵。『文地』三七八頁礼泉県条、『昭陵碑石』六二・一八五頁参照。現在は当該地に古村がある。古 gu と狗 gou は音がきわめて近いから同一村であろう。

(38) 現在は昭陵博蔵。『文地』三七九頁礼泉県条、『昭陵碑石』二八・一二九頁参照。現在は当該地に太陽村がある。意図的な村名の改変であろうか。

余翌日至其家。主食其鼎烹、僕食其蔬粟、馬食其芻茭、久無倦色。余遂安之為一詩。而令王甥携搨工、尽搨諸碑。孔頴達碑螭首嵌空処、有至正四年三月顧游特看此碑、墨書十二字、積泥土中、拭視如新。是一奇也。方搨而王生馬忽逸、追之。馬止処、一碑仆地。王甥語余、余募人起之。乃崔相公敦礼碑、大半完好。是又一奇也。余既不即行、則為訪求残碑。仆者起之、埋者出之、存額者搨額。尉遅敬徳碑、自額以下埋土中。聞十五年前、令尹芮質田掘、而搨数十紙。余出之、了無一字。蓋土人于芮君搨後、棰而瘞之耳。又山半数冢、土人謂宰相墳。仆一碑、伝是魏鄭公碑。山東半数冢、土人謂乱冢坪。仆二碑、余皆起之、則与尉遅碑同不知何年棰而仆之也。余不勝嗟悼、為一詩弔之。又有告我以陵北四十五里屹干村有乙速孤公碑者。余興欲飛。趙生語余勿行、是天将雨。余怪之、趙生指門前溪水、謂余水縮雨徴也。蓋水従巴谷出、村人鑿山引之灌田、田皆畝一鍾。而以其盈縮占雨、甚験。余猶弗信。已而陰雲忽起、大風抜木、驟雨如注、山谷応響、水泉皆溢。如秦王破王世充帰洛、鉄万騎二十五将後従、鼓吹声震長安中。余亟為短歌歌之、以敵其勢。

私は翌日、趙君の家を訪れると、私には御馳走でもてなしてくれ、下僕には蔬菜の食事を、馬にもまぐさをたっぷりと与えてくれたので、皆は満腹することができた。私は落ち着いたところで詩を一首作った。王允濂に拓本職人を連れて先の諸碑全てを刷り取らせた。孔顥達碑の螭首《ちしゅ》部分の孔を穿った側に「至正四年（一三四四）三月、顧游特が此の碑を看る」という一二字の墨書が読み取れた。土中に長らく埋もれていたのを土を拭い去ってみると今しがた墨書したかのように鮮明である。本当に珍しいことではある。(39) この碑の拓本を取ろうとした際、王允濂の馬が突然走り出し、彼は馬を追って馬が止まった所で倒れた一碑を見付け、私に告げた。私は何人かを傭って起こさせてみると崔敦礼碑で、碑文もかなりよく残っていることが判った。これまた珍しいことであった。(40) 私は（その後の予定の行程を）すぐには行かず、残碑を探すことにした。倒れている碑は起こし、埋もれている碑は掘り起こし、碑額の残るものは拓本に取ることにした。尉遅《うっち》敬徳碑は碑額より下の部分は土中に埋まっている。(41) 聞くところでは、一五年前に当地の県令芮《ぜい》君がこの土地を賃借して掘り起こし、拓本数十枚を取ったという。私は掘り出してみたが、摩滅して一字も読めなかった。恐らく土地の人間が芮君が拓本を取った後に碑文を削り去って埋め戻してしまったに違いない。山の中腹に数墓があり、地元では宰相墳と呼んでいる。一碑が倒れており、魏徴碑であると言い伝えている。(42) 山の東の中腹にも数墓あり、地元では乱冢坪と呼んでいる。(43) 二碑が倒れていたので起こしてみたが、尉遅敬徳碑と同様に何時の時かに文字を削り去り倒されたものであった。私は無念やる方なく、詩一首を作って悔んだのであった。昭陵の北四五里の叱干村に乙速孤公の碑があるとある人が私に告げてくれたので、興味を覚えて飛んででも行きたかったが、趙文奎はすぐに雨になるから行くなと言う。私は疑問に思ったが、趙君は門前を流れる溪谷水を指して、この水量が減るのは雨の前兆だと言う。この溪谷水は巴谷から流れ出るもので、村人は山中に水路を穿って村の畑に引き、（そのおかげで）

一畝当たり一鍾もの収穫が得られるのだと言う。(44)そしてその水流の増減によって雨が降るか否かを予知するのだが、非常によく適中するという。私はなおも半信半疑であったが、にわかに黒雲がわき起こり、樹木を抜くような強風が吹き、にわか雨が降り始めた。山と谷が響き合い、溪流も一気に増水して大音響に満たされた。あたかも秦王が洛陽に拠る王世充を撃破して長安に凱旋した時、鉄騎兵一万騎を率いた二五将軍が後に従い、それを迎える軍楽隊の鼓吹の音声が長安中に響きわたったかのようであった。(45)私はただちに短歌一首を作り、この風雨の情景を歌にした。

(39) しかるべき石碑は以下の三つの部分からなる。亀を形どった台座である亀趺、その上に文字を刻す碑身、そして上部に半楕円形で両側に昇龍の透し彫り、中央に碑題を篆書する螭首である。趙崡が本碑の墨書一二文字を見たのは二七五年後のことで鮮明に読み取れたと言っているが、現在は完全に消えてしまっている。　石碑は亀趺、碑身、螭首からなる

(40) 現在では本碑も摩滅が激しく、およそ半分ほどしか判読できない。現在は昭陵博蔵。『文地』三七九頁礼泉県条、『昭陵碑石』七六・二〇四頁参照。

(41) 一九七二年に尉遅敬徳墓は発掘され墓誌銘が出土した。現在は碑と墓誌銘は昭陵博蔵。『文地』三七七頁礼泉県条、『昭陵碑石』三九・一四五頁参照。

(42) 魏徴墓の所在地は現在では昭陵郷魏陵村と言う。本碑は現在は昭陵博蔵。『文地』三七六頁礼泉県条、『昭陵碑石』六六頁参照。

（43）坪とは黄土地帯特有のテーブル状の台地地形を言う。
（44）一畝は約五・八アール、一鍾は約五〇リットル。これは普通の畑の数倍の収穫量に相当する。雨量の少ない華北乾地農業地帯では灌漑用水の多寡がきわめて重要な意味をもつ。
（45）隋末以来の群雄割拠の中で、唐にとって最強のライバル勢力が洛陽に拠る王世充であった。武徳四年（六二一）、秦王李世民、すなわち後の太宗が王世充を平定したことにより、唐による全国統一のめどがほぼ定まった。この時の長安への凱旋については『資治通鑑』巻一八九に「（六月）甲子、秦王世民、長安に至る。世民は黄金の甲を被し、斉王元吉、李世勣等二十五将、その後に従う。鉄騎万匹、前後部の鼓吹、云々」とある。鼓吹は掆鼓《こうこ》（小鼓）・金鉦・大鼓・長鳴歌簫・笳・笛からなる大編成の軍楽隊で勇壮な曲を大音響で演奏歌唱して士気を鼓舞するものである。

秦王の凱旋記事

翌日稍霽、余与諸君乃上。其道有二。東曰御道、稍平。蓋唐帝謁陵所由。西道仄近荘河。乃従西道。土人謂有馬鞍険、恐余不能過。余至則履若平地然。九嵕中一峰、為太宗葬処、是曰昭陵。高不敵中南一小峰、而土人遂以為険絶、真井魚見也。余既至峰下、観歴朝祭碑与翁仲、或側或仆。独六馬皆以片石刻其半、左右列各三。攷欧陽詢書賛刻石、殷仲容又書刻馬座。今馬身半刻而無座字、製亦不類唐人。且太宗以天下全力、豈難作一石馬而半刻之耶。姑存待博物者。自此益斗絶、余独衣短衣而上、王甥先登。余老力衰、為之徐行。苟子先至馬鞍山、已悸不能置足、余掖之。至此益悸、余又掖之、相視而笑。既達其巓、則分東西二峰。見地脈従崆峒来至此界。以涇仲山嵯峨、障其東、涇出山後、渭逵其前。南則中南・太乙、亘若列屛。平川一帯、俯視無際。長安万戸城、若弾丸矣。巌半石洞、藤蘿翳之。所謂鑿山架閣、以入棺者。雨驟注不得至。為一詩而下。循山北行三十里、為東荘村。村人朴野、而能食客。但其地夏寒、四月麦才一尺、供具不備。客至、便刲一羊、不然則割雞。相氏者、高生巌婦翁也。競以酒肉、来意甚殷、余頷之。是日午、之叱干村。村東二冢、一為乙速孤昭祐碑、苗神客撰、釈行満正書。一為乙速孤行儼碑、劉憲撰、白義晊分書。地僻、搨者少、故得稍完亦幸。已叱干村之西南、又二十余里、豆盧村。陳生庭譔慕余好古、聞余至、鞭馬觴余于叱干。相見甚驩、余即碑下為満引数觴、鄭重而別。是夜、宿東荘。寒甚、余雖被酒、猶覆二被。視山南別一天地矣。為一詩。

翌日、天候がやや回復したので、皆と一緒に昭陵に登ることにした。登山道は二本あり、東を御道といってやや平坦な道である。唐の諸帝が昭陵に参詣した際に通った道である。西道は荘河村に近いので、西道を登ることにした。村人は馬で行くには危険であり、私にはとうてい無理だろうと言ったが、私は西道を行くことにした。何のことはない、平地を行くのと変わりはないではないか。九嵕山の一峰が太宗の葬られた所で、昭陵と言い、高さは中南の一小峰ほどではない(46)。そうであるのに村人が切り立って危険であると言うのは、まさに井の中の蛙である。やがて私は峰頂のすぐ下に到達し、歴代の祭碑と石人群を見たが、あるものは傾き、あるものは倒れていた(47)。ただ六馬像だけはいずれも片石に半刻され、左右に三体ずつ並べられている(48)。欧陽詢と殷仲容が台座部分に書した六馬賛があるはずであるのだが、今では馬の半刻像が残るだけで台座の刻字は摩滅してしまっている。(49) 六馬像の製作は唐代のものとは思えない。かつ太宗ほどの人物であるならば、天下の力を結集して丸彫りの石馬を彫造することなど容易であったろうに、一体どうして半刻のものにしたのであろうか。博学の士の後考を待ちたい。(50) ここから道は切り立って険しくなり、私は短衣一枚となって登った。王允濂は先にどんどん登ったが、私は年老いて力も衰えているのでゆっくりと登った。荀好善は先に馬鞍山に登っていたが、動悸が激しく足が地につかない有様であったので、私は腋を抱えてやった。ここに来ると彼はますます息切れしてしまったので、私はまた腋を抱えてやり、二人して顔を見合わせて互いにニヤリとした。遂に山頂に立って見回すと、東西二峰に分れており、山並みを眺めてみると崆峒山から発してこの界にまで伸びていることがわかる。涇仲山が高々と聳えて東側を障り、涇水がその背後から流れ出し、渭水が前方を流れる。(51) 南には中南山や太乙山が屛風のように東西に連なり、(その間は) 広々とした平原で障るものは何もなく、万戸が住する長安城はあたかも弾丸のごとく一粒の点である。(52) 岩壁半ばのところに石洞があり、入口は藤かずらでびっしりと蔽われている。いわゆる「山を鑿ち閣を架け、以て棺を入れる」ものであるが、(53) 急に雨が降ってきたのでそこまでは行けなかった。ここで詩を一首作り下山した。山沿いに北行すること三〇里で東荘村に至った。村人は素朴で客人に食事を提供してくれる。ただこのあたりは夏でも寒冷で、四月になっても小麦はようやく一尺に生育するばかりで、供するべき食材も十分ではない。そこで客人があると羊や鶏を殺してふるまってくれる。村人の相氏は高巌の岳父で、次々に酒食をすすめて盛大に歓迎してくれた。私は大いに満足であった。この日の正午に叱干村に行った。村の東に二墓があり、一は乙速孤昭祐碑があり、苗神客の撰、釈行満の正書である。他の一は乙速孤行儼碑で劉憲の撰、白義晊《しつ》の八分書である。[54] 辺鄙な所であるために拓本を取るものも少なく、ほぼ完全な拓本を取ることができたのは幸いであった。叱干村の西南二〇里ばかりのところに豆盧村がある。この村に住む陳庭譔は私を思慕する好古の士で、私がやって来たことを聞きつけると、豆盧村から馬を飛ばして私と酒を酌み交すために叱干村にまでやって来た。会うや互いに大いに喜び合い、私は早速に碑の下で数杯の酒を呑み交した後、丁寧な挨拶を交して別れた。この日の夜は東荘村に泊まったが、非常に寒かった。私は酒を呑んでいたにもかかわらず、寒くて布団を二枚重ねて寝た。山の南の地に比べて全くの別世界である。詩を一首作った。

(46) 全体で九峰からなり、いずれも急峻であるので九嵕山という。

(47) 山頂下北側の玄武門の前に立ち並ぶ異民族首長の石像一四体と後世の祭祀文碑のこと。石像は一体も現存せず、二〇〇一年三月時点では明清期の祭祀文碑八碑のみが現存する（写真2－13）。

(48) 有名な昭陵六駿の石像で、およそ縦一七〇センチ、横二〇〇センチの石版に浮彫されている。半刻とは丸彫りではなく浮彫であることをいう。太宗が群雄平定の戦いで乗った六頭の馬を形どったもの。うち二石は一九一四年に海外に流出し、現在は米国フィラデルフィア大学博物館に蔵せられている。他の四石は西安碑林博蔵。

昭陵六駿の石像

写真 2-13　九嵕山昭陵山頂付近
2001 年 3 月撮影

(49) すでに宋代には欧陽詢の賛はなくなっていた。本文に見えるように、殷仲容の賛も明の万暦年間には消滅してしまっていることが知られる。

(50) 六駿が唐代の作とは思えないとする趙崡の考えは全くの誤り。太宗の晩年ないし高宗初めの頃の作であることは確実である。趙崡は書に関してはかなりの造詣を有するものの、石刻彫像の類いに関してはあまり鑑識眼を持っていないようである。「豈に一石馬を作ること難くして、之を半刻にするや」と言うが、浮彫の例は高宗乾陵の神道に配置されている駝鳥がある。

(51) 崆峒山は涇水の水源で、現寧夏回族自治区涇源県にある。九嵕山頂から東を流れる涇水までは直線距離で約一一キロ、南の渭水までは約四五キロある。

(52) 中南山、太乙山は終南山、すなわち秦嶺山脈の別名。既に「一遊終南」に見えた。山頂から長安までは約五八キロあり、はたして遠望できたかはやや疑問である。ただ、唐代には太宗が亡くなった長孫皇后を偲んで、長安宮城の高楼上から皇后を葬った九嵕山昭陵を眺めて涙したという記録がある。

(53) 岩壁に横穴を穿って棺を納める崖墓ないし懸棺葬と呼ばれる墓葬のことのようであるが、このような墓葬形式は四川や華南の少数民族に見られるもので、陝西省のこのあたりにあったとは考えられない。趙崡の思い違いであろうか。

(54) 乙速孤神慶（字は昭祐）と乙速孤行儼は父子である。神慶碑は清末までは現地に存していたが、現在は所在不明、行儼碑は残っており、現在は昭陵博蔵。ただし、叱干村のこの二墓は九嵕山の南麓の陪葬区ではなく、北約一〇キロにあり、昭陵陪葬ではない。

『文地』三八二頁礼泉県条、『昭陵碑石』八六・二一六頁参照。

翌日、南行、縁谿上下。雨気初開、日光磨盪。泉声在耳、山色映人。興致殊佳、為一詩。遂由東道下谷口、為烟霞洞。伝為鄭子真隠居処。涇陽亦有谷口、此去涇尤近。而漢中又有谷、不知誰是。余与王子・荀子・高子、小坐樹下、談子真事。居人輒答曰、村無姓鄭者。口占一絶句嗤之。是日、別高子、抵儀門。荀子宴余。荀子三世同居、白叟黄童、一家満坐。殊令人媿羨。

翌日、溪谷沿いに上ったり下ったりしながら南行した。雨雲が去って太陽の光がふり注ぎ、溪谷水の流れる音が耳に聞こえ、山の緑が目に映える。気分はきわめて爽快となったので、詩を一首作った。やがて東道で谷口にまで下りてくると烟霞洞があった。この洞窟は鄭子真が隠棲した所だと言い伝えられている。涇陽にも谷口の洞があり、ここからは至近である。さらに漢中にも谷口の洞があり、いずれがその場所なのか判らない[55]。私は王允濂、荀好善、高巌らと樹下で一休みし、鄭子真のことを談り合った。土地の人間が（今のことと錯覚して）このあたりの村には鄭姓のものはいませんと言う。絶句詩を頭の中で一首作り、彼らの無知を嘲笑した。この日、高巌とは別れ、儀門村に戻った。荀好善が私のために宴席を設けてくれた。荀君は三世代同居で、白髪の老人から幼い童子までの大家族であり、うらやましい限りである。

(55) 鄭子真は前漢末成帝期の隠者。『漢書』巻七二参照。漢中は秦嶺山脈の南側、漢水上流の地。

翌日、南過阿史村。村亦有数大冢。因憶叱干・豆盧・阿史那、皆代北大姓。而阿史那・豆盧諸人、又有功于唐、陪葬昭陵。此必三族所居、而無所考。過此東望茂陵、巋然壁上、而衛・霍諸将付焉。想見武帝之盛、登臨瀚海、勒功燕然、似不減李靖斥陰山擒頡利時。而俗儒往往訾之、殊為可恨。略而南阪尽得興平城。城上于茂陵九嵕則又皆在指顧中矣。余不勝感慨、為一詩。而興平于子養賢、又為言其頖宮一碑。亟往観、乃隋賀若誼碑。宋人磨其陰、刻作夫子廟碑、元文尚存十五。聞昔曽完好、一県令不耐巌貴人之索取、椎其字過半云。已于崇寧寺壁間、得隋常醜奴墓誌。書雖不大佳、唐以前物、可存也。是日、徐明府聞而邀余飲。明府巴県人、先大夫曽貳巴郡、今墓木拱矣。見明府殊有風木之感。明府亦俊朗、歓然道故。余為一詩、謝之而属之。賀若誼・常醜奴二石、乞置守焉。

翌日、南行して阿史村を通り過ぎた。この村にもいくつかの大墓がある。そこで思ったのは、叱干、豆盧、阿史那はいずれも代北の大姓であるということである。[56] 阿史那忠や豆盧寛は唐建国に功績があり、昭陵に陪葬されている。これらの村は必ずやこの三族が住した所であろうが、今では考えるすべはない。このあたりからは東に茂陵が望見できる。茂陵は高く壁のようにそそり立ち、衛青や霍去病が陪葬されている。[57] 武帝の盛んなること、瀚海に臨み、功業を刻して燕然山に立碑したことは、[58] 李靖が陰山で頡《けつ》利を捕虜としたのと[59]優劣はつけがたいものがある。それなのに後世の俗物儒者どもは武帝のことを（あまりにも国力を浪費したと）批難するのは、まことに残念なことである。目の前の南阪の上に興平県城が横たわる。城壁の上からは茂陵と九嵕山が手に取るように見える。私は感動して詩を一首作った。興平県在住の于子養は賢明な人物で、県の孔子廟に一碑があると教示してくれた。早速に行ってみると、隋の賀若誼碑であった。宋代にその碑陰を摩いて夫子廟碑文を刻しているが、元の刻字がなお半分ほど残っている。[60] 聞くところでは、以前にはほぼ完全であったのだが、権貴な地位の人間がその拓本をしばしば求めることに堪えられなくなったある県令が、刻字の過半を削り去ってしまったのだという。ついで崇寧寺の壁に嵌め込まれている隋の常醜奴墓誌銘を見た。その書はさほどよいものではなかったが、唐以前のものであるからには拓本を取っておかねばならない。[61] この日、徐明府が私のことを聞きつけて、招待して宴席を設けてくれた。徐明府は巴県の出身で、私の父がかつて巴郡の次官であった（ことからの知合いである）。[62] 父が亡くなってかなりの年月がたち、徐明府も亡父を偲んでくれているようであった。徐明府は俊才かつ明朗な人柄で、昔のことを楽しく語り合った。私は詩一首を作り、感謝のしるしとして献呈し、賀若誼碑と常醜奴墓誌銘の二石を保存するようにお願いした。[63]

（56） 漢人姓のほとんどが単姓であるのに対し、北方遊牧民族の出身者の多くは二字姓や三字姓であり、これを複姓という。代北とは北方の草原地帯のこと。もともと北族は姓氏

漢人姓のほとんどが単姓なのに北方遊牧民族出身者の多くが複姓なのは――

をもたず、中国化する過程で部族名を姓氏とするようになった。部族名を漢字で音写する際に、一字一音節の漢字では一文字で音写することはほとんど不可能であり、そのために複姓となる。北魏宗室の拓跋氏が鮮卑族拓跋部であったことから、その部族名を姓氏としたのが代表例である。阿史那氏は突厥系、豆盧氏は鮮卑系慕容部の支族、叱干氏は鮮卑系の出身である。

漢武帝陵

(57)前漢の武帝陵。覆斗型(四角錐台)の人工版築の墳丘は、底辺の東西二二九メートル、南北二三一メートル、高さ四六・五メートルの巨大なもので、前漢諸陵の中で最大規模を誇る。衛青墓は茂陵の東北東約九〇〇メートル、霍去病墓は東北東約一キロにある。阿史村は現在の地図上には見当たらないが、趙崡が茂陵を望見した距離は五キロ前後と推定できる。

(58)武帝期の匈奴討伐のことである。驃騎将軍霍去病が「瀚海に臨んで還る」ことは『史記』匈奴列伝に見える。瀚海は大湖沼でバイカル湖に比定される。一説に大砂漠のこともいう。燕然山に紀功碑を立てたのは後漢の竇《とう》憲であり、趙崡の誤解である。

(59)六三〇年、東突厥を陰山で撃破し頡利可汗を捕え、その地に燕然都護府を置いた。唐の漠北ステップ制覇がこれによって完成した。

(60)本碑に拠れば、霊州総管賀若誼は五九六年に没している。現在も興平県城内の孔子廟にある。もとは墓前に立碑されたものであるが、宋代に碑陰に夫子廟碑が刻せられたことから、すでに宋代には孔子廟内に移置されていたことが判る。墓の所在地は未詳。『文地』四六二頁興平市条参照。

(61) 滎沢《けい》県令常醜奴は六一五年の没。墓中から出土した本墓誌銘は何時の時にか崇寧寺に蔵せられるようになったもので、墓の所在地は未詳。本墓誌銘も清末には所在不明となっている。

(62) 巴郡は古名で、明代の正式名は重慶府。

(63) ここから判るように、徐明府は万暦末年の興平県令であった人物である。明府は州県長官の尊称。

翌日帰。是役也、為日十四、得隋碑二、隋墓誌一、唐碑二十、石鼓一、尉遲恭・杜淹・李思摩・順義公・先妃陸氏・清河公主碑額六。為詩、五言古二、七言古二、七言律四、五言律三、七言絶二。

翌日、帰り着いた。今回の旅は一四日間で、拓本を取ったのは隋碑二、隋墓誌銘一、唐碑二〇、石鼓陀羅尼経幢一、尉遲恭（字は敬徳）碑・杜淹碑・李思摩碑・順義公碑・先妃陸氏碑・清河公主碑の碑額六であった。(64) 詩は五言古詩二首、七言古詩二首、七言律詩四首、五言律詩三首、七言絶詩二首であった。

(64) これら六碑はいずれも土中に埋もれていて碑額（螭首）部分だけが地表に出ていたのである。現在は杜淹碑と李思摩碑を除く四碑は掘り出されて昭陵博に蔵せられている。順義公は裴藝、先妃陸氏は太宗第一二子紀王慎の妃、清河公主は太宗第一一女。『文地』

三七八・三八〇頁礼泉県条、『昭陵碑石』三九・一四五頁、一五・一一六頁、五一・一六六頁、四五・五六頁参照。次の一覧表は「関中唐十八陵調査記」（『文物資料叢刊』第三輯　文物出版社　一九八〇）の付表に拠って作製したものである。備考欄に※印を付した碑は本文中で趙崡が言及しているものである。

唐昭陵陪葬墓現存碑一覧表

碑名	刻碑時期	撰者・書者	サイズ（cm）	現状	備考
温彦博碑	貞観11（637）	岑文本撰 欧陽詢書	343×105×37	碑上部の保存はかなり良好	昭陵博蔵　※
段志玄碑	同16		340×102×30	字の多くは摩滅	同右　※
魏徴碑	同17	太宗御撰・御書	430×110×40	字は完全に摩滅	墓前に埋没
褚亮碑	同21	殷仲容書	330×102×30	字の保存はやや良好	昭陵博蔵　※
高士廉 塋兆記	同21	許敬宗撰 趙模書	425×127×48	同右	同右　※
孔穎達碑	同22	于志寧撰	305×107×31	字の多くは摩滅	同右　※
房玄齢碑	同22	褚遂良書	375×127×42	字の三分の二は剝落	同右　※
豆盧寛碑	永徽元（650）	李義府撰	350×103×33.5	同右	同右　※
薛収碑	同5	于志寧撰	290×98×27	約五〇字を残す	同右　※
崔敦礼碑	顕慶元（656）	于志寧撰 于立政書	330×91×31	字の約三分の二は剝落	同右　※

張胤碑	同5	李義府撰	350×104×29	字の約二分の一は剝落	同右	※
李靖碑	同5	許敬宗撰 王知敬書	430×122×40	字の約三分の二は摩滅	同右	※
尉遅敬徳碑	同4	許敬宗撰 王知敬書	445×149×52	字の約半分は摩滅		※
蘭陵公主碑	同4	李義府撰 豆盧哲書	335×102×31	字の保存はやや良好	同右	※
許洛仁碑	龍朔2(662)		345×112×34	碑石の約半分が残る	同右	※
杜君綽碑	麟徳2(665)	李儼撰 高正臣書	361×117×34	字の約半分が残る	同右	
清河公主碑	同2	李儼撰 暢整書	359×112×33	わずか数字が判読できるのみ	同右	※
紀国先妃陸氏碑	乾封元(666)		310×99×30	字の多くは摩滅	同右	※
張阿難碑	咸亨2(671)	僧普□書	206×77×24.5	わずかに百余字を残す	同右	※
馬周碑	上元元(674)	許敬宗撰 殷仲容書	360×116×33	字の多くは摩滅	同右	
李勣碑	儀鳳3(678)	高宗御撰・御書	565×176×54	字の保存はかなり良好	同右	※
唐倹碑	開元29(741)		325×111×32	同右	同右	※
牛進達碑			370×106×37	二つに断碑、少数字を残す	同右	
越国太妃燕氏碑		高正臣書	372×120×31		同右	

姜簡碑				碑額を残すのみ	同右
周道務碑	上元2（675）	残欠		上部二〇字余りを残すのみ	
裴藝碑		上官儀撰 褚遂良書		わずか七〇余字を残すのみ	昭陵博蔵　※
程知節碑	麟徳3（666）	許敬宗撰 暢整書		もと二つに断碑、一九六三年再発見	同右
房仁裕碑		崔融撰 房琳書	320×102×32	字の多くは摩滅	同右
李孟嘗碑	乾封元（666）	李安期撰 李玄植書	379×113×37	字はほぼ完好、一九六四年出土	同右
呉黒闥碑	総章2（669）		390×107×33	字の約半分は完好、一九六五年出土	同右
周護碑		許敬宗撰 王行満書	390×107×33		同右
李承乾碑	開元26（738）		142×103×28	碑の一角を欠く、一九六四年出土	同右
李貞碑			350×103×31	字の多くは摩滅、一九六四年出土	同右
阿史那忠碑			376×114×34		同右　※
長楽公主碑			300×102×30	字は全て摩滅、一九六四年出土	同右
梁敏碑				碑首のみ残る	同右
唐嘉会碑	顕慶中	暢整書	残欠	百字余のみ残る	同右

新城公主碑			151×101×26	字は全て摩滅	
姜遐碑		姜晞撰	313×102×28	一九七四年、二断碑として出土	昭陵博蔵　※
豆盧仁業碑			303×103×32		同右

三　遊城南

帰自九嵕之明日、王甥先帰長安。余亦以他事、不得即東。又十余日、乃戒装至。則王甥有世母之喪、余居逆旅以俟之。意殊鬱鬱、適張生衍祥来。

三　城南に遊ぶ

九嵕山から戻った翌日、甥の王允濂はまず長安に帰った。私も用事ができたので、すぐに（城南をめぐるために）東行できなくなった。さらに十日余りしてようやく旅の荷物が届いた。ところが王允濂の伯母が亡くなったので、私は宿屋にずっと滞在して彼の喪が明けるのを待たねばならなかった。全く憂鬱な気分であったが、ちょうどそこへ張衍祥が訪ねてきてくれた。

翌日、与偕出安定門、過演武場、遊崇仁寺。本名崇聖、建自隋唐。今為秦邸香火院、締構丹碧、長安城諸寺不及也。俗呼金勝寺。経堂前有唐大徳檀法師塔、銘姜立祐撰。石幢尊勝神咒、張少悌撰、皆殊絶。余観、已小坐寺中。先是王甥告余、以寺西一里許、丁知州園掘得唐人墓誌、使求之。則園已易主、誌磨為他用矣。

翌日、(張衍祥と)ともに安定門[1]から城外に出て、演武場を経て崇仁寺に行った。この寺はもと崇聖寺といい、創建は隋唐時代である。[2]現在は秦邸の香火院となっている。[3]寺の規模や装飾は長安の諸寺中で随一である。俗に金勝寺とも呼ばれる。経堂の前に唐の大徳檀法師塔があり、その塔銘は姜立祐の撰である。[4]石幢の尊勝陀羅尼経は張少悌の撰である。いずれも見事なものである。私はこれらを見て寺内で少しばかり一休みした。以前に王允濂が寺の西一里ばかりの所にある丁知州の庭園から唐人の墓誌銘が出土したと言っていたので、これを探し求めたが、庭園は所有者が代わり墓誌銘も刻字が削り去られて別物に転用されてしまっていた。[5]

(1) 安定門は明の西安府城の西門である。明西安府城図(図2-4)参照。現在の西安城の安定門(西門)と同じである。

(2)『長安志』巻九崇徳坊条「西南隅に崇聖寺。寺に東門、西門有り。もと済度尼寺。隋

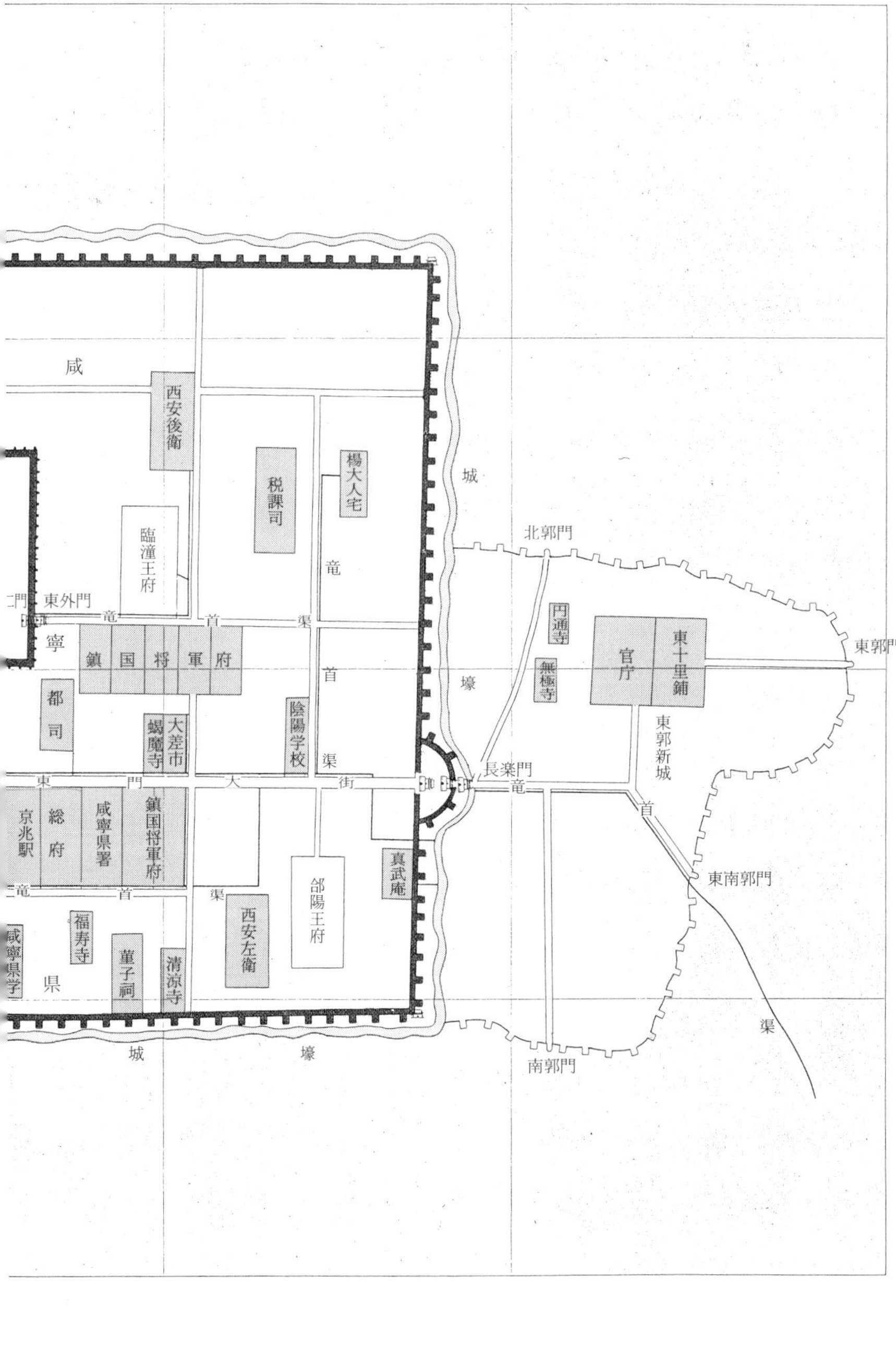
咸
寧
県
城
壕
西安後衛
税課司
楊大人宅
臨潼王府
東外門
竜
首
渠
鎮国将軍府
都司
蝎魔寺
大差市
陰陽学校
東門大街
京兆駅
総府
咸寧県署
鎮国将軍府
真武庵
部陽王府
西安左衛
福寿寺
董子祠
清涼寺
咸寧県学
北郭門
円通寺
無極寺
官庁
東十里鋪
東郭門
東郭新城
長楽門
東南郭門
南郭門

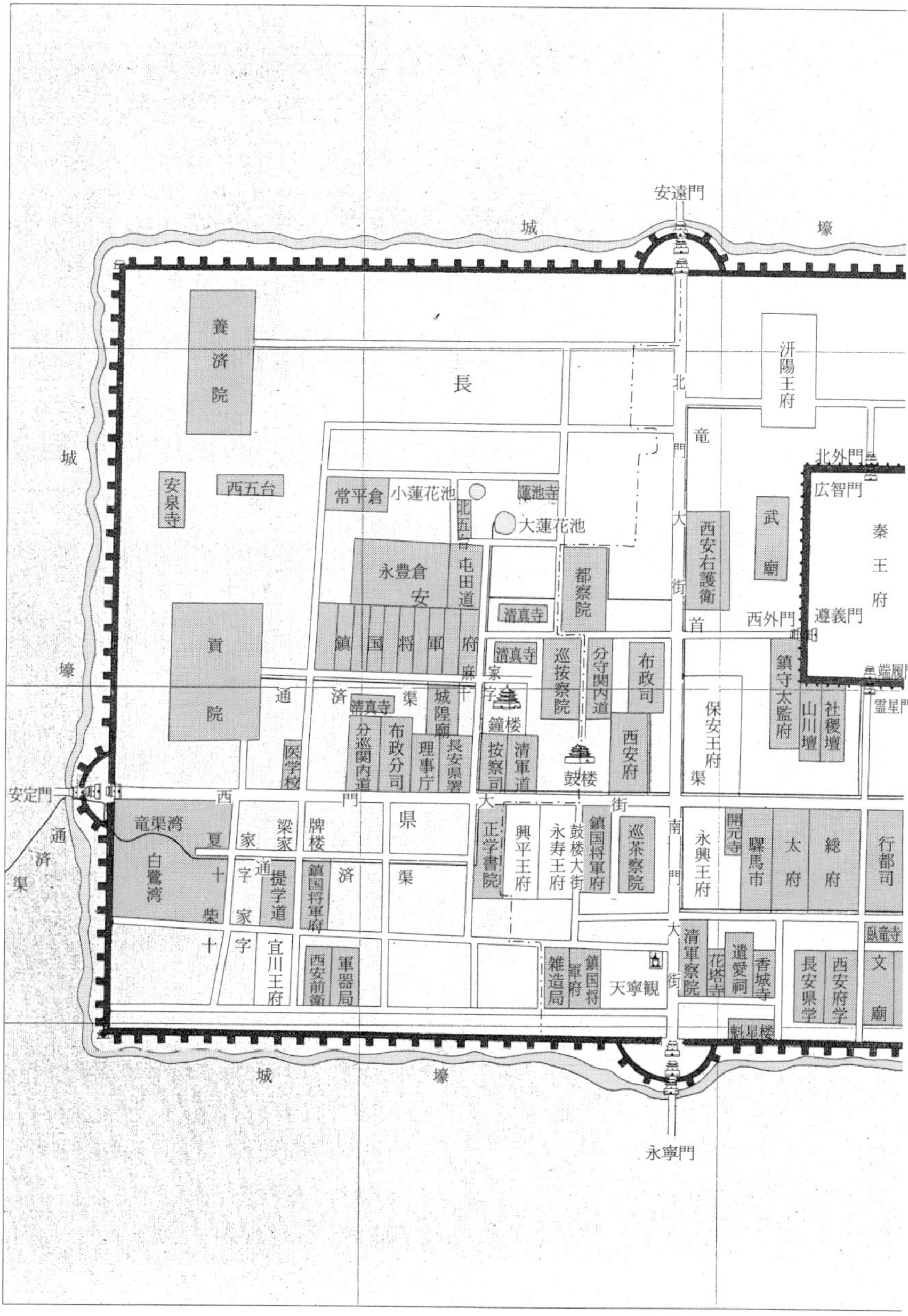
安遠門
城
壕
養済院
長
北
汧陽王府
竜
門
北外門
広智門
城
安泉寺
西五台
常平倉
小蓮花池
蓮池寺
大蓮花池
北五台
大
西安右護衛
武廟
秦王府
永豊倉
安
屯田道
都察院
街
清真寺
首
西外門
遵義門
貢院
鎮国将軍府
清真寺
巡按察院
分守関内道
布政司
鎮守太監府
端礼門
壕
麻家十字
霊星門
通済渠
清真寺
城隍廟
鐘楼
保安王府
山川壇
社稷壇
分巡関内道
布政分司
理事庁
長安県署
按察司
清軍道
鼓楼
西安府
医学校
渠
安定門
西
門
大
街
竜渠湾
梁家
牌楼
県
正学書院
興平王府
永寿王府
鼓楼大街
鎮国将軍府
巡茶察院
南
永興王府
開元寺
駅馬市
太府
総府
行都司
通済渠
夏家十字
白鷺湾
通
提学道
鎮国将軍府
済
渠
門
柴家十字
大
清軍察院
花塔寺
遺愛祠
香城寺
臥竜寺
宜川王府
西安前衛
軍器局
雑造局
鎮国将軍府
天寧観
街
長安県学
西安府学
文廟
魁星楼
城
壕
永寧門

図 2-4　明西安府城図

の秦孝王俊が宅を捨して立つる所。東門はもと道徳尼寺。隋の時に立つ。貞観二十三年（六四九）に至りて、済度寺を安業坊の修善寺に徙し、其の所を以て霊宝寺と為し、尽く太宗の嬪御を度して尼と為し以て之に処らしむ。道徳寺の額を嘉祥坊の太原寺に徙し其の所を以て崇聖宮と為し、以て太宗の別廟と為す。儀鳳二年（六七七）、併せて崇聖僧寺と為す。」

（3）明代の西安府城には秦王、汧《けん》陽王、保安王、永興王、郃《こう》陽王、臨潼王、永寿王、宜川王等の王府が置かれ、封建された皇子たちが諸王として城居していた。諸王府中で秦王府が最大面積を占めた。秦王の初封は太祖第二子朱樉《そう》で、明代およそ二七〇余年間に一四代にわたり世襲された。秦邸の香火院とは歴代秦王の菩提寺のことである。

香火院は菩提寺

（4）趙崡『石墨鐫華』巻四唐大徳檀法師塔銘跋「此れは姜立祐の撰なるも、書者の名なし。行書。筆法は円健にして清逸、当に建初（書）の大遍覚銘と並び観るべし」。

（5）唐長安城内崇徳坊の崇聖寺から西一里であれば城内区であり、そのような所に唐人の墓が営まれたとは考えられない。本墓誌銘は他所で出土したものが移置されて再び埋没したものか。「誌は磨かれて他用と為れり」とは、磨臼の類いに転用されているのであろう。同様の例は現在でもしばしば見かける。

是時、余居長安五日。長安中諸好余者、競携酒過余、履錯于戸。而王戸部尭年別余二十年、則召余飲。且出所蔵古碑以贈余。余得之而喜可知也。

この時までで私は長安に五日間滞在した。長安在住者で私に好意をもつ人々が次々と酒を持参して私を訪れてくれ、玄関はその履物で一杯となった。戸部の王尭年とは二十年ぶりの再会で、私を酒席に招待してくれ、さらに所蔵する古碑（の拓本）を私に贈与してくれた。私にとっていかに嬉しかったか判ろう。

又二日、王甥亦戒装、携張茂中遊城南記、偕余出永寧門。永寧門西安之南門。西安城本隋唐而狭小之。記所謂安上・啓夏・含光諸門、皆亡其故処。今城四門、東曰長楽、西曰安定、南曰永寧、北曰安遠。自永寧門至薦福寺三里許。寺経廃徙、非唐搬。塔十五級、嘉靖乙卯地震、裂為二。癸亥地震、復合無痕。亦一奇也。僧房闃寂、多余旧主。而余友臨潼楊師震独買一院、称有髪頭陀居其中。余曽数訪之、今師震謝世且三年。院中荒落、不覚潸然。為二詩以弔。

二日が過ぎ、王允濂も旅の用意が整った。そこで張茂中の『遊城南記』を持って(6)私と一緒に永寧門から城外に出た。永寧門は西安城の南門である。西安城は隋唐時代に造営されたものだが、今の城郭ははるかに小規模である。『遊城南記』にいう安上門、啓夏門、含光門はいずれも所在が判らなくなっている(7)。現在の西安城の城門は四門で、東門を長楽門、西門を安定門、南門を永寧門、北門を安遠門という(8)。永寧門から三里ばかりで薦福寺であるが、廃されたり移築されてしまっているので、唐代創建時のものではなくなっている。十五層の塔があり、嘉靖三四年（一五三五）の地震で二つに裂けたが、四二年（一五六三）にまた地震に遭って裂け目が合わさって元通りとなった[9]。珍しいことではある。僧房はさびれてしまっている。ここには私の旧知のものが多く住していた。私の友人である臨潼出身の楊師震は僧房の一院を買い取って、有髪頭陀[10]と称してそこに住していた。私は何度も彼を訪ねたが、今では彼が亡くなって三年になろうとしている。彼の住した院も荒廃してしまっている。思わず涙が出てしまった。詩を二首作って彼を弔った。

（6）趙崡は張礼の『遊城南記』を持参し、張礼の踏査した唐代遺跡や遺構、そして唐代の石刻をほぼ忠実に辿っている。以下にしばしば『遊城南記』を引用して五〇〇年以上の時の流れによって多くのものが亡佚してしまっていることを記している。　張礼の『遊城南記』を持参

（7）安上門と含光門は唐長安城皇城の南面の門、啓夏門は羅城南面の門である。前二門は明西安城南壁に埋め込まれており、啓夏門は城南農田区で完全に消滅してしまっている。

（8）明西安城の東西南北四門は現在の西安城でも同名でそのまま使われている。但し、現在の西安城では人や車の往来の便のため複数の小門が開かれている。

（9）小雁塔である。趙崡が小雁塔を訪れたのは嘉靖四二年の地震で「復た合して痕無し」という状態となった約五〇年後の万暦末年のことであった。

（10）頭陀とは煩悩を払ってひたすら仏道を修行することを言うから、出家せずに有髪のまま出家僧と同様に修行するものと自称したのである。

出寺南行又三里許、為興善寺。前拠草場坡、所謂横岡之第五爻也。雍録、長安志諸書皆云、隋宇文愷築大興城、以城中有六大坡、象乾六爻。于九二置宮室、九三置百司、九五貴位、不欲人居、置玄都観・大興善寺以鎮之。観当在寺西。寺東又有裴度宅、張権輿所謂宅拠乾崗者。今観与宅皆廃、独寺存。寺後閣巍然、銅仏像并転経蔵、疑皆昔時物。閣前有唐大徳禅師碑額。閣上有故按察劉公餘沢詩。按察与余最善、読之惨然、為一詩以弔。

薦福寺から南に三里ばかり行くと興善寺である。寺は草場坡の上にあり、東西に横たわる第五筋目の丘陵と言われるものである。『雍録』や『長安志』などの文献に「隋の宇文愷が大興城を築城する際に、城中に東西に横たわる六筋の丘陵があることから、易の乾の六爻を象徴するものと見なした。そこで九二の位置に宮殿を配置し、九三には百司官衙を配置した。九五は高貴な位置であるから一般庶民が居住するのは好ましくないので、玄都観と大興善寺を配置してここに鎮座することにした」とある。玄都観は興善寺の西側にあったはずである。興善寺の東には裴度の邸宅もあったはずで、張権輿がその邸宅は乾爻に拠って建てられていると謗《そし》ったものである。今では玄都観や裴度の邸宅は跡形もなく、興善寺だけが残っている。興善寺の後閣は高い立派な建物で、内部には銅製の仏像と転経蔵[11]があり、これらは唐代のものではなかろうか。後閣の前に唐の大徳禅師碑額がある。後閣の上階には故人となった按察使劉餘沢が壁面に墨書した詩がある。劉公と私はきわめて親善の間柄で、この詩を読んで生前を偲んで悲しくなり、詩を一首作って弔った。

（11）転輪蔵、転関経蔵ともいう。仏教経典を収める書庫であるが、回転式になっていて取り出しや収納が容易にできるようにしたもの。

出寺、東南行又三里許、為慈恩寺。拠記云、寺経廃毀殆尽、唯一塔儼然。則今寺亦非唐搠。而塔自宋煕寧火後、不可登。万暦甲辰、重加修飭施梯、始得至其巓、秦山涇渭、皆入目中。余賦一詩。求記所謂唐人孟郊・舒元輿之類、皆不可得。塔下四門、以石為桄、桄上唐画仏像精絶。為遊人刻名、侵蝕可恨。東西両龕、褚遂良書聖教序記尚完好。而唐人題名碑刻、無一存者。問之僧云、塔前元有碑亭、乙卯地震、塔崩墜、圧為砕段、今亡矣。又按唐史、高宗御製并書慈恩寺碑、玄奘迎置寺中、導従以天竺法儀、其徒甚盛、上御安福門観之。記又謂、寺西南一里、有李晟先廟碑、張彧撰、韓秀弼書。今二碑皆亡。

興善寺から東南に三里ばかり行くと慈恩寺である。『遊城南記』には「寺はほとんど破壊されてしまい、雁塔だけが高々と残っている」と見える。[12]だから寺の建物はやはり唐代創建時のものではない。また雁塔は宋代煕寧年間（一〇六八〜七七）の火災以後は上に登ることができなくなっていた。万暦三二年（一六〇四）に修理がなされ階段が取り付けられたので、ようやく最上階にまで登れるようになった。そこからは秦嶺、涇水、渭水が一望できる。私は詩を一首作った。『遊城南記』にいう孟郊や舒元輿の墨書の題銘を探したが、全て残っていなかった。塔の第一層の東西南北四門は石楣となっており、石楣上には唐代の線刻の仏像があり見事なものである。しかし後人が題名や題詩を刻りつけて仏像の線刻を傷付けてしまっているのは残念なことである。（南門の）東西両側の龕に嵌め込まれた褚遂良の書した聖教序記の碑は完璧に保存されている。[13]しかし唐人の題名や碑刻は全く残っていない。寺僧にそのことを質問すると、「塔の前に以前は碑亭がありましたが、嘉靖三四年の地震で塔頂の一部が落下し碑亭を押し潰してしまい、今はありません」との答えであった。また『唐史』には「高宗の御製并びに書の慈恩寺碑を玄奘は慈恩寺に迎え入れて寺内に安置した。碑を運ぶ行列の前後に従うものは天竺風の法衣をまとい、盛大なものであった。高宗は安福門上にお出ましになって、この行列を御覧になった[14]」と見える。『遊城南記』にはまた「慈恩寺の西南一里のところに李晟の先廟碑がある。張彧の撰、韓秀弼の書[15]」とあるが、今や慈恩寺碑と李晟先廟碑はいずれも失われている。

（12）これは張礼ではなく、続注の記事である。
（13）『石墨鐫華』巻二唐三蔵聖教序并記跋「此れは序と記を以て一碑に分刻し、慈恩寺の塔下の東西両龕に之を置く。風雨と童牧は倶に及ぶ能わず。是を以てよく久しくして毀たれず。書法は遒健なるも、然れども用筆は軽細たり。後に永徽四年（六五三）書すと署すは、同州本に及ばざるに似たり」。
（14）『旧唐書』巻四高宗本紀顕慶元年「夏四月戊申、安福門に御し僧玄奘の御製并びに書の慈恩寺碑文を迎えるを観る。導従は天竺の法儀を以てし、其徒は甚だ盛なり」。
（15）これも続注の記事である。

寺前小渠、曲江泉合黄渠水、経鮑陂而西。聞二十年前、尚有水。宗侯誼汜塋在其北、引水作池、忌者塞其泉竭矣。由寺東南行一里、即曲江西岸。江形委曲可指、皆蒔禾稼。江南岸、王中丞埏構亭遊賞。今亦傾圮。江正北一阜、故楽遊原。今為永興王府塋。原下旧有青龍寺、今亦毀。江頭古冢隆起数処、疑非冢、当是唐宮殿基。杏園芙蓉池、皆在江西南、今不可考。余停望久之、為一詩。

慈恩寺の前を流れる小さな曲江泉水は黄渠水と合流して、鮑陂を経て西流する。聞くところでは、二〇年前にはまだ水があり、宗誼汜《そうぎし》がその北側に墓を作り、水を引いて池とした。それを嫌うものが泉を埋め塞いだために水が涸れてしまったのだという。慈恩寺から東南に一里行くと曲江池の西岸となる。池の形はつぶさに跡づけることができるが、全て作物が植えられている。曲江池の南岸には御史中丞の王埏《おうせん》が遊覧用の亭を構えていたが、今ではそれも傾き壊れている。曲江池の真北にある丘阜は昔、楽遊原と呼ばれた所である。今では永興王府の墓地となっている。楽遊原の下にはかつて青龍寺があったが、今では廃せられて何も残っていない。曲江池のたもとに古墓のような高所が数ヶ所あるが、古墓ではなく、唐代の宮殿の台址に違いない。杏園や芙蓉池が曲江池の西南にあったはずであるが、今ではその場所も全く判らなくなっている。私はしばらくの間佇んで眺め回し、詩を一首作った。

記又謂、其西北有楊尚書瑒廟碑、李林甫撰、王曽書。令狐氏廟碑、劉禹錫撰并書。今皆亡。独其地呼廟坡頭如故。又東南二里、為漢宣帝杜陵。陵下為三趙村、村中小冢鱗比、疑皆帝従葬者。又東南五里、為張曲。記謂有蕭嵩墓。今数冢、未知誰。是蓋由曲江達張曲、地漸高、望之自東南一帯、迤邐過長安西南。皆所謂少陵原也。本鳳棲原。以宣帝葬許后、起少陵、遂曰少陵。少陵在司馬村東。其西皆秦王葬地。松柏森蔚、華表翁仲、数十里相望焉。拠記、張曲之西趙村有論弓仁墓、張説為碑、已断仆無字。今亡。村中有石翁仲二、疑是仁墓上物。趙村西為高望、有蕭嵩父漼墓碑、張説撰、梁升卿書。高望之西北、又有仇士良、郭敬之、昇平公主三碑。皆当在十余里内、余欲往尋之。王甥曰亡矣。乃遂東南行至龐留、宿王甥荘。

『遊城南記』にまた「その西北に贈戸部尚書楊瑒《ちょう》の廟碑があり、李林甫の撰、王曽の書。令狐氏の廟碑もあり、劉禹錫の撰并びに書」と言う。[16]今は二碑とも残っていない。ただこの地が廟坡頭と呼ばれるのは昔通りである。

また東南に二里行くと前漢宣帝の杜陵がある。杜陵の側に三趙村があり、村中には小墓が所狭しと並んでいる。恐らくは杜陵の陪葬墓であろう。[17]そこからまた東南に五里行くと張曲村である。『遊城南記』に「蕭嵩の墓がある」という所である。今もいくつかの墓があるが、誰のものなのかは判らない。曲江池から張曲までの土地はかなり高く、望みやると東南の一帯から長安城の西南のあたりまでその高い地形が連続している。このあたりが少陵原である。昔は鳳棲原と呼ばれたが、前漢の宣帝が許皇后を埋葬し、（杜陵より）小さな陵丘を築いたので、少陵と呼ばれるようになった。少陵は司馬村の東に位置する。その西側一帯は全て歴代秦王の墓地となっている。墓地には松柏がうっそうと茂り、華表や石翁仲が数十里の間に点々とあるのが望まれる。[18]『遊城南記』には「張曲の西の趙村に論弓仁の墓があり、張説撰の碑が立っていたが、その碑は割れて倒れてしまい、刻字も摩滅している」とあるが、今は何も残っていない。趙村には二体の石翁仲が残っている。論弓仁の墓前ののであろうか。趙村の西は高望（堆）である。蕭嵩の父蕭漼の墓碑があり、この碑は張説の撰、梁升卿の書である。高望の西北にも仇士良碑、郭敬之碑、昇平公主碑の三碑が十余里以内の所にあるはずである。私はそこに行きこれらの碑を探したかったが、王允濂がもうどれも残っていないと言うので、やむをえず東南に道を取り龐留《ほうりゅう》村に至り、王允濂の荘宅に宿泊した。

(16) これも張礼ではなく、続注の記事である。

(17) 趙の推定通りで、杜陵の陪葬墓群である。現在では考古学的調査によって一〇七基が確認されている（写真2-14）。その中で墳丘が削平されずに残っているものは六二基である。四〇〇〇年前の趙の時代にはより多くの墳丘が残っていたはずである（図2-5）。中国社会科学院考古研究所編『漢杜陵陵園遺址』（科学出版社　一九九三）参照。

現在の杜陵

(18) 柏は我が国で見る落葉樹のカシワではなく、ヒノキに似た常緑樹のコノテガシワである。墓地には松柏といった常緑樹を植え、子孫の永続と繁栄を願った。華表は墓道入口の両側に立てる石柱、翁仲は墓道両側に立ち並べる石人や石獣の総称である。趙が「松柏森蔚」と言うように、明代の歴代秦王墓はよく管理されていたことが判る。現在では

「柏」は常緑樹のコノテガシワ

写真 2-14　漢宣帝杜陵
2001 年 3 月撮影

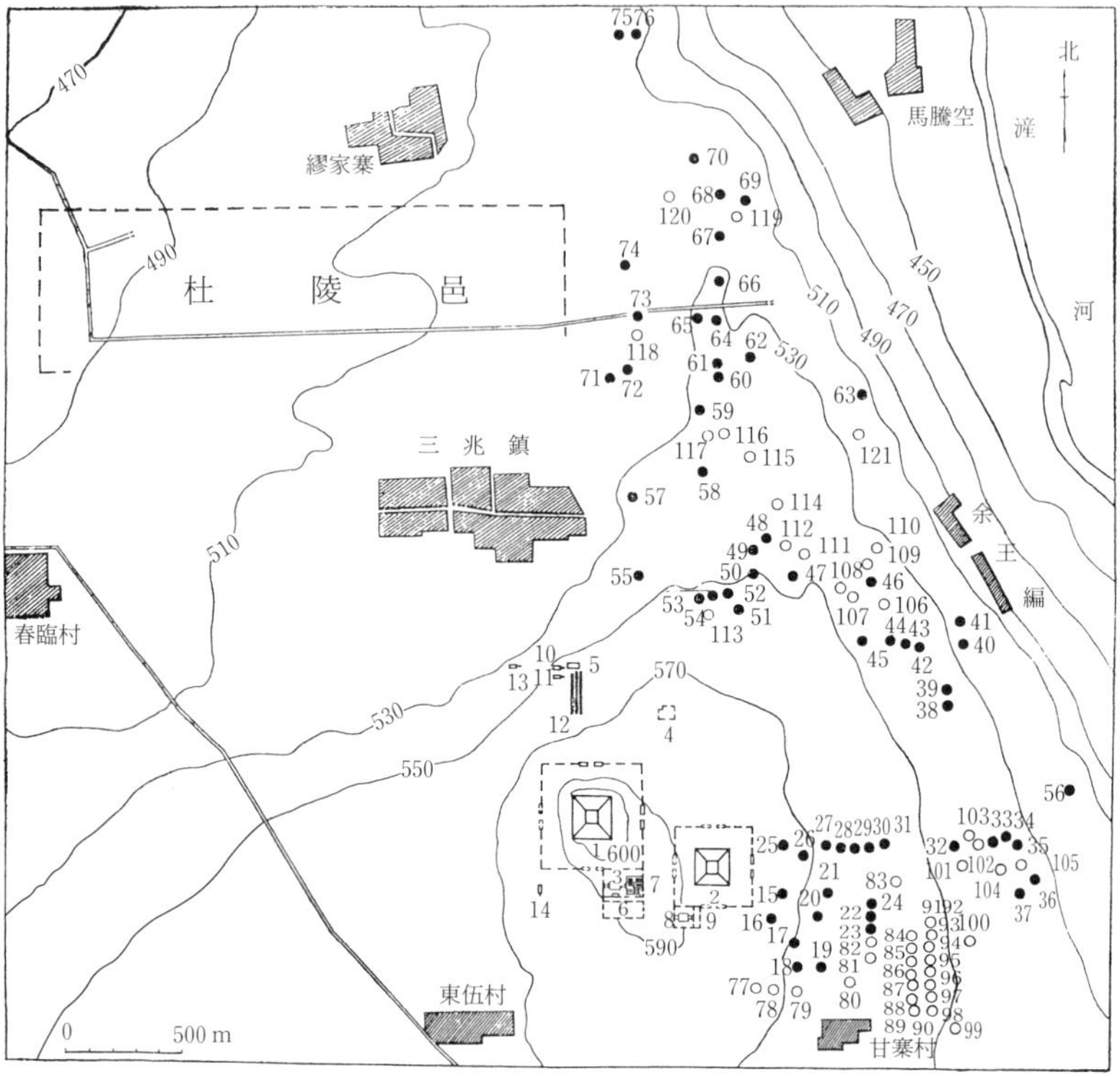

1．宣帝杜陵　2．王皇后陵　3．杜陵寝殿遺址（一号遺址）　4．杜陵陵廟遺址（八号遺址）　5．杜陵九号遺址　6．杜陵寝殿南面遺址（十号遺址）　7．杜陵便殿遺址（五号遺址）　8．王皇后陵寝殿遺址（六号遺址）　9．王皇后陵便殿遺址（七号遺址）　10．杜陵一号陪葬坑　11．杜陵二号陪葬坑　12．杜陵三号陪葬坑　13．杜陵四号陪葬坑　14．杜陵五号陪葬坑　15-76．封土が残る陪葬墓　77-121．封土が削平された陪葬墓

図 2-5　杜陵陵区平面図

樹木は全て伐採され尽して一面の麦畑の中にある（写真2－15）。

荘西半里、為秦恵王墓。墓前掘得段府君碑、碑字皆平。隠隠可読、乃唐段志玄父也。碑額字亦漸平、細如処州縉雲碑。似是石理漸長、欧陽永叔言不誣耳。是日大雨。

王允濂の荘宅から西へ半里のところに秦恵王の墓がある。(19)その墓前で段府君碑を掘り出すことができた。碑文はほとんど摩滅しているが、かすかに読むことができ、唐の段志玄の父のものであることが判った。(20)碑額の字もほとんど摩滅してはいるが、処州縉雲碑に似ている。刻字が細長く痩せてしまっていることは欧陽修が言う通りである。(21)この日は大雨となった。(22)

（19）第五代の秦王朱公錫で、恵字は謚号である。成化二二年（一四八六）の没。

（20）段志玄は唐建国の元勲の一人。太宗の信任がとくに厚く、没後に昭陵に陪葬された。すでに「遊九嵕」に見えた。父段偃師のこの碑は現在は所在不明。「掘得段府君碑」と言うのは、半ば地中に埋もれながら一部が地表に見えていたからであろう。

（21）欧陽修『集古録跋尾』巻七唐李陽冰城隍神記乾元二年に「右、城隍神記は唐の李陽冰の撰并びに書。陽冰は（処州）縉雲（県）令と為る。旱に遭い雨を祷り、約するに七日（五日の誤り）を以てす。雨ふらず。将に其の祠を焚かんとす。既にして雨ふる。遂に廟を西山

写真 2-15　明初代秦王墓
2001 年 3 月撮影

に徙す。陽冰の記す所に云う、城隍神の祀典は之なく、呉越に有りと。然れども今はただに呉越のみならず、天下に皆有り。而るに県は則ち少なきなり」と見える。『石墨鐫華』巻四では本碑の跋として趙崡は「余は其の篆を観るに、痩細にして偉勁、飛動すること神の若し。欧陽公の以為らく、陽冰の他篆に視べて最も痩たりと。余も謂う、佳き処は正しく此に在りと。また云えらく、世に此の石と忘帰臺・孔子廟（ともに李陽冰の篆書碑）の三石はともに活たり。歳久しくして漸く刻処の幾ど合するを生ず。故に細たること然るが若しと。今は欧公を去ることまた四五百年。寧しろ字なきと為さざるや」と言う。

『石墨鐫華』で趙崡は——

（22）二日目は大雨のためほとんど出歩くことができず、宿泊した王允濂の荘宅の西で段偃師碑を見出しただけであった。

翌日霽、西南行。馬首浄、無繊塵。山光林影、紫翠相映、殊不減山陰道上。行五里原尽、得興教寺。抛高原、俯樊川玉案山。天池寺在其南。韋趙三像院在其東。韋杜華厳諸寺在其西。神禾原・道安洞・恵炬寺、横亘其西南。余与王甥坐寺門眺望、為一詩。遊塔院、観三蔵・慈恩・西明三塔。三蔵銘劉軻撰、慈恩銘李弘度撰、倶建初書。西明銘宋復撰書。呂大防所創玉峰軒、以玉案得名、当在寺後原半。今独陳正挙所為記、在殿壁間。寺僧有穴居者、壁間嵌古殿壁一片。唐人画地獄変相、止存閻羅王一鬼三。大不盈尺而猙獰之状、駭人心目。亦一奇也。下寺渡潏水、尋道安洞。葬塔半傾、寺亦寥落。道安事無考。有金人所為碑、独敘安生平、而不及洞所始。但至此、西倚高崖、東眺樊南之景、挙目可尽。茂中言不虚也。

翌日は晴天となった。西南に馬首を向けて行ったが、黄塵は洗われ空気は澄み切っている。山林の光影が紫翠色に照り映え、南方浙江の山陰地方を旅するのと全く同じようであった。五里ほど行くと原は尽き、興教寺に着いた。興教寺は高台上にあり、樊川と玉案山が俯観できる。天池寺はその南の韋趙村にある。三像寺はその東の韋杜村にある。華厳寺などはその西の神禾原にある。道安洞と恵炬寺はその西南に東西に並ぶようにしてある。私は王允濂と興教寺の寺門に坐って眺望を楽しみ、詩を一首作った。寺内を見て回り、三蔵塔、慈恩塔、西明塔を観た。三蔵塔の塔銘は劉軻の撰[23]、慈恩塔の塔銘は李弘度の撰[24]、いずれも建初の書である。西明塔の塔銘は宋復の撰并びに書である[25]。呂大防の建てた玉峰軒は玉案山に因んで名づけられたもので、興教寺の背後の原の中腹にあったはずである。今では陳正挙が撰した玉峰軒記が寺殿の壁に嵌め込まれて残るだけである[26]。ここで窰洞を作ってその中に住している僧がおり、洞壁に古寺の壁画一片を嵌め込んでいる。唐人が描いた地獄変相図で、閻魔王一と鬼三を描いた部分だけである。その大きさは一尺足らずの小さなものであるが、その恐ろしい形相は見る人に恐怖心を抱かせる。珍しいものである。興教寺から高台を下って潏水を渡り、道安洞を訪ねた。葬塔は半ば傾き、寺もさびれてしまっている。道安の事跡は判らない。金人が撰した碑があるが、道安の生前の事柄を記すだけで、道安洞が何時作られたかについては何も記していない。しかしここまで来ると、「西側は高崖を背にし、東側には樊川以南の景色が一望のもとに見渡せる」という張礼の記述がまさしく本当であることが判る。

（23）『石墨鐫華』巻四唐大遍覚禅師塔銘跋「玄奘は久しく西域に居り、広く仏言を訳す。唐太宗は極めて之を尊崇す。史に拠るに、顕慶六年（六六一）に卒す。即ち龍朔元年なり。銘は則ち麟徳元年（六六四）二月に卒すと云う。史には年五十六と云い、銘には年六十九と云う。先ず滻東に葬り、後に樊川北原に移徙す。即ち少陵原たり。文宗開成四年（八三九）、劉軻の撰文、僧建初の書。行草は秀勁にして法有り。而して文もまたほぼよく師の事を得。倶に存す可きなり」。

玄奘三蔵塔

（24）同右巻四唐大法師基公塔銘跋「基公なる者は尉遅敬徳の従子なり。度して僧と為り、慈恩寺に訳経す。永淳中（六八二～八三）に卒す。太和（八二七～三五）、始めて塔を建つ。李弘度が之に銘す。書者はまた建初たり。然れども其の筆法は少しく玄奘塔銘に遜たることなくんばあらず」。

基公塔

（25）同右巻四唐円測法師塔銘跋「法師は諱は文雅、字は円測。新羅王の孫なり。唐太宗の時の人。玄奘とともに経論を翻す。万歳通天元年（六九六）に卒し、龍門に葬らる。其の徒はまた分骸して南山の巓に葬る。政和中（一一一一～一一一八）、また奘公塔の左に改葬す。貢士宋復の撰、書。書はまた是れ宋書の楚楚たる者たり。而るに復は顕ならざるを以ての故に猶怪と称せらるることなし」。

円測塔

（26）同右巻五宋玉峰軒記跋「呂大防は永興軍に総管たりて、軒を興教寺に創る。陳正挙が之が記を為る。大防の名は青史に在り。弟の大忠等と礼を考え約を定む。今に至るも藍《らん》田の呂氏郷約を伝えて替らず。独り軒を以て記を以てせんや。今、軒はすでに亡なわれ、記は猶お寺壁に在り。文と書は倶に称するに足らざるなり」。

玉峰軒記

又東南行、過鄭家荘。唐鄭駙馬乾曜後族尚百人。拠記、鄭氏居蓮花洞、在道安洞西北。今乃在東南、豈年久遷徙耶。似不可暁。自此南行、抵南山普光寺。寺有二、一在山下、一在山上。下寺金碧荘厳、為長安諸寺之冠、即崇仁不及也。最勝者、寺門内蓮花池、大数畝、中作蔵経閣、環以廊百楹。遊人至此、恍然有出世想。上寺距下寺五里、石蹬参差、飛梁跨壑、長松古柏、翠壁蒼巌、応接不暇、而荘厳則減下寺。攷寺直玉案山北、是故龍池寺、東北坡上有曇遠禅師塔。記云、上興教寺玉峰軒、南望龍池廃寺、則寺自宋已廃。国初有無壊禅師者、西方人、与秦愍王有宿世縁。卓錫至此山、夜撃木魚、声達王宮、王異之。明日来見師与語、王洸然悟前生事、命席礼師。師携石甑炊餅、石碓煮水飲食、王従者数千人皆給。王乃即此山為起寺居之、意證円寂。師所遺禅衣錫杖并甑碓見存、余得寓目焉。寺僧又為余言、師化後、又有一西僧、貌類師。来遊于此、踪跡詭異。或与食、食亡算。或累日不食、或飲之酒不酔。或自遺矢傾食中、并食之。一居士欲従之、遊僧指矢令食。居士有難色、僧笑而舎之。去後、所遺矢処、輒生白蓮花。僧殆亦無壊之流也。惜無所遇云。余既遊二寺、与王甥宿奉長老房、為普光寺、并観無壊禅師衣物。二詩。

また東南に向い、鄭家荘に至った。唐の駙馬都尉鄭乾曜(27)の末裔一〇〇人余りが依然として居住している。『遊城南記』に拠ると「鄭氏は蓮花洞に居す。道安洞の西北にある」とあるが、今では東南に位置している。長い年月で位置が移動してしまったのであろうか。どうもよく判らない。ここから南行して終南山の普光寺に至った。この寺は山下と山上の二寺がある。山下の寺は金碧の装飾のある荘厳な寺で、長安の諸寺中で随一であり、

（秦王の菩提寺である）崇仁寺も本寺には及ばない。普光寺で最も景勝なのは寺門内の蓮花池で数畝の広がりをもち、池中に蔵経閣が建てられ、百本余りの柱のある回廊がとりまいている。ここを訪れる人はうっとりとして俗世から超越した気持にさせられる。山上の寺は山下の寺から五里登ったところにあり、石段が長く続き、谷を跨ぐ橋が高く架かり、高い松や柏の古木、緑に映える岩壁などが次々に目に飛び込んでくる。ただ山上の寺は荘厳さでは山下の寺にいささか劣る。この寺の位置を見てみると、玉案山の真北にあるから、これがかつての龍池寺なのであろう。東北の高台上に曇遠禅師の葬塔がある。『遊城南記』に「興教寺の玉峰軒の上に登り、南の龍池廃寺を望見した」とあるから、龍池寺は宋代にすでに廃寺となっていたのである。我が明の初めに無壊禅師という僧がいた。西方の人で、秦愍王(28)と前世からの宿縁があった。この地に留まり住し(29)、夜になると木魚を打ち鳴らした。するとその音がなんと西安城内の秦王府にまで聞こえた。秦愍王は奇異なことだと思い、翌日、禅師に会いにやって来て語り合った。そして王はうっとりとして前世の事を悟り、席を設けて禅師を礼拝した。禅師は石製の甑《こしき》を持ち出して餅を炊さんし、石瓶で湯を沸して食事をし、王の従者数千人もともに食事を供せられた。そこで王は禅師のために この山に寺を建て住持とした。禅師はこの寺で亡くなった(30)。

禅師の遺品である禅衣、錫杖、そして石の甑や瓶は現在も残されており、私はそれらを見ることができた。寺僧はまた私に次のような話をしてくれた。無壊禅師の没後、また一人の西方からの僧がここにやって来た。風貌が無壊禅師とよく似ているだけでなく、そのふるまいも常軌を逸したものであった。食事にしても、猛烈な贅沢(31)をするかと思えば、何日間も全く何も口にしなかったりする。酒をしこたま飲んでも全く酔わない。あるいは自分の排泄物を食物に混ぜて食べたりする。[32] 一人の在家居士がこの遊行僧に弟子にしてほしいと願い出た。すると遊行僧は排泄物を指さして食べろと言う。居士が嫌な顔をすると、僧は笑ってそれを捨て去った。遊行僧がいなくなって後、僧が排便した所に真白な蓮花が咲いたという。この遊行僧は無壊禅師とほとんど同類の存在なのだ。ただ残念なことに、その後再び出会うことはなかったという。私は二寺を見終わってから、王允濂とともに奉長老の僧房に宿泊することにした。僧房は普光寺内にあり、そこで無壊禅師の禅衣などを見せてもらった。詩を二首作った。

(27)『遊城南記』の誤りをそのまま踏襲している。鄭潜曜でなければならない。
(28) 秦愍王は明太祖朱元璋の第二子である朱樉のこと。洪武三年（一三七〇）に初代の秦王に封建され、同一一年（一三七八）に西安府に就藩した。『明史』巻一一六太祖諸子伝参照。
(29) 錫は錫杖、卓錫は錫杖を立てて留まること。これから転じて遊行僧がある地に留まり住する意味となる。
(30) 円寂とは、円満具足して寂滅すること、すなわち僧侶の死を言う。
(31) 食亡算とは、金にいと目をつけずに食道楽の限りを尽すこと。
(32) 遺矢とは、大小便すること。食物中に排泄物を混ぜ合わせて食らうという異常行為を言う。

翌日、西北行、循神禾原、過恵炬寺、荒落特甚。下原徑杜固、有水西北流。当是杜正倫所鑿、尚名鳳皇嘴。自此稍西行、為杜曲、懐子美為一詩。又西北為楊万坡夏侯村。上華厳寺、丹碧雕残。記謂有澄襟院、有東閣、有元医之居、引水架閣、頗極幽勝。今独断崖敗壁而已。而倚高原、瞰太乙諸山、粲在目前、則猶昔也。寺西二塔、不知誰為。真如寺僧言、昔有五塔、止存二。余観東一塔、下有杜順禅師像。西一塔為清涼国師妙覚塔、倶経重修。敗垣中有唐比丘円満断碑、書雅有欧褚法。又一僧房有唐儼尊者塔額大字。又有夢英撰碑、何潤之書。記文殊閣蔵杜順肉身、今亡所在。而杜順和尚碑、不知何縁乃在長安開仏寺中。余与王甥観、已因歎地之興衰。如記称龍池廃寺、即今普光剏造、為諸寺冠。而華厳寺之勝、十不存一二焉。為一詩。而下循原西行数里、有宗尉懐斛荘、亭館参差。出半山、林木掩映、水泉稲畦、極幽僻之致。懐斛者、懐撒弟也。懐撒、字長房、博学能詩文、与余善。恨不拉此君、開樽暢飲其上也。為一詩而過。又西二里、為牛頭寺。寺地勝如華厳、而荘厳過之。蓋亦秦邸香火院也。寺有徐士龍撰碑、今亡。余為一詩。自寺西南行、過申店、渡潏水、西北望皇子坡大冢。其西為畢原、下為杜城。何氏山林、逍遙公読書台、岑嘉州諸荘、倶無所考。佇望久之。西南過神禾原、十里為香積寺。樊川御宿之水交流其下。謂之交水、西合于灃、入于渭。亦一勝地也。寺塔中裂、院宇荒涼。寺前壁上有畢彦雄撰浄業禅師塔銘、書虬健有登善法。寺僧言、是塔上墜落者。是夜、宿寺之西廊。与王甥指寺北、汾陽破安賊時、長刀斫陣、鳥獣皆駭。今独有鬼火仏燈而已。為一詩。

翌日、西北行して神禾原沿いに恵炬寺を通り過ぎたが、寺ははなはだしく荒廃していた。神禾原を下って杜固に至ると、西北流する河川があった。これが杜正倫が開削したものに違いなく、今も鳳皇嘴と呼ばれている。ここから少し西に行くと杜曲である。杜甫を追憶して詩を一首作った。さらに西北に行くと楊万坡の夏侯村である。高台上の華厳寺に登った。寺の装飾は無残なものとなっている。『遊城南記』に「澄襟院があり、東閣があり、元医の居宅がある。(33)水を引き閣を建て、比較的静かで景色のよい所である」と言うが、今やただ断崖と壊れた土壁だけとなっている。しかし高台を背にして太乙の諸山を眺めると、ぱっと眼前に広がり、この景観ばかりは昔のままである。華厳寺の西に二塔があるが、誰のものかは判らない。真如寺の僧が言うには、昔は五塔があったが、今では二塔だけが残っていると。私はまず東側の塔を見た。第一層に杜順禅師の像が安置してある。次いで西側の塔を見ると清涼国師の妙覚塔であった。二塔とも幾度か修理がなされている。壊れた土塀の内側に唐の比丘円満の断碑がころがっていた。(34)その書体は優雅で欧陽詢や褚遂良の書法を有している。また僧房の一つの内に唐の儼尊者の大字で書かれた塔額があった。さらに夢英が撰し何潤之が書した碑もあった。『遊城南記』には「文殊閣に杜順の遺骨が蔵せられている」(35)とあるが、今ではその所在は不明となっている。また杜順和尚碑が一体どうして今は長安城内の開仏寺にあるのか判らない。(36)私は王允濂とともにこの辺りの大きな変化を見るにつけため息が出た。『遊城南記』に「龍池廃寺」と言っているのが、今は普光寺として再建され諸寺中で最も立派な寺となっている。一方で華厳寺の景観はかつての十分の一か二に減じてしまっている。そこで詩を一首作った。高台から下ってそれに沿って西へ数里行くと、宗尉の懐斛の荘園がある。亭や館閣が点在して山腹にまで広がり、樹木が影を落とし泉水や稲田のある様は、ひなびた風情に満ちている。懐斛は懐墩《はい》の弟である。懐墩の字は長房、博学で詩や文章に長じ、私の良き友であった。懐墩を呼び出してここで酒樽を開けて一緒に心ゆくまで飲めないのがまこと恨めしい。詩を一首作った。また西へ二里行くと牛頭寺である。この寺の景勝は華厳寺と同様であるが、荘厳さは牛頭寺が優る。それは秦王府の菩提寺となっているからである。牛頭寺には徐士龍の撰した遍照禅師碑があったはずであるが、今では所在不明である。私は詩を一首作った。牛頭寺から西南に向かい、申店を通って潏水を渡ると、西北方向に皇子坡の大きな墳墓が見えた。その西は畢原で、原の下は杜城である。何氏の山林、逍遙公の読書臺、岑嘉州の荘園などはいずれももはやその所在は判らなくなっている。しばしの間、立ち停まってあたり一帯を眺めていた。西南に向かって神禾原を過ぎて十里ほどで香積寺である。樊川や御宿の諸河川がこの辺りでは錯綜して流れるので、これを交水と呼ぶ。交水は西流して澧水と合流し、澧水は渭水と合流する。また一つの景勝の地である。香積寺の塔は中層部分に亀裂が走り、境内は荒廃している。寺殿の前壁上に畢彦雄の撰した浄業禅師の塔銘があり、その書体は雄壮な筆遣いで褚遂良の風がある。[37]寺僧が言うには、塔上から墜落したものであると。この夜は香積寺の西廊に宿泊した。王允濂と寺の北を見やりながら郭子儀のことを思いやった。すなわち、郭子儀が安禄山の反乱軍をここで撃ち破った時、長刀で敵を斬りまくり、その奮戦ぶりは鳥獣も驚くほどであったという。[38]しかし今はただ鬼火のような仏燈が見えるだけである。詩を一首作った。

(33)『遊城南記』ではこの部分は「院之東、元医之居也」であり、「東閣」は趙嶇の読み誤りであろうか。

比丘円満碑

(34)『石墨鐫華』巻四唐比丘円満碑銘跋「銘石は断残にして一半たる能わず。華厳寺の敗垣中に棄てらる。書者は何人なるやを知らず。筆法は全て褚登善より出で、波払の処は虬健にして絶倫たり。銘内に神龍二年、并びに鎮国太平公主等の語有り。当に是れ中宗の時の人、登善の書を習えり」。登善は褚遂良の字である。

(35)『遊城南記』には「今肉身在華厳寺」とあるだけである。

杜順和尚碑

(36)『石墨鐫華』巻四唐杜順和尚碑跋「碑は開仏寺に在り。董景仁の行書、また清勁なるも、ただ少しく弱きのみ」。既述のように、本碑は現在は西安碑林に蔵せられている。41頁注(1)参照。

浄業禅師塔銘

(37)同右巻四唐浄業禅師塔銘跋「正字畢彦雄の撰文、而るに書者の名なし。正書にして、法はまた褚登善を習う者たり。勁抜は之に似るも、而るに其の鉤礫の処はやや及ばざるのみ。楊修齢侍御は長安に在りし日、亟めて之を賞し、遂に搨する者多し」。

安史の乱

(38)『新唐書』巻一三七郭子儀伝「香積寺の北に陣し、澧水を距つ。大川に臨み、弥亙すること一舎。賊の李帰仁は勁騎を領して薄《せま》り戦い、官軍は囂《ごう》たり。(前軍の李)嗣業は長刀を以って突出し、賊の数十騎を斬り、乃ち定まる。(中略)翌日、(広平)王は京師に入り、老幼は道をはさみて呼びて曰く、図らざりき、今日また官軍を見るとは」。安史の乱鎮圧の最大の功労者郭子儀は、その功によって汾陽王に封ぜられた。

翌日、渡交水、東南行十里、得胡村寺。原名宝際寺、壁間有進法師塔銘。是日小雨、少憩寺中。又東南五里、為百塔寺。本信行禅師塔院。山畔唐裴行倹妻庫狄氏葬塔尚存。余小塔、記所謂累累相比、謂之百塔者、今止存三五而已。殿前石幢経、無可書殊絶。寺亦入秦邸、故荘厳稍勝。殿壁金元旧画、雄偉可観。寺僧又出一像、紗帽金龍紅袍、云得之承塵意。是金元達官修寺者像也。余為一詩。而下至此東望、普光僅十五里。所謂南五臺者、曰観音、曰霊応、曰文殊、曰普賢、曰現身。皆山峰卓立、楼殿出半天。在普光之西南、百塔之東南。而道塞多猛獣、不易至。毎歳六月、糞禱雲集。秦邸人縁道設飲食以待之、乃可遊焉。余望之悵然、循山西行。林中多柿栗、其陰蔽日。又十五里、為子午鎮、直子午谷。北有日中之市、市多山珍、長安人往往就之。南望谷口殊険。因憶魏延欲以精兵五千、自子午薄長安。此去褒斜千里、首尾不相救。縦走夏侯楙、豈能当曹叡・張郃歩騎五万耶。真妄言也。鎮西十五里、為董村寺。是翠微下院、山上寺為翠微。余不得至、呼寺僧問之、不知也。余与王甥相視而笑。壁間金牒、歴載諸寺。化度寺猶存思率更邕禅師塔銘、不勝慨歎。

翌日、交水を渡り、東南に行くこと十里で胡村寺を探し当てた。旧名を宝際寺という。寺殿の壁に進法師の塔銘が嵌め込まれていた(39)。この日は小雨が降ったので、しばらくの間この寺で休憩をとった。また東南に行くこと五里で百塔寺に着いた。かつての信行禅師の塔院である。山腹には唐の裴行倹の妻である庫狄氏の葬塔が今もなお残っている。それ以外の小塔は、『遊城南記』に「林立して並んでいるので、これを百塔という(40)」とあるものだが、今ではわずかに四、五塔が残るだけである。寺殿の前に建てられた石製の陀羅尼経幢は無可の書で、とくに見事なものである。(41)この寺も秦王府の菩提寺となっているので、かなりよく手入れがされている。寺殿の壁に描かれた金代及び元代の壁画は、雄壮で見ごたえがある。寺僧が紅い帽子に金龍紋様の紅袍をまとった像を持ち出してきて、これは承塵意からもらったもので、この寺の修理に力ぞえをした金代から元代にかけての高官の像だと言う。私は詩を一首作った。ここまで来て東を望むと、せいぜい十五里の所に普光寺が見える。観音、霊応、文殊、普賢、現身のいわゆる南五臺は、いずれも山峰がそそり立ち、中空には楼閣や殿宇の屋根が見える。南五臺は普光寺の西南、百塔寺の東南にあるが、道が塞がり野獣が多くいるため、行くのが難しい。毎年六月にはお供えを持参して祈禱する人々が雲集し、秦王府から人が派遣されて道路沿いで飲食が供せられて接待がなされるので、その時に行くことができる。私は南五臺を眺めながら、行けないことを残念に思った。山沿いに西行すると、山林には柿や栗の木が多く、陽光を遮ってくれた。十五里ばかり行くと子午鎮となる。子午谷の正面にあり、鎮の北では昼間に市がたつ。この市には終南山に産する珍味が多く、長安の人々はよくここまで買いにやって来る。南の子午谷の谷口を望むと非常に険しい。この地形を見て、三国時代に蜀漢の魏延が精鋭の兵士五千を率いて子午谷を抜けて長安に迫ることを願ったことを思った。そもそも子午谷は褒斜谷《ほうや》とは千里も離れていて、とうてい救援をさし向けようにも間に合わない。たとえ夏侯楙《ぼう》を撃破したとしても、その背後にひかえる曹叡と張郃《こう》の率いる五万の歩兵・騎兵部隊に一体どうして対抗できたであろうか。魏延の策は全くの妄言という他ない。(42)子午鎮の西十五里に董村寺がある。この寺が翠微下院で、山上の寺が翠微寺である。私は山上の翠微寺までは行くことができず、下院の僧に翠微寺のことを質問してみたが、何も知らない。私は王允濂と顔を見合わせてその無知に苦笑いした。下院の殿壁の金牒には終南山にあった歴代の寺院名が記されており、化度寺の名もそこに見える。化度寺にあった欧陽詢書の邕禅師塔銘のことを思い、それが見られないことが残念でならなかった。(43)

大徳進法師塔銘

(39)『石墨鐫華』巻四唐大徳進法師塔銘跋「此れは太子司議陳光の撰、僧智祥の書。磨泐《まりよく》して僅かに形を存す。然れども其の書法はまた是れ登善を習いし者に似たり」。ここに宝際寺と言うが、実際寺の誤りであろう。

(40)これも続注の記事である。

尊勝陀羅尼経石幢

(41)『石墨鐫華』巻四唐尊勝陀羅尼経石幢十一跋「凡そ石幢は多く尊勝陀羅尼経を書す。余は既に此の癖有り、遇わば必ず之を摩す。而して其の佳き者は之を録す。凡そ録する所は十一紙。所在は目録中に詳し。但し、其の書法、劉慎徽《き》、僧無可の書せし者は佳し。余は名姓なきも、然れども皆此れと匹敵する者也。関中の石幢は無数、或いは埋もれ、或いは断じ、或いは移して他用と作す。深く恨む可しと為す」。『関中金石記』巻四「尊勝陀羅尼経并序。太和六年(八三二)四月立、僧叡川撰文、無可正書。西安府百塔寺に在り。無可、賈島の従弟、字法は柳公権に学ぶ」。

魏延の故事

(42)三国時代、蜀漢の魏延は五千の兵力をもって褒斜谷から子午谷を越えて魏将夏侯楙が鎮する長安を攻略することを諸葛亮にしばしば進言したが、諸葛亮は無謀の策として退けた故事。のち魏延は反乱をおこし殺された。『三国志』巻四〇魏延伝裴松之注所引『魏

略』、『三国志演義』第九二回～一〇五回参照。

（43）化度寺僧邕禅師舎利塔銘は李百薬の撰、率更令欧陽詢の書、貞観五年（六三一）の建。欧陽詢の楷書の最高傑作としてあまりにも有名であるが、塔銘そのものは早くに失われ、翻刻を含めて多くの拓本が伝わる。中田勇次郎「欧陽詢化度寺邕禅師塔銘について」（『書道全集』第七巻中国・隋唐Ⅰ所収、平凡社　一九五五）参照。

又西十里、為観音山。奇峭与衆山殊、大壑精気出入、令人駭目。又西十里、為豊谷。豊水為八水之一、而谷口僅数十歩。乱石夾水北流、殊非大浸。稍北合高観水・交水始大耳。水上橋以鉄絙二繫大石、横以版履之、動揺欲飛。又西一里許、為高観谷。谷水注一大石罅、曰高観潭、濆沫如雷。上有鉄絙懸橋、如豊谷。而潭水激射、度者尤悸。高観谷之西、則草堂寺也。秦姚興迎鳩摩羅什、訳経于此。原名逍遙園、唐僧宗密居之、為草堂寺。今名棲禅寺。有鳩摩羅什葬舎利石塔、精殊甚。宋人作亭覆之、今尚在。傍有龍井、云与高観潭通、未知的否。殿後有圭峰定慧禅師碑、柳公権篆、裴休譔書。圭峰定慧禅師者、宗密也。壁間又有隋鄭州刺史李淵為子世民祈願記。淵唐高祖、世民太宗也。又有章惇・蔡京題記、皆歴歴可読。寺前揖紫閣峰、東観音山、西圭峰、如屏環而圭峰独壁立。亦曰笄頭山、又曰雞頭。十六国春秋云、石生兵敗、潜雞頭山、是也。寺南一里有寺、曰長興、秦邸献。又西南三里有寺、曰子房。荘則僧大海創以訳経。俗謂留侯尋黄石公于此、非是。当由紫閣訛為子房。好事者貌留侯、可笑也。東南一小峰、峰頂有寺、曰圭峰寺。四寺唯棲禅最古、而荘厳都不及長興。

また西に十里行くと観音山がある。奇岩がそそり立つ様は他の山には見られない景観で、深い谷底からは精気が立ちのぼるかのようで、訪れる人を驚かす。さらに西に十里行くと豊谷がある。ここから流れ出る豊水は関中八水の一に数えられる。(44)しかしながら谷は狭くてわずか数十歩しかなく、石がごろごろ転がる間を北に流れ出し、小さな流れに過ぎない。少し北流して高観水や交水と合流して始めて大きな流れとなるのである。豊水に架かる橋は二本の鉄索を両岸の大石に結び付け、その上に板を敷いたもので、橋を渡ると揺れ動いて振り落とされそうである。また西に一里ばかり行くと高観谷がある。谷水が巨石の穴に注ぎ込んで水溜りとなり、高観潭という。注ぎ込む流れの飛沫は雷鳴のような音響を発している。この上にも鉄索を渡した吊り橋が豊谷と同じように架かっている。しかも高観潭から噴出する激流のため、吊り橋を渡る際には動悸が激しくなるほどである。高観谷の西に草堂寺がある。五胡期後秦の姚興が鳩摩羅什を招聘してここで訳経させた。もとは逍遙園といった。唐代に僧の宗密がここに居して草堂寺とした。今は棲禅寺と呼んでいる。鳩摩羅什の遺骨を収めた石塔があり、非常に精美なものである。宋人が雨風から保護するために石塔を覆う亭を作ったのが今も残っている。その側に龍井と呼ばれる井戸があり、その水脈は高観潭と通じていると言われるが、確かなことは判らない。寺殿の背後に圭峰定慧禅師碑がある。柳公権の篆額、裴休の撰并びに書である。圭峰定慧禅師とは宗密のことである。(45)寺の壁には隋の鄭州刺史李淵が子の世民の病気治癒を祈願した題記が嵌め込まれている。(46)李淵は唐の高祖、世民は太宗である。また章惇と蔡京の題記もあり、(47)いずれもはっきりと判読できる。草堂寺の前面は紫閣峰が迫り、東の観音山と西の圭峰が屛風のように取り囲むが、圭峰は独立して壁のように立ちはだかっている。圭峰は笄頭《けいとう》山、あるいは雞頭山とも呼ばれる。『十六国春秋』に「石生の軍勢は敗れて雞頭山中に隠れた」とあるのは、この山のことである。[48] 草堂寺の南一里のところに長興寺という寺があり、秦王府の菩提寺である。また西南三里のところにも子房寺と言う寺がある。この寺の荘園は僧大海が開き訳経を行った。世俗では漢の留侯張良が黄石公と会ったのがここだと言うが、[49] 間違いである。恐らく紫閣峰の音が転訛して子房となったものであろう。[50] もの好きがこの寺に張良像を安置しているが、全く馬鹿馬鹿しい。東南に一小峰があり、その頂きに圭峰寺がある。これら四寺[51]の中で最も古くて荘厳なのは棲禅寺であるが、いずれの寺も長興寺の規模には及ばない。

(44) 渭水、涇水、灞水、滻水、澇水、潏水、灃水、滈水を関中八水と称する。

(45)『石墨鐫華』巻四唐圭峰禅師碑跋「此の碑は裴相公休の撰并びに書。法は全て欧陽信本（詢の字）に出でるも、而るに痩勁は及ばざるなり。当時、柳誠懸（公権の字）の書名は一時を動かす。乃ち篆を任ず。休は自ら書を任ず。また信とに能書たり。余は不敏なるも、窃かに謂えらく、此れは固より当に柳の書に勝るべしと」。

圭峰禅師碑

(46) 唐の高祖がその第二子李世民の眼病治癒を祈願して仏像を彫り願文を刻した造像銘である。その内容は「鄭州刺史李淵は男世民の目患の為に、先に此の寺に於て仏に求む。仏の恩力を蒙り、其の患は損するを得たり。今、男の為に敬んで石像一鋪を造り、此の功徳を弟子男及び合家の大小に資益せんことを願う。福徳は具足し、永く災鄣の無からんことを。弟子李淵、一心に供養す。大業二年（六〇六）正月八日建立」というものである。『金石萃編』巻四〇や『八瓊室金石補正』巻二六などに録文があるが、この造像銘に最初に注目したのは趙崡で、『石墨鐫華』巻一隋李淵為子世民祈疾記跋に「按ずるに、是の時、太宗はわずかに九歳のみ、而るに史に高祖は譙・隴・岐三州刺史と為るを称し、鄭州を曰わず。此れまた以て史の闕を證す可し」と言う。ただ、『八瓊室』の著者陸増祥などは後人の偽刻ではないかと疑っている。

（47）章惇は王安石に抜擢されて新法実施の中心的役割を担った人物。その題記は「惇は長安より蘇君旦と安君師孟を率いて終南に至り、蘇君軾に謁す。因りて蘇と楼観・五郡（城）・延生（観）・大秦（寺）・仙遊（寺）に游ぶ。旦と師孟の二君は終南に留まり回る。遂に二君と渼陂を過り、蘇君旦の園池に漁す。晩は草堂（寺）に宿す。明日は紫閣に宿す。惇は独り白閣廃寺に至り、還りてまた草堂の間に宿る。高観（潭）を過り、潭の東石上に題名す。且つ将に百塔（寺）に宿さんとして、南五臺と太一湫に登り、華厳（寺）に道し長安に趨く。二君と別れて惇は独り来るなり。甲辰（一〇六四）正月二十三日、京兆の章惇題す。供養主僧□□摸す。紹聖二年（一〇九五）十二月初八日、住持講経賜紫僧□□立石す」というものである。『金石萃編』巻一四〇等に著録されている。『石墨鐫華』巻六宋章惇草堂寺題記跋に「子厚（章惇の字）は子瞻（蘇軾の字）と遊びて題す。此の書はまた臥筆を用い、まま渇筆を作す。遊絲の法はまた遒逸にして存す可きなり」と言う。蔡京も新法党ではあるが、新法党と旧法党の激しい党争にあって時流に巧みに乗って新法党に組した側面が強い。北宋末の徽宗期のほぼ全時期を宰相として独裁的権力を振い、後世

この造像銘に最初に注目したのは趙崡

章惇

蔡京

には北宋亡国の張本と見なされる人物である。とくに『水滸伝』の流布により極めて評判が悪い。蔡京の題記の内容は未詳であるが、『石墨鐫華』巻六宋蔡京草堂寺題記跋に「蔡太師は故より端人には非ず。而るに書は自ずと悪しからず。此れは龍図閣より出でて永興軍に知たり、高観潭を祀りて題せる者なり。其の時を考えるに、章子厚と相継いで至る。書は子厚に遜たりと雖も、乃ち両人は悪政を済すこと、当に同観たるべし」とあり、明代における新法党人の評判の悪さが知られよう。

『水滸伝』

(48)『十六国春秋』は北魏の崔鴻の撰であるが、原本は早くに失われ、現行本は明代の輯本である。趙崡がここに引用するのは言うまでもなくこの輯本である。後趙石勒の死後の石氏同族間の権力闘争で、石虎が石生を攻撃した事件を言う。『資治通鑑』巻九五晋成帝咸和八年（三三三）十月条に「(石)生は遂に長安を棄て、鶏鳴山に匿る」とあり、この条の胡三省の注には「張守節曰く、括地志に云う、鶏鳴山は成州上禄県の東北二十里に在り、長安の西南九百六十里に在りと。酈《れき》道元云う、蓋し大隴《ろう》山の異名なり。後漢書に隗《かい》囂《ごう》は王猛をして鶏鳴山を塞がしむとあるは、即ち此なり。按ずるに、原州平高県の西百里にまた笄頭山有り、長安の西北八百里に在り」と言う。鶏鳴山の所在地について諸説を示すが、長安西南九六〇里、あるいは長安西北八〇〇里といずれも長安からはるかに離れた地に比定している。趙崡の比定は同地名を強引に混同したものである。

(49)漢創業の元勲である張良、字は子房は、若き時に土橋の上で老人黄石公から兵法書を授かり、それによって兵法を体得した。漢の高祖劉邦と西楚覇王項羽の楚漢の争いを漢側の最終的な勝利に導いたのが張良だとする有名な故事。張良はこの創業の功績により

劉邦と項羽
張良の故事

留侯に封ぜられた。張良が黄石公に会ったのは、通説では山東省との省境に近い江蘇省北部の邳県の圯上《ひい》（土橋の上）とされており、ここに言う俗説は全くのでたらめである。

（50）子房の子と紫閣の紫はともに zi で全くの同音であるが、房は fang、閣は ge であり、その音は著しく異なる。これも趙嵋のかなり強引な解釈である。

（51）草堂寺（棲禅寺）、長興寺、子房寺、圭峰寺の四寺。

余二十余年、三遊其地。乙未同遊為羅貢士秀士、魏茂才邦達、韓進士期維。癸卯同遊為王戸部家瑞、王明府宣、徐孝廉汝為、韓孝廉化、張茂才自守数君子者。独羅秀士仕為浙参軍、余皆物故。而余亦斑白。記余初遊時、棲禅殿壁画猶前朝筆甚奇偉、今断裂矣。僧大海多長者遊、善談論、今円寂矣。其徒皆無足与言者。圭峰寺僧松菴、架閣巌居、甚有幽致。今僧化而閣廃矣。独長興以秦邸修繕如故。余語王甥、不勝今昔存亡之感。是夜、宿棲禅寺、為一詩以弔。

私は二十年余りの間にこの地を三度訪れた。万暦二三年（一五九五）に同行したのは、貢士の羅秀士、茂才の魏邦達、進士の韓期維であった。万暦三一年（一六〇三）に同行したのは、戸部の王家瑞、明府の王宣、孝廉の徐汝為、孝廉の韓化、茂才の張自守の諸君であった。そのうち、羅秀士が浙江の参軍となって官仕している他は皆亡くなってしまった。そして私も白髪まじりの年になっている。私が最初にこの地を訪れた時には棲禅寺の壁画は前王朝時代に描かれたそのままできわめて雄壮なものであったが、今では剥落してしまっている。寺僧の大海のもとには老人たちがよく訪れ、大いに議論していたものだが、大海も亡くなってしまった。他の寺僧たちには話し相手となるようなものはいない。圭峰寺の僧の松菴は閣を建て岩窟住まいをして、はなはだ奥深く静かな生活を送っていたが、今や松菴も亡くなり閣も廃屋となってしまった。ただ長興寺だけは秦王府によって修繕が加えられているので、以前と変わらぬたたずまいである。私は王允濂と語り合いながら、古今の変化に感無量であった。この夜は棲禅寺に宿泊し、詩を一首作って亡われたものを弔った。

翌日、王甥辞余東帰。余亦西帰。是行也、為日十三、得隋記一、唐碑三、塔銘六、石幢経佳者二、宋碑一、記三、唐碑額三。為詩五言古四、七言古三、五言律五、七言律三。

翌日、王允濂は私と別れて東に帰った。私もまた西に帰った。今回の旅は一三日間で、拓本を取ったのは隋記一、唐碑三、塔銘六、陀羅尼経石幢の良質なもの二、宋碑一、宋記三、唐碑額三であった。詩は五言古詩四首、七言古詩三首、五言律詩五首、七言律詩三首を作った。

付録　終南山に游ぶの記

明・王九思《おうきゅうし》 撰
明・都穆《とぼく》 撰
愛宕 元 訳注

終南山に游ぶの記

明・王九思　撰

正徳庚申（一五年　一五二〇）春三月癸巳、大復何子校士鄠杜《こと》（何景明、字は仲黙、号は大復、『明史』巻二八六に伝あり）、予と南山に游ぶを約す。丙申、南行すること二十里にして金峰寺に抵《いた》る。寺は山を背にし、山下に泉を出し、甃（瓦ぶきの屋根で覆うこと）して井と為し、乃ち仏座の下に伏流せしむ。院に至るに、亦た甃して井と為し、復た伏流して門外に至り、平地に達して渓と為る。院僧は灌漑に利すれば、則ち井の北口を閉ざし、水を上《のぼ》す。泉の西縁の崗より南は山半に抵るまで、樹木離列し、乃ち坐して飲むこと数觥《すうこう》。下りて寺を出で、東行すること半里許《ばか》りにして化羊宮に抵り、東澗水ここに出ず。道士が別支を引き庖舎の後を経流せしめ、竹を接して水を釜に入る。宮の後より南行し、小澗を渡り、岡を陟《のぼ》る。其の上は平坦にして、数畝可り、檜多く、東は澗水に臨む。坐して飲みて時を移し、甚だ楽しき也。宮門を出で北望すれば、則ち嵯峨たる九嵕、諸山は隠隠として黛《まゆずみ》の如し。山に并びて東行すること三里許りにして重雲寺に抵る。南に向き坐して憩うに、圭峰は前に在りて、人の拱揖するが如し。又た東に行くこと七里にして栖禅寺に抵る。即ち所謂草堂寺也。蓋し姚秦の時、鳩摩羅什が西竺より来るに、爾《そ》の時未だ寺有らず、ために草堂を樹て、其の中に訳経す。其の後寺を建て、始めて今の名を定め、而して俗は猶お草堂寺と呼ぶと云う。前殿の画壁は甚だ古し。西南は鳩摩羅什の葬塔たり、亭有りてこれを覆う。前朝の詩刻甚だ多く、独り金の趙閑閑公（趙秉文、閑閑居士と号す）の詞翰を盛んと為す。明道先生（宋の程顥《ていこう》）の詩注に「寺は終南山の麓に在り、其の竹は蓋し十頃」と云う。乃ち今は根株尽きたり。独り寺の後の銀杏四株、上は霄漢に薄《せま》り、亦た百年外の物也。門外の諸峰は蒼翠たること画の如し。東南の林薄中に唐の圭峰禅師の葬塔有り。其の西南、峪を入ること数里にして紫閣峰たり、瀑布有り、景は特に奇絶たり。

又た五日、県令王子明叔が予を邀《むか》え、西のかた楼観に游ぶ。至る比《ころ》ほい、則ち諸公は已に先に在り。乃ち相い携えて老君殿の台上に至り、地に席し月に対して坐して飲む。是に於て徳涵は鳳琴を鼓し、予の製する所の越調の曲を歌い、感激し奮励し、諸公は撃節して嘆ず。已に又た席に据りて飲み、各の詩を倡和して楽しみを為す。明日、明叔は予に陪して紫雲楼に登る。楼は両層、其の上は玉皇像たりて北面し、其の後の灰壁、南面は山水人物画と為る。蓋し甚だ奇にして、今人の筆には非ざる也。欄に憑るや一目千里。既に下り、諸公と老子の牛を繋ぎし柏を観る。柏の下に石牛が臥す。已にして乃ち南行すること四五里にして、説教臺に抵る。盤曲して絶頂に上るや、宮を為すこと三楹、中に老子・尹喜像を塑す。其の四壁の画は前朝の君臣や逸士の像、蓋し功の道徳経に有りし者なり。前門内の古柏一株は、俗説に既に死して聃《たん》（老子）之を針して活かすというも、誕（でたらめ）にして信じるに足らず。仲黙は宮前の碑側に予ら六人の姓名・邑里・経游の歳月を書す（これが題銘である）。已にして乃ち後殿の廊下に坐して飲む。明叔は又た西のかた仙遊寺に游ばんことを請う。是において（説教）臺を下り、転折して西行し、既に数里にして山麓の一塔の巋然《きぜん》たるを見る。之を問うに、唐の一行僧塔也。又た数里にして康子彭麓の荘を過ぎる。又た西行すること数里、転折して南すると、道路は甚だ険、東は崖山、西は黒水に岸し、下視すれば毛髪は森のごとく竪《た》つ。行くこと里余り、天気は昏黒にして、諸公と相い失う。路は愈よ険を益し、肩輿は度る可からず。予は両僮を夾みて走り、既に数里、転折して西行し、澗橋を度るに危なること甚し。又た里余りにして寺に抵る。寺の榜に普縁と曰う。蓋し此の地に故と仙游宮有り、俗に亦た因りて其の寺を呼ぶと云う。寺の四面は皆な山、黒水が其の門を経流し、蓋し奥区也。毘盧閣《びろかく》に登り、已に乃ち殿前の石塔を観る。塔下は空にして、中に一病仏を塑す（涅槃仏の像のこと。明人の仏教に対する無知の一端が知られる）。側睡してまさに死せんとし、諸羅漢が按摩し、哭泣し、吁禱し、備に情態を極む。庚子が戯れて曰く、仏も亦た此の無情有りやと。相いともに一笑す。已に乃ち門を出ず。門の西、水に瀕して二石塔、上に呉道子の画ける諸仏像を刻し、東坡（蘇軾）の題名有り。北岸の山上、泉が瀉下して声有り、且つ傍らの石洞は後漢の馬融が嘗て居せり。仲黙曰く、嗟乎《ああ》、勝地は常ならず、良時は失い易く、嘉き朋《とも》は合い難く、楽しき事は逢うこと罕なり。斯の游や、一挙にして四美備れり。於戯《ああ》、其れ盛んなるかなと。

（倪志雲・鄭訓佐・張聖洁主編『中国歴代遊記精華全編』に拠る）

終南山に游ぶの記

明・都穆 撰

癸酉（正徳八年、一五一三）八月、予は使事を以て秦に寓し、旧僚の田君有年と会い、約するに中秋（旧暦八月）に月を終南山中に玩するを以てす。城の南門を出で、秀才の費樟も復た陪して以て行く。三十里にして樊川を経、漢将樊噲《はんかい》が嘗て邑を此に食《は》めり。唐に在りては韋安石の別業と為り、又た韋曲と名づく。岡巒は回繞し、松竹は森映し、水田蔬圃が其の間に連絡し、秦中の一勝地也。岡の上の牛頭寺に登るに、僧は愚にして、官人の至るを聞き、悉く遁去す。予は携える所の酒を以て共に松下に酌む。寺に旧と唐の貞元中の徐士龍撰せる遍照禅師碑有るも、今は存せず。存する所は唯だ仙人丘長春（全真教道士の丘処機、長春真人）の詩刻のみ、塵を払いて之を読む。韋曲の東に杜曲有り、乃ち唐相の杜岐公の居する所。当時語りて云う、城南の韋杜は天を去ること尺五と。京に邇《ちか》きを言う也。岐公の孫の牧は呉興守より知制誥に入り、尽く俸金を以て其の墅を創治す。嘗て曰く、富貴は数有り、吾は老を得て樊川の翁と為らんと。文章数百有り、『樊川集』と号し、草木禽魚を顧みて、亦た恨みなし。牛頭を離れて南行すること四十里、終南山に至る。普光寺に入り、山の麓に在り、足を盤石に息す。又た二里にして、道は益々峻険、遂に肩輿を舎《さ》り、乱石を躡み、懸崖を冒し、屈曲して上る。西に日月岩有り、下に篆書の「松泉」の二大字を刻す。又た上りて抱子岩に至り、玉泉洞を経る。又た八仙洞有り、山の西壁に在り、限るに流泉を以てし、跣足に非ざれば入るを得ず。又た上に石岩有り、老媪の岩に憑きて休むが若し。左の一円石は明るきこと物を鑑《うつ》す可く、之を石鏡と謂う。再び財徴原に上る、池也。池は一に太一湫と名づけ、其の上は環るに群山を以てし、雄偉たること秀特、勢は霄漢に逼る。水の広さは数丈可り、深さ丈許り、錦鱗が浮游し、人は敢えて触れるなし。鱗の大は二三尺の者あり。昔より雨を禱ること、咸な是に在り。其の南は即ち太一殿、惟だ一道士が之に居すのみ。殿の左に三官・雷神の二洞有り。所謂金華洞なる者にして、山の最高処に在り。道士云う、洞に積水有るも、然れども至る能わざる也と。田君は費生と疲れ極まるを以て三官洞に臥し、予は池に面して独酌す。山を下り復た太一宮に至る。まさに杯を挙げんとして、適たま長安令が酒を送り、飲興は益々豪たり、壁上に題名す。晩に回りて普光に至り、予は月を上寺に玩せんと欲し、門を過ぎて入らず、輿夫に命じて疾行して山に上る。道は悉く甃するに石を以てし、松柏梨栗が其の傍に夾み植えらる。険に遭わば則ち別道を趨き、已にして故に復す。蓋し五里にして始めて寺に至る。寺に方池有り、名づけて仰天と曰い、跨ぐに石梁を以てし、茲の宵に月を玩するを宜しと為す。筵を池上に張るも、而るに浮雲が空を滓《よご》し、衆は頗る懌ぶなし。予は戯れに之に謂いて曰く、昔人の詩に「弦管吹開」の句有ずやと。小闍黎《じゃり》（小坊主）に命じて笙簫を取り之を雑奏せしめるに、倏焉《しゅくえん》として雲は開き月は朗たれば、則ち皆な大いに笑い、予の言の妄ならざると謂う也。十七日に山を下り、別道より回り、二十里にして興教寺に至る。内に三塔有り、其の中塔は特に高大、唐の三蔵法師玄奘瘞身《えいしん》の所たり、尚書屯田郎中劉軻の銘。左は慈恩基公塔たり、太子左庶子李弘度の銘。右は則ち大周円測法師塔たり、之を銘する者は貢士宋復也。寺の北に旧と玉峰軒有り、宋の元豊四年の知永興軍呂大防の建なるも、今は廃す。惟だ長安令陳正挙の記石のみわずかに存す。寺中に午飲し、六十里にして城に入る。

（倪志雲・鄭訓佐・張聖洁主編『中国歴代遊記精華全編』に拠る）

解説

愛宕元

ここに訳出した宋の張礼撰『遊城南記』、及び明の趙崡「訪古遊記」は、一一世紀の宋人と一七世紀の明人が唐代の都城長安城とその南の郊外、さらにはその近辺の唐代の遺跡を自ら踏査して、唐代の多数の歴史的遺跡を自らの目で見ながら、それぞれの時代におけるそれら遺跡の現状を生々しく記録したものである。宋人張礼は九〇七年の唐滅亡から一八〇年後の宋哲宗元祐元年（一〇八六）に踏査し、趙崡はそれからさらに五三〇年余り後の明の神宗万暦末年（一六二〇頃）に主として唐碑を探訪した時の記録がこの両書である。訳者は一九七八年以来、かつての長安、つまり現在の西安には何度も訪れて、漢代から明清代までの歴史遺跡を数多く見てきた。それらの多くは著名な観光スポットではなく、きわめてマイナーでありながら歴史的にそれなりに意味のある遺跡であり、地表にはもはや何の痕跡も残さない所も多く含まれる。そして訳者が実地に観察して回った遺跡がこの両書の記録と重なり、それが両書を訳出しようと意図した背景にあることを言っておかねばならない。

西安の地は古くは周の酆《ほう》京・鎬《こう》京、秦の咸陽、漢の長安、そして隋唐の長安と、長期にわたって中国における歴史展開の中心となってきた地域であり、それだけに見るべき価値のある歴史遺跡も他の地域に比べて群を抜いて多く残る。ただしそれら歴史遺跡は唐代のものが圧倒的に多く、それ以前のものは長い年月を経たこともあって残存するものは極めて少ないのが現状である。宋人張礼のもっぱらの関心は一八〇年前に滅亡した前朝の唐代にあったことはこの紀行を読めば明らかであり、『遊城南記』は亡国唐の廃都である長安城及びその近郊のもはや失われたかつての繁栄の跡の、ごく近い時期における生々しい情勢を伝えてくれる貴重な史料と言えるのである。明人趙崡もまたその主たる関心は長安城近辺の唐代の碑刻にあり、拓本ではなく碑刻それ自体を探訪して、彼が実見した諸碑の現状について詳しく記してくれている。これら両書を合わせ読み、さらに訳者の実地観察で得られた知見をも加えることによって、一一世紀後半、一七世紀前半、そして二〇世紀末から二一世紀初にかけての三時代の唐代遺跡、及びそれを取り囲む歴史景観の変遷を克明にたどることが出来るであろう。

また先に訳出した清の徐松撰『唐両京城坊考』（平凡社　東洋文庫五七七　一九九四）は、清朝考証学者による唐代長安城及び洛陽城の精緻な文献に基づく復元であるが、もっぱら城内の復元に限られたものであった。ここに両書を訳出することによって、唐代長安城の城郊区の歴史景観を復元する一助としたいというのが、訳者のもう一つの意図するところである。

『遊城南記』の撰者である張礼については、あまりよく判らない。明の隆慶年間（一五六七～七二）に編纂された地方志である『隆慶趙州志』巻六官師条（天一閣明代方志選刊第六冊）に「宋の張礼、仁宗の時、左蔵副使を以て、出でて趙州刺史と為る」とあって、宋の仁宗期（一〇二二～六三）に河北の趙州の知事となった同姓名の人物を見出すが、本書の撰者張礼の紀行が元祐初め（一〇八六）になされたものであるから、二〇年以上もの時期的なずれがあり、別人であろう。張礼に関して参考になるのが明代の本書版本に付けられた康梣《こうしん》の跋文とそれに依拠した『四庫提要総目提要』の記事であるので、それを見てみよう。

まず康梣の跋文は次の通りである。

「右、遊城南記一巻、宋人の作る所と為る。城南の景を記すこと甚だ備われり。中丞の許少華先生、手ずから之を書す。予、張華原兄の家に於て観るを得、甚だこれを愛す。遂に自ら録すこと一過、後に他書を考し、始めて著述者の姓氏を得たり。明微、姓は陳、西楚の人なり。茂中、姓は張、名は礼、淛右の人なり。博学にして好奇、多とするに足る者有り。斯の記たるや、詞を属り事を考すること詳らかなる哉。予言えらく、夫れ宋は唐を去ること未だ遠からずして、風景池亭なお存する者有り。今、門坊の名も亦た漫として考える可からず。嗚呼、滄桑易変し、陵谷常たり難し。後の游ぶ者、其れ将に文より取るもの有らん。古稷𣏌《しょくれい》小山道人康梣志す。」

次に『四庫提要総目提要』の本書についての解題は以下の通りである。

「臣等謹んで案ずるに、遊城南記一巻、宋の張礼撰。礼の字は茂中、浙江の人なり。元祐元年（一〇八六）、其の友楚人の陳微明（明微の誤り）と長安城南に遊び、唐代の都邑旧址を訪ね、此の記を作り、而して自ら之が注を為る。凡そ門坊、寺観、園囿、村墟、及び前賢の遺蹟の載籍に見ゆる者、鈙録すること甚だ備われり。『嘉話録』に慈恩寺の題を載せ、張莒に始まるとするが如きは、礼は則ち『唐登科記』を引き、進士中に大中十三年（八五九）及第の張台あるも、而るに張莒なしと謂う。又た『長安志』に章敬寺を載せ、本と魚朝恩の荘、後に章敬皇后の為に寺を立て、故に以て寺と為す。礼は則ち宋代の寺基を以てすれば、志に載する所の地理と同じからず。而して已に其の故址に非ざるを疑う。皆な能く目見する所に拠りて之を考辯せり。其の徴拠は頗る典核たり。列する所の金石碑刻の名目も亦た『集古録』諸書と互いに相い参證す可し。毎条の下間に続注有り。何人（の作）やを知らず。増す所の中に金代の年号有り。其の薦福寺の一条、又た辛卯遷徙の語有り。案ずるに、辛卯は金哀宗の正大八年（一二三一）なり。史に「是の年四月、元兵、鳳翔に克つ。両行省は京兆を棄て、居民を河南に遷す」と載す。云う所の遷徙とは当に即ち此の事なるべし。蓋し金末・元初の人也。乾隆四十六年（一七八一）十一月、恭しんで校し上す。」

康楙なる人物についても全く不詳であるが、『四庫全書』本には「万暦壬寅（三〇年、一六〇二）春、広平王家瑞凝真子号裕参」の序を併せて載せているから、一七世紀の明代万暦年間頃の人と考えられる。このことから、『四庫全書』本が明代万暦頃の版本を主たるテキストとして書写したものであることも判る。それはともかく、康楙の跋文と『四庫提要総目提要』の解題によって、張礼は字が茂中で浙江の人であること、同行した友人は陳明微で江蘇彭城の人であることが判る。

本書は北宋後半期の元祐元年（一〇八六）閏二月戊申（二〇日）から同月甲寅（二六日）までの七日間、張礼が友人陳明微と二人で唐長安城外の南郊の前代の史跡を探訪した紀行である。宋代京兆府城は唐末五代期に唐長安城の破壊が著しい宮城と羅城部分を放棄して、ほぼ皇城部分のみを基に再建されたもので、城域は唐長安城と比べて大幅に縮小したものとなっている。したがって、張礼は初日には唐の旧羅城内を南行し、最終日は旧羅城内を北行して、旧城内のいくつかの坊の廃墟や薦福寺小雁塔、慈恩寺大雁塔、羅城東南隅の曲江池の芙蓉園、羅城南門の一つである啓夏門址、羅城正南門の明徳門址、玄都観址などを見ているが、かつては繁栄を誇った旧羅城内がもはや都市としての姿をほぼ完全に失って農田と化してしまっている様子が生々しく記録されている。南郊においても、そこかしこにあったはずの唐の貴族や高官たちの別荘も所在がほとんど判らなくなるほどの変貌ぶりであることが述べられ、唐滅亡からたかだか一八〇年後の旧都長安、およびその周辺の歴史景観の大きな変化を知ることができる貴重な史料と言えるのである。また張礼は唐代の遺跡を踏査するに当って、唐人の詩を実によく読んでおり、それら詩中に読み込まれた旧跡を丹念に尋ね歩いている。宋人が唐人の詩に強い関心を持っていたことを示すものとしても興味深い。

本書の体裁は、まず簡単な紀行風の本文があり、それに続けて「張注に曰く」と張礼自身が注を付け、さらには「続注に曰く」とあって後人が張注を補う形となっている。張礼は日々の見聞を簡単なメモとして行く先々で記録に留めたものが本文で、踏査紀行を終えた後にそのメモを基に関連する文献や唐人の詩を参照しながら作成したのが張注である。注中に何ヶ所か言及している『長安志』は宋敏求が一〇七九年頃に著した唐長安に関する歴史地理書である。張礼の踏査紀行の直前に刊行された『長安志』は、彼の実地での見聞を跡付ける主たる参考文献であったことは確実で、さらには彼の唐代史跡を踏査しようという意図も『長安志』に触発された可能性が大きい。そのことは「張注に曰く」として自注の随所に『長安志』を引用していることからも判るのである。一方、続注の撰者については全く知る手掛かりがない。ただ『四庫提要総目提要』が指摘するように、その注の内容から何時の時代の人物であったかは判明する。すなわち「金の興定辛巳の間」、「辛卯遷徙」

といった金代の年号が見える。興定辛巳は金宣宗の興定五年（一二二一）、辛卯遷徙はモンゴル軍によって陝西の要衝鳳翔府を攻め陥されたために、その東約一五〇キロの京兆府（現西安）の民を全てはるか東方の南京開封府（現開封）に移さざるを得なくなった金哀宗の正大八年（一二三一）のことを指す。金はこの三年後の一二三四年にモンゴル軍によって滅ぼされることになる。これによって、続注の撰者は金末から元初の人物であることが判り、またその内容から長安周辺の地理や民情にかなり詳しいことが知られるから、地元の人間であろうと思われる。この続注によって張礼の時代からおよそ一五〇年後の金末におけるこの地の歴史景観の一端が知られ、その意味で続注もまた重要な史料と言えるのである。

本書のテキストとしては次のような叢書に収められたものがある。

元陶宗儀輯・明闕名重校『重較説郛』第六三所収本
明陳継儒輯『宝顔堂秘笈』広函所収本
清乾隆年間敕輯『四庫全書』史部一一、地理類九、游記之属所収本
清曹溶輯『学海類編』集余八、遊覧所収本（道光一一年活字印本）
清嘉慶二四年刊『嘉慶咸寧県志』巻四所収本
清繆荃孫輯『藕香零拾』所収本（光緒・宣統間刊）
宋聯奎等輯『関中叢書』第四集所収本（民国二三年至二五年排印本）

王雲五主編『叢書集成』初編所収本（民国二五年排印本）

本訳注で用いたテキストは『四庫全書』所収本を底本とし、『叢書集成』所収本などを適宜参照した。なお一九九三年に上海古籍出版社から山川風情叢書の一として『四庫全書』所収本を縮刷影印した『遊城南記（外五種）』が出版されたので、利用しやすくなった。また本訳注の原稿を最終的にまとめる段階になって、中国で『長安史迹叢刊』の一として史念海・曹爾琴校注『遊城南記校注』（三秦出版社　二〇〇三年六月）が出版されたので、併せ参照されたい。この校注本は近年の中国書では珍しく簡体字ではなく、繁体字（旧漢字）を使用して刊行されているので、簡体字に慣れない一般の日本の読者でも比較的読みやすいものであるから、本訳注と読み比べてくださることをお薦めする。ただしこの校注本は文献的には詳細な注をつけるが、本文とはいささかはずれた余計と思われる注が少なくない。また宋人張礼の時代についてはほとんど注意を払っていない。張礼の大きな関心事であった唐碑に関しても欧陽脩の『集古録跋尾』や趙明誠の『金石録』など、張礼と同時代の宋人の金石書を全く参照していないことなど、唐代から宋代への時代変遷による長安南郊の歴史景観の変化にはほとんど言及していない。その他、仏教僧侶の事跡についての注記がほとんど無いこと、清代の避諱を念頭においてのテキストの校訂がなされていないこと、近年の考古学的調査の成果があまり活用されていないことなど、校注本として不十分と思われる点が少なくない。これらの点をも本書と比較して読んでくだされば幸いである。

次に趙崡著の「訪古遊記」について見てみよう。本書の冒頭にあるように、趙崡は万暦四六年（一六一八）四月に石刻の題跋をまとめた『石墨鐫華《せきぼくせんか》』を完成し、その直後に甥の王允濂の提言に従って旧都長安近郊の古碑探訪の旅に出ることになる。『石墨鐫華』には周・秦・漢・魏・晋・北魏・隋碑三六種、唐碑一三五種、宋・金・元碑八二種の計二五三種の石刻に関する題跋を六巻に収める。趙崡が三〇余年の間に収集した石刻拓本について主として書体の面から批評したもので、唐碑が半分以上を占めることからも、彼の関心はもっぱら唐碑にあった。「訪古遊記」中に言及があるように、先行する同種の書である宋の欧陽脩『集古録跋尾』や趙明誠『金石録』を少なからず意識しており、事実、これら両書が見落としている碑刻をもかなりその拓本を見ている。そのために当初は拓本を正確に判読して各碑文の全文を録文するつもりであったが、資力が及ばず題跋のみを刊行したのである。この『石墨鐫華』六巻の後に付録として巻七に「訪古遊記」三首、巻八に「訪古遊記」の旅の折々に作った詩三二首が収められている。

さて本書の撰者趙崡についてもあまりよくは判らない。字は子函、陝西省盩厔《しゅうしつ》県（西安の西隣）の人、万暦一三年（一五八五）の郷試の合格者である挙人であることが知られるだけである。『石墨鐫華』を完成させた万暦四六年時点では「今、五十たり」と言っているから、挙人となった万暦一三年では一七才であったことになるが、その後の会試や殿試には進むことができなかったようで、挙人以後の経歴は不詳である。

「訪古遊記」は「終南に遊ぶ」、「九嵕に遊ぶ」、「城南に遊ぶ」の三部からなる。「終南に遊ぶ」は全真教の祖庭である鄠《こ》県の重陽宮、老子が関令尹喜に「道徳経」五千文を授けたとされる道教の聖地である盩厔県の楼観台などを二日間にわたって探訪した踏査記である。盩厔県は趙崡の居住地でもあり、鄠県はその東隣の県でおよそ三六キロばかりの距離にある。

「九嵕に遊ぶ」は唐太宗の昭陵及びその南麓に数多く点在する陪葬墓を一四日間をかけて訪ね歩いた踏査記である。昭陵は盩厔県から北へおよそ六〇キロの距離にあり、陪葬墓は九〇平方キロにも及ぶ広大な地域に点在しているので、そのいくつかを訪ねるのだけでもかなりの日数を要したのである。趙崡はいくつかの村落で宿泊を重ねながら丹念に陪葬墓の前に立てられている神道碑を巡り歩いている。これら諸碑は初唐の大家が書したものが少なくなく、彼にとって実物は必見のものであったからである。それら諸碑は碑首だけを出して半ば以上埋もれたもの、倒れてしまっているもの、人為的に碑刻の文字が削り去られているものなど、一七世紀前半期の諸碑のあり様を生々しく伝えてくれる。現在はこれら諸碑の過半は陪葬墓の一である李勣墓の側に建造された昭陵博物館に収蔵され、一堂のもとに見ることができる。また昭陵本体である海抜一一八八メートルもある九嵕山に登るのに非常に苦労しているが、二〇〇〇年八月になって山頂直下にまで至る舗装道路が完成し、現在ではきわめて簡単に車で山頂北側の司馬門址にまで到達することができるようになった。

「城南に遊ぶ」は唐の旧都長安城の南郊に残る唐代の遺跡を一三日をかけて巡り歩いた踏査記で、張礼の『遊城南記』のいわば続編、明代版とでも言うべきものである。本文中に「張茂中の遊城南記を携えて」と見えるように、趙崡は実際に張礼の『遊城南記』を持参し、それを参照しながらほぼ同じ遺跡を訪ねている。したがって一一世紀の張礼の紀行と、五〇〇年余り後の一七世紀における趙崡のこの紀行とを読み比べることによって、この間の歴史景観の変遷を如実に知ることができるのである。さらに言うならば、各所で注記したように、訳者が実見した今日の遺跡の現状とも比較するならば、さらに長い歴史的時間のスパンの中での歴史景観の変遷をも読み取ってもらえるものと思う。

本訳注で用いたテキストは、清の乾隆・嘉慶間に刊行された鮑氏輯の『知不足斎叢書』所収本を用いた。本叢書は校訂の正確さ、印刷の精美さにおいて定評のあるものであるが、明らかに誤字と認められるものが散見し、それらは意をもって訂正してある。また文章が省略されてそのままでは意味の判りにくい箇所は括弧書きでしかるべき字句を補って訳してある。なお趙崡には昭陵陪葬墓の神道碑に関して『唐昭陵石迹考略』の著作もある。

付録として収録した二篇の「終南山に游ぶの記」は、趙崡より百年ほど早い同じ明人、王九思と都穆の長安南郊に関する簡潔な探訪記である。九嵕山、草堂寺、楼観台、樊川、韋曲、杜曲、牛頭寺、興教寺など、趙崡の足跡と重なる所の同時代人の描写を参考として収めた。やはり、『遊城南記』や「訪古遊記」と読み比べてみるのも一興であろう。王九思は、鄠県の人で字は敬夫であるから、趙崡とはほぼ同郷である。明の弘治九年（一四九六）の進士で、正徳年間に専横を極めた宦官劉瑾に付して出世したが、劉瑾の失脚後に地方官に左遷された。詩人としても有名で十才子の一人に数えられた。王九思の探訪時期は正徳一五年（一五二〇）であり、趙崡に先んずること九九年のことである。都穆は、蘇州呉県の人で字は玄敬である。弘治年間の進士で、官は太僕少卿にまで至った。彼の著作『金薤琳琅《きんかいりんろう》』一二巻は、金石学が低調であった明代において、趙崡の『石墨鐫華』とともに数少ない石刻研究の書となっている。都穆の探訪時期は正徳八年（一五一三）であり、趙崡に先んずること一〇六年のことである。この二篇の「終南山に游ぶの記」は、倪志雲・鄭訓佐・張聖洁主編『中国歴代遊記精華全編』（河北教育出版社　一九九六）に拠った。

最後に明治の末年に長安周辺の歴代の歴史遺跡を探訪した日本人の記録を二、三紹介しておこう。本訳注と併せ読まれるならば、一層のこと理解が深まるはずである。その一つは足立喜六『長安史蹟の研究』（東洋文庫　一九三三、のち原書房復刻　一九八三）である。足立氏は明治三九～四三年（一九〇六～一〇）の間、西安府の陝西高等学堂の教習として現地で教鞭をとられ、そのかたわら西安近辺の漢唐を中心とした歴史遺跡を精力的に踏査された記録が本書で、多数の写真が収録されている。本訳注と重なる遺跡は、漢武帝茂陵、漢宣帝杜陵、草堂寺、韋曲、杜曲、曲江池、玄都観、楼観台、大慈恩寺大雁塔、三蔵聖教序碑、薦福寺小雁塔、興善寺、青龍寺、開元寺、牛頭寺、香積寺、興教寺、唐太宗昭陵、南五台などである。その二は桑原隲蔵《じつぞう》『考史遊記』（桑原隲蔵全集第五巻所収　一九六八　岩波書店）の「長安の旅」の部分である。桑原氏は明治四〇年（一九〇七）九月三日から一〇月二八日の約二ヶ月間、西安近辺の歴史遺跡を巡られ、その中で本訳注と重なる遺跡は、漢宣帝杜陵、大慈恩寺大雁塔、三蔵聖教序碑、薦福寺小雁塔、興善寺、唐太宗昭陵、昭陵陪葬墓、趙鎮石鼓陀羅尼経幢、明秦王墓などである。その三は常盤大定・関野貞『中国文化史跡』（一九三九～四二初刊、のち法蔵館複刻　一九七五）で、これは常盤、関野両氏の明治末年から大正期にかけてのきわめて幅広い中国の歴史遺跡の踏査記録であり、本訳注と重なる遺跡は、開元寺、牛頭寺、大慈恩寺大雁塔、三蔵聖教序碑、興教寺、興善寺、青龍寺、薦福寺小雁塔、香積寺、華厳寺、百塔寺、草堂寺、趙鎮石鼓陀羅尼経幢、漢宣帝杜陵、唐太宗昭陵、昭陵陪葬墓などである。

これら三書はいずれもおよそ百年前の踏査記であるが、これらの遺跡のほとんどを実際に探訪した訳者は、わずか百年でその景観が大きく変貌しているのを目にしている。とくにいくつかの遺跡では、観光資源として要らざる手を加えたために、むしろ遺跡の破壊に近い状態となっているものすらある。中国の現状を見るならば、おそらく今後は歴史遺跡のこの種の破壊がなお一層進むものと思われる。

既述のように、かつて『唐両京城坊考』を訳出した際には、近年の考古学的知見を出来うる限り活用して、文献による唐の長安城の復元を大幅に補強することに努めた。今ここに『遊城南記』と「訪古遊記」を訳出することによって、唐代の都城近郊の歴史遺跡を、宋代、明代、そして現在という三時代の流れの中で考察し、その変貌ぶりを明らかにした。都城そのものの復元研究である『唐両京城坊考』が、どちらかと言うと無機質なものであるのに対して、近郊に点在する唐人に関わる遺跡の探訪記である『遊城南記』と「訪古遊記」は、かつて生きた人間の生活の場の一部をかいま見せてくれるものであり、同時に都城と言う限られた空間ではなく、より広い空間の歴史景観の変遷を知る上でも恰好の材料を提供してくれるものと言える。

一九八〇年代以降の中国は、社会主義市場経済への大きな政策転換によって驚異的な経済成長が進んでおり、それに伴うさまざまな建設や開発によって、都市部だけでなく、都市近郊の広域な範囲で歴史遺跡の破壊が進行している。一部の著名な歴史遺跡は観光資源としてそれなりの保護と管理がなされてはいるが、それ以外の歴史遺跡は存亡の危機に瀕しているものが少なくない。本書で見た唐長安城近郊の歴史遺跡はそのほとんどが決して有名なものではないが、唐という時代を知る上で欠かせないものばかりである。少しでも多くの人が現地を訪れるようになれば、それらの歴史遺跡に対する地元の見方も変わるのではなかろうか。マイナーな歴史遺跡の保存を切に願うものである。

最近では西安を中心として高速道路が急速に伸びつつあり、また一般国道や主要な地方道の整備も大いになされており、本訳注に見えている西安近辺の多くの歴史遺跡を探訪するに際しても、移動時間を大幅に短縮することができるようになった。高速道路を最大限に活用してスケジュールをうまく組めば、非常に密度の濃い遺跡踏査が短期間で可能となりつつあることは大変に喜ばしい。

二〇〇四年六月末日記

図版出典一覧

●遊城南記

図1-1　唐長安外郭城復元図　愛宕元訳注『唐両京城坊考』(平凡社東洋文庫五七七　一九九四)
図1-2　宋京兆府城図　史念海主編『西安歴史地図集』(西安地図出版社　一九九六)
図1-3　隋唐都城龍首山分六坡図　宋程大昌撰『雍録』巻三(『宋元地方志叢書』第一冊　一九七八)
図1-4　唐長安六坡地形示意図　馬正林「唐長安城総体布局的地理的特徴」(『歴史地理』第三輯　一九八三)
図1-5　曲江池探測図　陝西省文物管理委員会「唐長安城地基的初歩探勘」(『考古学報』一九五八-三)
図1-6　唐長安城付近渠道河流図　馬正林『豊鎬―長安―西安』(陝西人民出版社　一九七八)
図1-7　青龍寺遺址発掘平面図　中国社会科学院考古研究所西安唐城工作隊「唐長安青龍寺遺址」(『考古学報』一九八九-二)
図1-8　唐長安城各門探測平面図　「唐長安城地基的初歩探勘」(『考古学報』一九五八-三)
図1-9　円丘遺址平面図および断面図　中国社会科学院考古研究所西安唐城工作隊「陝西西安唐長安城円丘遺址的発掘」(『考古』二〇〇〇-七)
図1-10　城南名勝古跡図　元李文撰『長安志図』巻上(『宋元地方志叢書』第一冊　一九七八)
図1-11　唐長安城皇城含光門遺址平面図および中門道東断面図　中国社会科学院考古研究所西安唐城工作隊「唐皇城含光門遺址発掘簡報」(『考古』一九八七-五)
図1-12　唐長安城南図『西安歴史地図集』(西安地図出版社　一九九六)

●訪古遊記

図２‐１　楼観台付近図　西安市地図集編纂委員会編『西安市地図集』（西安地図出版社　一九八六）
図２‐２　昭陵陪葬墓分布示意図　張沛編『陝西金石文献彙集　昭陵碑刻』（三秦出版社　一九九三）
図２‐３　唐昭陵図　元李好文撰『長安志図』巻上（『宋元地方志叢書』第一冊　一九七八）
図２‐４　明西安府城図『西安歴史地図集』（西安地図出版社　一九九六）
図２‐５　杜陵陵区平面図　中国社会科学院考古研究所編『漢杜陵陵園遺址』（科学出版社　一九九三）
写真２‐10　石鼓陀羅尼経幢『昭陵碑刻』（三秦出版社　一九九三）

※それ以外の写真は筆者が撮影した。

［た行］

［さ行］

索　引

愛宕　元（おたぎ　はじめ）
京都大学大学院人間・環境学研究科教授．文学博士．中国中世・近世史専攻．1943年，京都府で生まれる．1970年，京都大学大学院文学研究科博士課程（東洋史学専攻）中退．京都大学人文科学研究所助手，京都大学教養部助教授，同教授を経て，現在に至る．最近の関心は，中国各地の歴史遺跡の踏査にある．

［宋］張礼 撰　［明］趙崡 撰
遊城南記／訪古遊記

2004（平成16）年10月5日　初版第一刷発行

訳注者　愛　宕　　元
発行者　阪　上　　孝
発行所　京都大学学術出版会
京都市左京区吉田河原町15-9
京大会館内（606-8305）
電　話　075-761-6182
FAX　075-761-6190
振　替　01000-8-64677
印刷・製本　株式会社クイックス東京

ISBN4-87698-636-3